慢速生活

SLOW

LIVING

〔新西兰〕温蒂·帕金斯 杰弗瑞·克莱格 著

闵冬潮 等 译

人民文学出版社
PEOPLE'S LITERATURE PUBLISHING HOUSE

著作权合同登记号　图字 01-2016-2274

图书在版编目(CIP)数据

慢速生活/(新西兰)温蒂·帕金斯,(新西兰)杰弗瑞·克莱格著;闵冬潮等译. —北京:人民文学出版社,2016
ISBN 978-7-02-011628-7

Ⅰ. ①慢…　Ⅱ. ①温…　②杰…　③闵…　Ⅲ. ①生活方式-通俗读物　Ⅳ. ①C913.3-49

中国版本图书馆 CIP 数据核字(2016)第 184309 号

责任编辑　**朱卫净　邱小群**
装帧设计　**赵　瑾**

出版发行　**人民文学出版社**
社　　址　**北京市朝内大街 166 号**
邮政编码　**100705**
网　　址　**http://www.rw-cn.com**

印　　刷　**山东德州新华印务有限责任公司**
经　　销　**全国新华书店等**

字　　数　**190 千字**
开　　本　**890 毫米×1240 毫米　1/32**
印　　张　**7.75**
版　　次　**2016 年 12 月北京第 1 版**
印　　次　**2016 年 12 月第 1 次印刷**

书　　号　**978-7-02-011628-7**
定　　价　**45.00 元**

译　序

闵冬潮

《慢速生活》是第一部关于“慢食”（Slow Food）运动的学术著作。该书作者通过对意大利和澳大利亚两地慢食运动的领导人和行动者的访谈，以及对慢食运动的出版物和个人经历的分析，详细地展现和探讨了该运动的起源、目的、运作和发展的潜力。

慢食运动于上世纪80年代由一批意大利左翼人士发起，其直接的导因是对抗麦当劳在罗马分店的开张。该运动现已发展成为一种国际化运动和组织，有80 000多名会员分布在100多个国家，并且在瑞士、德国、法国、美国和日本设立了分部。

慢食运动的核心是围绕着“聚餐”进行的。例如组织以食品为主的教育和“聚餐”活动；建立当地食品生产者和消费者的网络等等。慢食运动的主要宗旨不仅在于发扬和保护当地独特的食品烹饪技艺和食物的生产与加工，而且还在于通过“享用”美食来放慢生活的速度。

1999年，慢食活动又导致了“慢城”概念的出现，其理念是想通过慢食活动的原则和实践来规划城市的发展。

《慢速生活》的作者在文化研究的理论框架之下，寻求一种对慢食运动和“慢城”运动的日常生活式的分析，提出了“慢速生活”的问题，在更大和更深远的层次上来讨论全球化过程中时间/空间的移位和断裂问题。作者对慢速生活的理解是：通过“个人化”来抗衡全球资本主义的所谓正常轨道。个人与新自由主义全球化的辩证关系在对日常生活的分析中体现出来。在此基础上，作者进一步指出了慢速生活的核心思想：任何慢下来的企图都意味着必然要克服其他事物跟着慢下来的障碍。也就是说，一件事慢下来，其他方面也会慢下来。

慢速生活的基本考虑是**时间**。其中心思想是，慢速生活有意识地企图改变当下时间的规则，从而能腾出更多的时间用于日常生活。通过对时间和速度深入浅出的探索，展示出慢速生活涉及其与不同的世俗时间的协商，从而承诺使人们可以更专心致志地利用时间。比如，对某事“有时间”意味着对其通过专心致志的投入而具有了重要意义。在这点上，慢速的生活就是一种“有心的”，而不是“盲目的”实践，它促使我们思考在投入的时间之中如何享受生活。通过对他者（其他的人群、地方、时间）要求的承认，这种专心致志还具有了一种伦理的维度，这些问题在快速生活的混乱之中可能是根本顾不上的。

当下，在全球化以前所未有的速度和危机遭遇到不可化解的人类及自然极限面前；在我们不断高呼着“又多又快”、“跨越式发展”等口号，在现代化的“快车”道上行驶了30年之后，不但国家开始了放慢增长速度的步伐，社会与个人也开始了对快速生活的质疑。那么，读读这本书中所探讨的问题，也许会对我们的思考与生活有所助益。可以说，当下正是认真思考“慢速”的恰当时机。

2015年10月13日

目　录

前言和致谢

基于撰写这本关于慢速生活之书的需要，我们登录到“慢食”网站，发送邮件给欧洲及世界各地素未谋面的人们，甚至举家出动飞了将近20个小时，从偏于世界一隅的都城佩斯来到西方文明的中心罗马。在意大利的学术假期中，我们体验了高速公路之快捷和官僚体制的低效；喝了意式浓咖啡，也吃过冗长的午餐。这些自相矛盾吗？可能是，也可能不是，这并不好简单地定性，因为我们所主张的慢速生活不是反文化式的从日常生活中撤离。慢速生活不是指回到过去的美好时光（前麦当劳时代的世外桃源），不是指懒散的生活方式，更不是指一种慢动作的生活样式，它并非只在诸如托斯卡纳这样浪漫的地方才可能实现。对我们而言，慢速生活是如何享受日常生活的过程，它包括生活的节奏和复杂性、动荡和秩序。它通过关怀（care）和专注（attention），试图商洽这些每日所经历的不同世事。其首要问题就在于以有意义、可持续、深思熟虑和愉悦的方式活在当下。慢速生活可能在某些种类的日常生活实践中特别显著，例如步行和烹调，尽管这两者并非一定是慢慢来做。慢速生活也可以推广到更深层面的生活领域。那些主张慢速实践的人常常提出，在一个习惯中的慢速会延伸到另一个习惯中，慢速可作为一种能传授的、令人青睐的提升意识和放松的生活模式。

然而，本书的目的并不在于提供自我帮助，而在于探索下列问题：什么是慢速生活？它能给予我们什么？为什么它成为了一系列显而易见的生活实践和日渐扩大的社会冲动？当我们探索慢速生活的不同侧面之时，我们并非是想提供一个所有人都必须采纳遵照的药方或检索目录。我们所感兴趣的是探索和展示慢速生活在工作、城市的食物和政治领域这些方面的概念，因为我们相信，慢速理念具有一种积极的潜能可以用来批评或挑战主流叙事或价值观念，其具有那么多的当代现代性的特征。在全球文化以前所未有的速度和危机遭遇到不可化解的人类及自然极限面前，我们主张让慢速生活承担起巨大作用。简而言之，我们坚信，当下正是适宜于认真思考"慢速"的时机。

在我们探究慢速生活的过程中，我们将特别关注 20 世纪 80 年代源起于意大利的慢食运动，如今，该运动已拥有持续增长的国际会员和相关的媒体形象。我们对慢食运动的探索不是提供关于运动和组织详细的定量分析，而是主要凭借相关慢食的观念、著作和哲理，以便以批判性的眼光来评价与慢速生活密切相关的价值观念和潜能，以及张力和矛盾。也就是说，我们关于慢速生活的概念是慢食的延伸，它是对于现代西方主体"快速生活"需求和压力的普遍的回应。慢食作为日常生活中许多人用以召回时间和愉悦这些愿望的有效形式出现，特别是通过意义丰富的食物，正是其对慢速的向往和带来的成就与慢速生活中的概念产生共鸣。慢食运动最主要的吸引力源于它对日常生活环境与全球化食品体系的阐述。慢食运动建立在现存的全球文化和日常生活的理论之上，在形成我们的"全球日常"理念方面已经具有了影响力，我们将概述日常实践及价值和我们生活于此中的全球环境之间的基本联系。

从某些方面来说，本书的写作显然是一种学术训练。如若托马斯·许兰德·埃里克森（Thomas Hylland Eriksen）那激动人心的著作 *The Tyranny of the Movement*（2001）中所阐述的那样，我们之所以对慢速产生兴趣的部分动机来源于不断加快的速度所带来的挫折感和当代学术生活中的大量干扰。即使困难重重，我们仍然坚持着，但具有讽刺意味的是，常常很难抽出时间来思考和书写慢速。然而，从另一方面来说，这个课题对我们而言并非仅仅是学术训练。作为慢食组织的成员，我们参与了慢食运动提供的饮宴的社会网络和伦理的消费，同时也陷入挑战和困境。从某种意义上说，我们在这方面的研究和写作已经成为更广泛地赢得机会拓展时间并建立更充实和专注的生活的一部分。如果日益增长的媒体关注焦点类似于工作 / 家庭难以平衡、不断增长的瑜伽和冥想练习者，以及任何事情都倾向“减慢节奏”这些现象的产生，那么就会看到，我们在寻求改变快节奏的全球文化的路上并不孤立，希望我们的工作能够促进获益慢速的深层次分析，也鼓励其他人走上慢速的道路。

当我们考虑到使用和理解时间、空间、食物和公共场所生活所带来的影响时，为了彻底地想清楚慢速生活的多种可能性，我们敏锐地意识到在这本书里要运用一系列的学科或探讨方式。我们在讨论慢速生活的不同侧面时，例举了一系列的理论和理论家来阐释我们的讨论，从中我们看到了作为文化研究来探讨这一主题的更为广阔的视野。此外，我们试图提供形形色色的问题和可能性，而非详尽描述我们所囊括的各个领域，我们希望读者能发现这种探讨更富于建设性，而不止步于还原于某一领域。当我们用业已掌握的知识开始对慢速生活进行初探时，对这一运动的学术考量几近空白。但现在，它早已吸引了诸多学科的关注，伴随而来的是对其差异性和其优势和弱势的热烈评估。慢食运动自身也迅速向新的挑战做出回应。我们相信，该运动需要为越来越多的学术及其他方面的讨论所了解，进而将自身目的与行动融入错综复杂的全球化日常生活之中。我们对慢食运动的评估并非是不加批判的：经历了慢速理念的推广和地方层面参与伦理性消费的各种艰难，我们也意识到在资本全球化背景下所产生的更广泛和根深蒂固的可持续发展和伦理发展的问题。然而我们依然确信，诸如慢食这样的运动在社会的改良方式中有着“重塑”日常生活的巨大潜能。

如果我们对于慢速生活的探索将我们带入了一系列的学科领域，那么，它也让我们在意大利、澳大利亚和此刻所处的新西兰接触到殷勤好客，慷慨给予我们时间和日常生活经验的人。同这些人会面及相处是完成这个项目的过程中所经历的主要乐事之一。

感谢索菲·埃隆（Sophie Herron）在我们的意大利之旅期间在巴拉（Bra）给予亲切无私的帮助，以及在翻译上的支持。在慢食总部的那段日子，使我们对亚历山德拉·阿博纳（Alessandra Abbona）、西尔维奥·巴贝罗（Silvio Barbero）、雷纳托·撒丁（Renato Sardo）、塞巴斯蒂诺·撒丁（Sebastiano Sardo）、钦齐亚斯·卡菲迪（Cinzia Scaffidi）、弗兰卡·查理（Franca Chiarle）、安亚·弗纳尔德（Anya Fernald）及维托里奥·曼加内利（Vittotio Manganelli）深怀谢意。

由衷感谢博洛尼亚慢食运动成员们对于我们这些异国他乡者的到来所表现出的温情厚意。罗伯特·费伦蒂（Roberto Ferranti）、勒娜特·费伦蒂（Renata Ferranti）和艾琳娜·布鲁尼（Elena Bruni），他们体现出了慢食中的慷慨和好客精神，组织并帮助我们拜访了地区餐厅、农场和生产者，特此鸣谢。我们也要感谢在此期间拜访的农民、生产者和厨师，他们给予我们时间去深入了解他们的工作（并且允许我们品尝食物！）。在奥维托，我们要感谢市长斯特凡诺·米奇（Stefano Cimicchi）与马西莫·博里（Massimo Borri）；当然我们还要感谢市长保罗·斯特尼尼（Paolo Saturnini）和亚历山德拉·莫拉特（Alessandra Molletti）在基安诺的格莱维（Greve-in-Chianti）对我们的关照。

博洛尼亚大学高等研究院提供的高级访问研究员基金使我们的意大利之行成为可能，对此，我们需要特别感谢博洛尼亚的罗伯托·斯卡泽里（Roberto Scazzieri）教授和牛津布鲁克斯大学的罗杰·格里芬（Roger Griffin）教授的帮助。感谢博洛尼亚大学甘多尔菲帕拉维奇尼别墅（Villa Gandolfi Pallavivini）里友善的同事希格诺·费兰特（Signor Ferrante）、安东伊内塔·乌佐诺娃（Antoinetta Uzunova）、亚历克斯·乌佐诺娃（Alex Uzunova）（尤其感谢她对孩子的悉心照顾）对于我们在意大利的日常生活的帮助。并且感谢住在别墅里的其他学者的友好和同事关系。

感谢艾琳娜·安妮瑞（Elena Aniere）给予我们的协助，以及她在佩斯慢食运动中的出色领导工作和她现在在巴拉协助开展的工作。致谢澳大利亚西部的慢食运动领袖安·梅耶（Ann Meyer），其不断给予我们热情的鼓励与支持。还要感谢巴罗萨（Barossa）慢食组织的芭芭拉·斯多里（Barbara Storey）和其他澳大利亚的“共享餐桌”领导的访谈。对分散在世界各地的慢食运动“堡垒奖”获得者对我们问题的及时反馈，我们也将表示由衷的欣赏。

在默多克大学，我们获得了盖尔·菲利普斯（Gail Phillips）副教授、大卫·西尔（David Hill）教授和贝弗·蒂勒（Bev Thiele）教授对我们学术假期离职期间的支持与帮助，并共享了研究基金，对此我们深表谢意。我们共同获得了默多克大学 2003 年的 REGS 的研究基金。感谢莫克多大学和日常生活研究中心的同事、学生和朋友们，感谢他们能忍受与我们在一起度过那么长一段时间的慢速生活。最近，在新西兰奥塔哥（Otago）大学的这段日子，我们需要感谢林·里布尔（Lyn Tribble）教授在本书手稿的最后整理中所给予的支持和理解。

感谢尚·本内特（Sian Bennett）和伊冯·凯尼恩（Yvonne Kenyon），以及来自彭罗斯学院的格雷汉姆·里克森（Graham Rixon）和来自意大利联合信贷银行的黑泽尔·科利尔（Hazel Collier），感谢他们在后方给予我们的帮助。还要感谢迈克（Mark）、罗斯玛丽（Rosemary）和贝基·丹尼森（Becky Dennison）给予我们的无微不至的关怀和帮助。

本书的第二章的部分内容早期曾以“Out of Time: fast subjects and slow living”为题刊登在 *Time and Society* Vol.13, no.2/3（2004）

最后，我们要特别感谢玛德琳（Madeleine），她在我们的意大利慢速生活（la vita lenta）之旅中以巨大的包容心当了一回加布里埃尔（Gabriel）出色的大姐姐。对孩子们来说，除了对他们具有吸引力的冰激凌和披萨之外，背井离乡抛开他们原有的日常生活习惯并跟随父母完成研究项目真是一件苦差事。我们希望，博洛尼亚的这段生活，能在他们回忆的长廊里，成为彰示日常生活并不一定是种程序的一面旗帜。

（顾晨姚　译，闵冬潮　校）

第一章　全球日常生活中的慢速生活

只有当人们的日子过不下去的时候，革命才能发生。

——亨利·勒菲弗（Henri Lefebvre，1991：32）

在个人、地方和全球之间，正在出现一种新的关系。正是在这种关系中，而非在公共治理的领域，出现了对生活伦理可能是什么的重新思量……那种经由与社会力量——资本的、种族主义的和性别歧视的——关系商洽和自我保护而形成的个体认同实践，并不仅仅是生活方式的美学，而是日常生活不可或缺的情感活动。

——詹纳森·路斯福德（Jonathan Rutherford，2000：66）

慢速生活的真正理念是发人深省的挑战。生存方式的提速，以及我们“忙碌”程度的增长，构成了全球文化中的核心特征。关于近几十年来超时工作是否愈演愈烈的辩论仍未终止，同时又被诸如专业、阶级和性别等因素搅得更为复杂（见 Schor，1991；Hochschild，1997；Robinson and Godbey，1997；Green，2001）。日常生活加速的感觉是人尽皆知的。一些人把产生这种感觉的部分原因归结于少数家庭的工作时间拉长了（Green 2001）；而另一些人则特别提出职业女性数量的增长，特别是在专业和管理角色之后，导致了家庭生活明显“提速”，以适应不断延长的工作时间（Runte and Mills，2004：244）。作为对“无事不在加速”的回应，“匆忙病”（Hurry sickness）已被公认为现代晚期的病症。尽管这种症状可能与不断增长的弹性工作制有关，工作的加时和加速同样是罪魁祸首（Gleick，1999；Green，2001）。然而，当速度似乎等同于效率和专业主义的同义词时，慢速却可以成为一种方式，来传递另一种可作为替代的价值或拒绝将工作场所置于其他的生活领域之上。在我们的工作、私人生活及公共生活中宣扬慢速的价值，就是建立一个阵地，以期对统治性的“时间”价值体系进行反击。

由于这种立场，慢速生活就不仅仅在激发，而是正在得到更多的公众关注。报刊和畅销书中关于工作压力、“反职业主义”以及对增长的“减速”的话题不断涌现，反映出人们在赞美自由支配时间和家庭生活之时，在日常生活中却难以找到时间的困境。一位银行主管在一篇文章里得意地宣称，尽管一周工作 80 个小时，他依然总是能够找到与家人相聚的时间（Boreham，Ellicott and Jimenez，2001：5）。流行小说《我不知道她是如何做的》（*I Don't Know How She Does It*）（Pearson，2002）的故事开头，主人翁——一位伦敦城女主管，半夜三更为烤制女儿圣诞节音乐会的馅饼发愁；而在故事结尾，主人翁悠闲幸福地生活在德比郡（Derbyshire）乡间。这两个例子说明了，慢速生活是个相对的概念，人们试图通过将积极价值归于时间使用的特定方式来商洽这种相对概念，从而影响流动与速度这两个当代现实中最具特点的内容（尽管我们难以想象那位银行主管一周工作 80 个小时何以不是一种“快速生活”）。在西方世界“快速生活”大行其道的感受，迫使我们在思考“慢速”的价值和可能性的同时，还要思考更宽泛的变化，诸如：如何使生活更有质量以及生活的伦理问题等。在第一章里，我们将探索慢速生活的概念——我们如何理解它的意义？它是如何作为一种对全球化的回应而在一种特定的社会环境中出现的？以及它对日常生活的影响。我们先要勾画出为什么日常生活在公共话语和社会实践中产生了新的重要意义，然后把自己对于日常生活的政治的、伦理的可能性的理解，置于与“生活政治”、“微观政治”及“附魅的现代性”（enchanted modernity）等概念的联系之中，从而强调慢速生活如何可能成为与当代全球文化和日常生活对立的一种模式，或者是我们所称的——全球日常生活（global everyday）。

慢速生活

目前，我们可以看到慢速生活的欲望在一系列的社会现象中表露出来。例如，被称之为“健康革命”（wellness revolution）的运动，强调身体的健康，与迅速流行的“慢”运动诸如瑜珈和冥想相联系（Ostrow，2003；Stein，2003）。那些具有创意的实践活动的重现，诸如编织和园艺，可能标志着一种慢速的、更“脚踏实地”的生活倾向。对慢速生活的欲求广为传播，还与一系列的社会运动，如：志愿简朴化（Voluntary Simplicity）和慢食合并在一起。慢食将作为贯穿本书的主要案例，而志愿简朴化作为对当代生活速度和压力之反弹的运动，可能同样值得予以检视。志愿简朴化运动主要在北美发展，它包括一些非赢利性组织、地方性的“简朴化团体”，以及那些倡导“日常生活简朴化，减少时间、金钱和资源浪费”的网络站点和大量出版物（www.mindfulcanada.com）。当然不能说是全部，但许多这样的团体与教会有关，或抱有一种“传统美国价值观”。这些群体有着共同的首要目标，那就是通过改变日常生活的实践和建立“意向性社区”（intentional community）来挑战或批评消费文化（www.

mindfulcanada.com)。①

简朴生活，或简单的生活方式，与慢食运动有一些共同的特征，但这两者之间也有一些明显的不同，我们最好在开头就把它说清楚。尽管简朴一词常常代表“一组变动中的观念、情感和活动”，但它也恒定地珍视节俭和艰苦工作，以偏爱农村排拒城市著称，并对现代性主张持有怀疑态度（Shi，1985：3-4）。并不是慢速生活运动中所有的形式都具有这种苦行僧式的价值观，例如，慢食运动强调的是物质享受，而慢城运动则起源于一种假设：某种城市生活可以提供活力、社区和美的享受。我们认为，慢速生活强调要挖掘日常生活的乐趣，在意识形态与当下生活之间进行协调，而不是对想象的社区和田园式的黄金时代的怀旧。简朴生活与慢速生活之间的区别可能与一些人的日常生活紧密关联，如果不想夸大这些区别，那么作为“生活”的修饰词，“慢速”比“简朴”更能点化出当代日常生活重叠纠结的程度——慢速仅与速度有关，而简朴生活却宣告了它与当代文化的基本脱钩，它甚至彻底地拒斥当代文化。

慢速生活的基本考虑是**时间**。其中心思想是：有意识地尝试改变

① 在志愿简朴化的消费文化及对立面的话语中，经常就“什么是真正的美国文化”产生冲突。例如，在这一话语中关于什么是美国化的问题，在“9·11”之后的语境里可能成为更为长远的话题，关于这一主题影响巨大的 Jerome M.Segal 的著作，其题目的变化就揭示了这一问题。在 1999 年出版时，该书名为《体面的简朴化》（*Graceful Simplicity*），副标题是“朝向简单生活的哲学与政治”（*Toward a Philosophy and politics of Simple Living*）。而在 2003 年再版时，副标题就变成了“朝向可选择的美国梦的哲学与政治”（*Toward a Philosophy and Politics of the Alternative American Dream*）。志愿简朴化也开始强调全球的社会公平和正义，该运动最广为人知的口号“简单地生活就是让他人能活命”（Live simply That Others May Simply Live’ 就清楚地反映了这一点（Http：//www.simpliving.org）。但放在美国的文化和政治环境中，我们很难简单地将它归类于保守派。对运动全面的介绍，请看下列网站：“The Simplicity Resource Guide” http：//www.gallagherpress.com/pierce/Ibp.htm；www.Simpleliving.org；http：//www.seedsofsimplicity.org. 还可参见 Maniates（2002b），Etzioni（1998）。

当下时间的规则，以便为日常生活腾出**更多的**时间。在“简朴生活”和“慢速生活”的文献里，都在强调时间——我们如何“丢掉了”时间，我们又需要如何找回时间或“制造”出时间——这也证明了这一观察，即日常生活在很大程度上关系着“处世行为的时间规则”（Tyrell 转引自 Beck and Beck-Gernsheim，2002：6）。但也不应将慢速生活简化为后现代生活慢速运行的样式，它既不可能提供也不可能造出与当代全球文化并行不悖的孤立时空，以供慢速生活的主体独步其中。与当代文化中的其他内容一样，慢速生活的风格与实践是有意识的刻意的不同步。在本书后面的章节中，通过对时间和速度更为细致的探索，将会展示慢速生活涉及与不同的世俗时间的协商，从而确保了更专心致志地利用时间。对某事“有时间”意味着通过专注和着意而赋予了其重要意义。在这一点上，慢速生活就是一种“有心的”生活，而不是“盲目的”实践，它促使大家考虑我们花费时间所做之事的乐趣，或至少考虑做事的目的。我们还想说，这种用心和留意的品质由于暗含着对他者——其他的人群、地方、时间的承认，因为它们在快速生活的混乱之中可能经常被排除在外，①慢速生活因而具有了一种伦理的维度。

“关怀”（care）、“关注”（attention）和用心（mindfulness）是用来描述慢速生活实践的词汇，不论它们涉及的是关于烹调、步行、默想、园艺等活动，还是关于任何事都不做的“发呆”（见 Parkins，2004b）。在此有必要强调一下，当我们在本书中通过一系列的实践来描绘慢速生活时，慢速生活却并没有什么特别的或规定的内容；但它可能被主体和实践依据不同情境而得到不同的呈现，在这些情境中，

① 我们对慢速生活的关注及其伦理维度的描述主要受益于 Simone Weil（1951）和 Emmanuel Levinas（1998）的著作对专注的伦理思想的强调。关于近来他们对当代伦理（和政治）的影响的著作，请参见 Hermsen（1999），Bell（2001）。

“慢速”由“快速生活”的对立方式来规定。这里没有什么组成慢速生活活动“规定动作”的检查单，慢速的主体也毋须参与我们提到的所有实践活动。然而，在所有的这些实践中，慢速生活是通过用心地使用时间而将日常生活变得既有意义又有趣的最好范例。在一个名为“岂敢懒惰”（“Dare to be Lazy”）的访谈里，罗兰·巴特（Roland Barthes）哀叹自己没有能力“无所事事”。他问到“你是否注意到，每个人都在谈论闲暇活动的权利，但从没有人谈起闲散的权利。我真想知道，在现代西方世界是否还存在着**无所事事**这回事”（1985：341）。巴特在无所事事的闲散与为闲暇活动挤出时间的现代倾向之间作出了区分，这一区分抓住了我们所描述的慢速生活的某些特质。从工具主义的观点来看，慢速生活的实践可能在产出方面（可能是一块家庭烘制的面包）显得“一事无成”。但正是这个过程既令人渴望又阅历丰富。①

慢速生活不是“闭门独处”的同义词。“闭门独处”可以理解为从我们身处的这个敌对性的世界中抽身而出，躲进小楼成一统。自上世纪 90 年代中期以来——对“9·11”的反应更使其恶化——我们可观察到正在出现的这种“内部转向”或“保卫灵性”的社会文化倾向（Cullens，1999：219）。我们要强调的是，根本没必要将“每时每刻经历的简单享受”（Cullens，1999：219）与政治脱钩或与封闭社区挂钩；而是说，慢速生活可能阐述了，或被描述为，一种具有全球意识和政治关联的社会公正和保护环境的行动。无论如何，向慢速生活的撤离有一个重要方面，那就是：强调深思熟虑和专注就需要一种身体的和意识的撤离——从一定的空间或地点的撤离（如快速或嘈杂的地

① 巴特的“闲散”，特指绘画与编织，而他认为后者是“典型的手工劳动，简单、没花销、没结果，但仍不失为一种优美和成功的闲散”（1985：341）。《论编织为慢速实践》，参见 Parkins（2004b）。

方，而这二者经常是合而为一。因此，慢速的地方也就是安静之地），至少是在一段时间里，为了休息和恢复精力而撤离。作为一种身体的实践，这种撤离可以是一种亚历山大技术（Alexander Technique），也可能是默想或其他的身体理疗，它们“构成和珍视着当下的瞬间”（Thrift，2000：41）。如奈杰尔·思里夫特（Nigel Thrift）所说，这种实践产生“一种资源，它使我们能够分辨并珍视当下的静默，因此提出一种建立于对当下的、不合格的情感性之密切关注之上的‘政治’”（2000：42）。

奥伯托·梅鲁奇（Alberto Melucci，1998）在另一种语境下也曾提出，培养对当下的关注具有一种积极的潜力，它超越个人主体，促成政治关注的新形式，焕发日常生活的活力。梅鲁奇认为，在以速度与全球化为标志的当代语境下，主体面临着一种不平衡，即一种存在于梅鲁奇称之为主体的“内部时间”与“社会时间”之间的不平衡。在一种身份认同不固定的语境下，这种时间上的差异就要求主体在“变化之中的连续性”中协调，或发生“质变”：

> 不能在一种具有确定识别的模式、群体和文化中找到个人经验的整体性和连续性。它必须依靠一种内在的能力去“改变模式”，去迅速地再确认自身，去修正所做的决定和选择。但它同时也意味着珍视独一无二的、不能重复的经验，在此之中发现自我。
>
> 只有靠“开启和关闭”才可以保持我们的整体性，来参与和逃避那些川流不息的信息……然而，在这种从喧嚣到静默的转换当中，我们需要一个内在的完整性，它必须能够在变化中幸存。要在这种时间和空间的不连续性和多样性下生存，我们必须找到一种途径来整合经验，而不是依靠我们的“理性”自我。碎片化和不连续性……要求一种智慧，它包括更直接的感

觉、知觉意识和想象力（Melucci，1998：185）。

具有这种智慧需要学习一种“新意识实践”（new consciousness practice），它既涉及身体和情感，也包含感知和思想（Melucci，1998：186），由此，主体既能够充分地生存于现实中，又能够栖息在他们自身之内的**存在**中：“这种存在的能力并非由人类经验自发形成，它具有一种矛盾的性质：它是一种必需在高度反思的态度之上才能建立的直接经验；只有在人们的生活过程、事件和关系中，这种能力才得以形成、发展和矫正”（Melucci，1998：182）。简而言之，梅鲁奇想要说明的是，最重要的是寻求一种方法，通过它“存在可以变成一种资源”，不仅有益于主体的精神健康，更有助于社会冲突的解决，因为深刻的个人经验其自身能够转化成为一种推进社会变革的能量（1998：180）。

日常生活

于是，关于慢速生活的构想，得益于在日常时间的协商中对存在和专注的清晰言说。但在这一语境里日常具有何种重要性？为什么我们要始于一种日常生活范畴中的价值假设？在将此书置于文化研究之列时，我们既继承了这一领域中探讨日常生活的丰富文献，又与这个被质疑的传统结成盟军。此外我们也研究了其他学科传统关于日常的大量文献。① 我们关于全球日常慢速生活的探讨是试图“保持对日

① 对日常生活的研究在社会学和文化研究领域有着很长的传统（见 Gardiner，2000：2；Felski，1999-2000：15）。对这一丰富文献的综述见 Highmore（2002）。正如 Felski（1999-2000）和 Langbauer（1992）所述，日常生活研究传统中最明显的问题是其对性别的处理。例如，人们经常引用的 Lefebvre 的论述“妇女承受着日常生活的重负”（2000/1971：73）可被视为将妇女从改变日常生活可贡献的潜能中排挤出去（Langbauer，1992：51）。

常生活困境的开放态度”（Langbauer，1992：63；参看 Morris，1988：23），这个计划与本·海默（Ben Highmore）关于日常生活对文化研究重要意义的描述相一致：

> 关于日常生活如何使文化理论生动清晰的质疑，也就是关于应该如何参与社会生活的质疑。……日常性使得鲜活文化的独特性成为不可或缺的内容……或许，日常性应该是文化理论给予某种关注形式的名称——这种关注形式致力于激活社会生活的多样性，致力于在不可能的差异中发现意义（2002：174-5）。

聚焦于慢速生活之上，我们才能从多样性开始对下列问题进行概述：与慢速生活相联系的时间、空间、享乐和政治的实践，在其将日常生活的范畴置于问题之中的同时，它们又是如何在日常生活中实际运作的。

尽管日常与日常生活是如此重要和广泛运用的概念，但其定义却往往是难于掌握和不确定的。作为习惯，生活之概念似乎无处不在，但正因其司空见惯、理所当然，它又被人们视而不见（Felski，1999-2000：15，31；Chaney，2002：10）。然而，除了定义日常概念的问题，理论家们对世俗领域的意义和潜力也争论不休。例如，丽塔·费斯克（Rita Felski）就曾令人信服地论证道，整个 20 世纪，激进的知识分子聚焦于日常的观点（如 Lefebvre，Debord 和情境主义者们），建立在把日常凡事的结构作为有活力的乌托邦想象的宝库和不守规则的驱动力之上（Felski，2002：609）。在这种激进传统下，“肯定日常也就同时否定了它”，因为只有在超越“日常之中真正的平淡无奇”时，日常生活的潜能才可能被发现（Felski，2002：610）。虽然与费斯克引证同样的理论家，迈克尔·加德纳（Michael Gardiner）却持一种与费对立的观点，认为只有借助于将日常生活问题化的方法，才可以“揭示其矛盾，找出日常生活被遮蔽的潜能”（Gardiner，2000：6）。

对我们来说，通过指出日常生活中的不可化约的想象和符号这一维度，来确认日常生活中难以驾驭的因素是可能的（Gardiner，2000：16），而这样做，既不用谴责日常的内在性，又不用指责习俗为天然不可靠的因素（Felski，2002：608，615，611）。将日常视为一团混乱或一种“两难”场域（Honing，1996），这并非一种试图掌握生活的方式，这种方式也不去设想这样的可能性是否存在：批评质疑我们所有的日常假设（Heller，1984）。这是一种关照生活的伦理、情感潜能的尝试。① 在这种激发日常生活创造性的方法和费斯克所批评的“美学超越”传统之间，存在一种双重的区别。首先，从日常生活本来就总是主体间互动的领域这一假设出发，日常生活就不可避免地具有伦理特征（Gardiner，2000：209，n.1）。其次，它还假设这种非理性的、创造性的杂乱无章是日常生活的组成部分，是**普通大众**参与的，并不限于那种日常生活“活跃的破坏分子”，而后者则被费斯克视为“批评家的理想化的另类自我”（Felski，2002：612）。

因此，我们对慢速生活的研究以日常生活的两种假设为起点：日常生活具有创意的、伦理的潜能；日常生活必然被当代主体反思性地协商和掌控。第二个假设源自于乌尔里希·贝克（Ulrich Beck）和艾尔莎贝斯·贝克-根希姆（Elsiabeth Beck-Gernsheim）所描述的“个体化”（individualization）概念，他们描述了在传统生活方式和身份

① 最近，另外一些研究日常的理论家们也同样强调了日常生活非控制的维度，如 Michel Maffesoli 所号召的“理性和感觉的多元化”（1989：6）。David Chaney 将这种“散乱的特殊性”作为日常生活中的“无理性”和“创造性”，它与导向统治的公共话语的秩序、控制和理性主义是水火不容的（2002：37，50）：“日常生活是一种创造，因为尽管可以预期世俗的将来，却也在做的过程中同时具有对过往的重新思考”（2002：52）。

越来越被质疑的情境之下，个体建构他们自己的“传记”的压力（见 Beck，1997：95）。① 不同于以往的个人主义，这种个体化：

> 是一种社会状况，它的到来并不取决于个体的自由决定……这种个体化是一种被迫去创造、去安排的活动，尽管这看起来很矛盾。个体不仅要建构自身的传记，同时也建构围绕个体的同伴和网络。在不断适应劳动市场、教育系统和福利国家等状况之中，在连续的生活舞台上、在偏好的变化之中，个体化实现了。
>
> 于是，个体化过程的关键特征之一是：个体化不仅是一种许可，而且它还要求个体活跃的贡献。当选择的范围不断扩大而又必须在其间做出决定时，就更需要个体为了调试、协调和整合而采取行动。如果不想失败，个人就要既能够立足长远，又能够适应变化。他们必须既有组织又能灵活权变，设定目标、确认障碍、接受失败和重新开始。他们需要首创精神、坚持不懈、灵活变通和百折不挠（Beck and Beck-Gernsheim，2002：4）。②

个体化对日常生活有着明显的影响，它突出强调了日常生活以“生活质量”为核心的伦理和政治层面（Beck and Beck-Gernsheim，2002：212），尽管有些后传统社会的支持者把个体化看作是从公共领域的退

① 这里并不是要把个人和日常合并，尽管它们之间有明显重叠的地方，并不是每件个人的事都是日常（如生孩子、晚期重症），而日常的实践也包括那些个人之外的范畴（如工作的世界和社区活动）。

② 这里有必要重申一下，Beck and Beck-Gernsheim 也强调在他们的个体化概念和自由市场中新自由主义个人主义之间是有区别的。他们对个体化的理解指的是对“**机构化的个人主义**的感知”，也就是说，人类之间的相互依存和社区不再建立在坚实的传统之上，而是建立在看似矛盾的互惠的个体化的集合体之上（Beck and Beck-Gernsheim，2002：xxi）。

却（Bauman，2002：xvii-xix）。

在全球化已经启动了去传统化的过程中，由于感受到日常生活的加速以及由适应这种变化所带来的要求，个性化变得更为显著。然而自相矛盾的是，当个人在去传统化的语境下想方设法适应当代生存的压力和波动时，这一语境亦能贡献于重新估价传统。“过去时光”的美学观点也呈现为商店中的此类商品，这种美学欣赏一种回归，比如恢复传统的家务活——缝被子（Parkins，2004b）。可以说，这一类诉求，比如慢食社会运动或农贸市场的复苏，部分出自于对以往时代的知识、习俗、品味和乐趣的重视，以及对它们在当代延续的渴望。这种对传统的再发现，或对传统有选择的运用，形成了生活多样性选择的一部分，这对个体建构其自身生活叙事、解决自身危机提供了帮助（Beck and Beck-Gernsheim，2002：25-7）。虽然这样的实践经常被看做是从当前危急中的怀旧式逃离，我们仍将在后面的章节里继续讨论：传统的复归（reclamation）可能会部分地与日常生活当代问题相连接，建构复兴的社区网络和当代交流。

这一个体化的过程使得日常生活的假设和实践陷入混乱，日常范畴被看做是在通俗文化和政治话语两方面进入了新的潮流（Chaney，2002：55）。从过去十年中与生活方式相关的电视节目的惊人增长，到近来关于探讨“工作与家庭间平衡”之紧迫性的政治辩论，日常已经不再是考虑重要的公共问题时所要依据的背景，它**自身**就是问题。吊诡的是，“生活质量”的这一新兴趣能够成为对社会差异问题的一种积极介入，尽管它是一种“精神上的渴望——对诸如休息、自由时间、友谊、乐趣、创意工作等方面的渴望”（Rutherford，2000：65）。然而，这种渴望并不能被所有人同样认识到。正如梅鲁奇所言，我们不能只是简单地在物质方面思考社会不平等，而“更需要从获取对个体化新资源不平等的方面”来思考（1996a：500）。在个体的期望及对日常生活意义的建构与新式控制、理性化和排斥的差异性配置之间，存在着冲突和差异，正是这些冲突和差异促使形成了新的社会运动（Melucci，1996a：505；见Chaney，2002：140）。在慢速生活的研究中，我们将探索一些方式，想藉此在混乱与脆弱的日常生活中能形成新的生活方式或新的生活伦理。如果日常生活的这种不可预测性为创造性和反思性协商提供了可能性，那么，在日常生活中也会有实现完美世界的可能性，即在如下意义上："批评现实，而不将未来社会应该如何的图景规划得充分全面到纤毫毕至，在此态度下，渴望一种不同但更好的生活方式，渴望思想与生活、欲求与真实的和解。"（Gardiner，2000：17）

全球文化

行文至此，我们会发现当代日常生活的方式、实践和价值并没有与广阔的社会语境相隔绝。当代日常生活在个体化的过程中所获得的特别动能，凸显了一种在个人生活经验与正在增长的全球文化之间的牢不可破的连接。我们需要指出，慢速生活的当代形式与实践既源自全球化过程，也是对其的回应，而不仅仅与日常生活的直接压力有关。进一步看，与慢速相联系的实践和组织，诸如慢食也经常被看做是与全球化相对立而被赋予了不同理解，因此，我们还需要探究与慢速生活有关的全球化问题。我们的观点是，不仅全球化的复杂性产生的错位和紊乱使慢速生活似乎成为有吸引力的另类选择，慢速生活的方式本身就是具有全球文化特征的必然产物。全球化的复杂性出自这样的事实：它不是单一的力量，而是由经济、技术、政治、媒体和文化多重方面构成的现象。虽然全球化的定义是影响遍布全世界，但我们经常所见的是建立在既存的不平等和机会之上的不平衡的过程。"全球文化"的概念可能要表示一种整合的全球秩序，但我们最好是将其理解为一种“复杂的、重叠的、断裂的秩序”(Appadurai, 1991: 296)。

全球化的过程已经引起了众所周知的各种考虑，诸如：跨国公司经济力量和文化帝国主义形式的增长。但反过来看，它也促成了积极变化，如通过新社会运动形成跨越国界的网络，对全球化有害的方面进行批判。这种社会运动往往重点关注日常生活的质量，贝克将这种语境称为第二个现代化（Beck et al, 2003）。[①] 何为第二个现代化？也就是说，在当代，当传统生活轨迹的确定性已被更不可预测的存在（特征是风险和机会）所取代时，现代化并未消失，而是变成了“不断增长的问题”(2003: 3)。第二个现代化“可被看做是在全球化压力之下的大规模社会试验”，各式各样的后传统社会不断聚合，后国家的想象社区在彼此竞争中脱颖而出（Beck et al, 2003: 16）。在这种后传统社会，传统的实践、结构和价值被连根拔掉，经受着审视、挑战和再评价（Giddens, 1994: 96-7）。

我们对慢速生活的概念化建立在质疑全球文化语境中对时间和空间传统看法之上。通常认为，伴随着地理距离的压缩和消失，全球化导致了生活节奏的加速。通常，全球文化以新的交往和交通技术为特征，在以“时空压缩”著称的现象中，它在全球瞬间传递着信息，并引起人员、物资、服务和信息跨越国界迅速增长的流动（Harvey, 1998）。考虑到这一背景，在全球日常中的慢速生活可能被视为背离全球化现实的不合时宜和无效率的偏离，但我们要申辩的是：这种

---

① 我们不想重复关于现代性、后现代性、第二现代性及晚期现代性的定义及它们之间区别的争论。如果在有必要进行的地方，我们一般在这本书里采用第二现代性及晚期现代性。在这方面，我们遵循梅鲁奇的主张，他强调这些概念的暂时性，并且警惕满足于将概念固定，把概念的再生作为社会理论对抓住当代社会的复杂性的一种企图，梅鲁奇在他自己的著作中，使用可以互换的各种概念来解释当代社会“多少会有些助益”(1996: 485-6)。

对全球化的传统看法所提出的生活节奏的特别加速和物理空间崩溃的说法，只是一种很局限的、一维的历史叙事（见 May and Thrift，2001）。如我们在后面的章节中所要讨论的，全球的日常并不以单一的速度经验与地理上的移位为特征，而是不同的时间和空间情境的日益复杂的共存协商。在全球文化中，

> 这一图景不完全是生活节奏加速或空间“坍塌”经验的单纯加剧，而是时间、空间之性质和经验的远为复杂的再结构……随着这些变化，空间被看做既在扩展又在缩小，时间范围既在缩短又在延长，时间本身既在加速又在放慢，甚至在不同的方向中运行（May and Thrift，2001：10）。

那么，在全球日常中的慢速生活，就不是逃避现实的消遣，而是源自后传统社会中时间和空间的极端不平衡和异质产品的结果，同时也是对此的一种回应。

假定全球化的真正特征是威胁到地方的消失，那么全球日常中的慢速生活就需要被置于如何在地方叙述全球化的范畴内考虑。不管是漫步在购物中心还是机场，随处可见地方特色不断被全球力量所破坏。全球化表现为从边界框架向去边界视野的转换，转换成一种“超级边境化”的形式，即加速去除物理的、地理的空间参照（Scholte，1997）。当“地方性在全球化的世界中成为社会剥夺和贬抑的标志时”，完全介入全球文化的主体，经常被定义为具有流动性和逃离于“地方的”束缚和固定空间的自由，通过这种流动性获取了社会资本（Bauman，1998：2）。然而，实际上可以把全球化看做由两个似乎互相对立的运动构成：国家权力向跨国机构的转移；国家权力向地方组织的转移（Brodie，2000：115）。即便假定主体有全球责任的

意识，在“全球化思考，本土性行动”（Think Globally，Act Locally）的流行口号中，地方仍可被看成是抵抗全球化文化的阵地（Hall，1996：619）。

然而，将地方作为抵抗全球化的场所，并不意味着地方可以隔绝于全球化及其影响而孤立地存在。如罗伯森（Robertson）的“全球”概念所试图表达的，地方性可能不会被全球化的力量所消灭，而是在与全球化的特别碰撞中被定义（1995）。地方和全球在实践和背景方面的相互重叠，意味着地方不可能脱离于全球化的情境而存在，并且全球化的确在某种意义上“创造着地方性”（Robertson，1995；见 Beck，2002：17）。那么，如果我们将慢速生活看作是一种对全球化的回应，就不能将其仅仅定义为回归地方性的防御性撤退，而是作为用新的反思方式对地方性社会关系和认同进行重构的部分；这种新的方式“发展了地方和社区的新意义，同时利用、批评全球化，甚至对其有所贡献”（Purdue Durrschmidt，Jowers and O’Doherty，1997：645）。

对全球性和地方性的辩证理解之下的这种认同和关系的重构，意味着这一过程对当代主体性来说具有复杂的衍生性。全球化不仅在全球力量与日常生活之间建立了基本联系，而且也在日常决定与全球化的成果及其影响之间建立了联系。举例来说，做出任何购买衣食的决定，都应该意识到全球的后果是否涉及其他国家生产者的工作环境，或者涉及某种农业实践引起的环境退化（Giddens，1994：57-8；见 Young，2003）。正如吉登斯所强调的那样，全球化是个“在这里”（in here）的事情，[与“在那里”（out there）相对立]，“它影响到我们的生活，甚至辩证地关联到我们生活最密切的方面”（Giddens，1994：95）。伴随着仍然有影响力的民族国家的领域，一种世界化的轮廓或“**内部的**全球化”（*internal* globalization）正在呈现，这种全球化的维度导向了“一种工作、经商的新方式，认同和政治的新类型，以及日常时空经验和人类社交的新形式”（Beck，2002：17，30）。这一新的、对话的全球化，或“**扎根的**世界主义”（*rooted* cosmopolitanism），拒绝类似本土—全球这样的二元观点，而追寻本土化的观念（Beck，2002：19）。

本书自始至终都将论证，慢速生活的一部分驱动力就来自这种世界主义。日常经验被理解为超出慢速者的个人意味，而具有全球性的意味与后果，更关注于生活方式。确实可以说，在慢速生活的实践中，人们的关注点既被引向外部，同时又被引向内部。例如，一个人以步代车可能是认识到了石油燃料与高速公路引起的环境问题，也可能是认识到了从身体锻炼中获得的乐趣。因此，慢速的主体与世界主义的主体性在作为“全球资本主义的日常流通”的意义上有所不同（Stevenson，2002：261），在这种流通之中，精英们以可以享受由这种巨大的物理上的移动和通信技术提供的自由，“在各种文化中做无根式的蜻蜓点水”（Featherstone，2002：1）；而慢速的主体则生活在一种“伦理的全球主义”之中（Tomlinson，1999：195-6）。①

现在，全球日常既是一个世俗平凡的真实，又是一种境况，其中的生活过程很难不言自明，既经受着各种新挑战的烦扰，但也具有无限的潜力（Tomlinson，1999：128）。自我反思的世界主义者对慢速生活实践的采纳，是发生地方性转型的途径之一；与此同时，文化差异和去传统化的强化意识变得可能，由此世俗生活被重新赋予了意义。在英国和澳大利亚等国出现了对农贸市场越来越大的兴趣，这是地方性的转型的一个例证。大家到这些非正规的周末市场上购买当地的产

① 因此，Beck 和 Tomlinson 对全球和地方的这种多重重叠的理解也与 Ulf Hannerz 作为个人的世界主义的主体有明显的区别，这种主体具有文化的能力和对各种文化经验的开放性，并且知道哪里是出路（1990：239-40）。

品，因为喜好这种社会化的体验和产品的质量，同时避开了在超市购物所面对的非个人化服务。人们认识到，应对于农产品的全球流动，农贸市场的复兴标志着人们对本地价值的重新评价。这种对全球差异的协商已成为日常生活的组成部分——还有什么比买菜更能代表凡俗之事？但与此同时，这一协商也是加强社会联系重建社区的机会。从这个意义上说，全球文化中的世界主义主体无疑与文化开放性的形式相联系，其与“狂热的自由流动和享乐主义”关系不大，而与“日常生活的必要情感活动”密切相关（Rutherford，2002：66；Stevenson，2002：261）。

自身的放慢艺术

对日常生活及其与全球文化（全球日常）的复杂关系新的关注，要求一种对主体间性和政治范畴的新思考。当反全球化运动的兴起已经清楚地表明了全球化的语境和机构对当代政治的重要性，政治理论家们最近也在考查全球化对政治生活和话语的更具世俗的意味。因此，慢速生活的价值和实践就需要被置于与近来这些工作的关联之中，并且被放在当代的政治环境中来加以研究。比如，新社会运动带来的理论财富已经提出了在政治日程表上如何分派时间的问题，同时还关注对物品和服务分配等传统问题。

安东尼·吉登斯的“生活政治”概念就是这种对当代政治进行重构的方式之一。与传统的解放政治概念很不相同，作为“生活方式的政治”，它提倡从“传统的固定性和阶级统治的境况中”某种程度的解放，并且聚焦于在后传统语境中处于一种辩证关系中的主体——“在这种语境中，全球的影响深刻介入到自我的反思性计划中；反之，在其中自我实现的过程又影响到全球的策略”（Giddens，1991：214）。然而，不能简单地认为中产阶级或富足者已经“超越”了解放政治的思考范围，从而将生活政治归于这类人的政治。与贝克和梅鲁奇如出一辙，吉登斯主张“获得自我实现方法的机会本身，成了阶级分化和不公平分布更加普遍的关键因素之一”（1991：228）。因此去传统化的问题和挑战，对穷人和边缘者同样适用。生活政治也不可能局限于休闲政治之中。如同我们生活中的其他部分，工作本身也变得越来越成问题，它正在失去其固有的结构、节奏和传统。自我实现的过程越来越为雇佣和劳动、消费和休闲的个人决定所左右。

生活政治的概念也可被看作仅仅是个人的政治或日常的政治。吉登斯已经指出，生活政治这一概念形成于早期的社会运动中，比如在 60 年代女性主义第二次浪潮或当时的学生运动中，就强调“个人的也是政治的”（1991：215-6）。如同这些运动，生活政治被运用于宽泛的政治概念之中，其中关涉到形成社会关系价值的斗争，也涉及更具体的国家政治领域，因为假定了生活政治必然要处理权利和义务的问题（Giddens，1991：226）。毫无疑问，由于提出了不平等、剥削和压迫的问题，解放政治是任何激进政治方案的中心；但同时，在生活政治领域与构成了解放政治的价值和目的之间，经常存在着一种联系。然而，正如海默针对女性主义第二次浪潮所指出的：“真正的事实是，这种社会和文化运动本身就在日常生活中……应该提醒我们去注意日常生活的潜能，即产生新的政治形式的潜能。”（2002：28）现在，绝大多数关于消费、日常实践和休闲的个人决定，深深地受制于社会的、政治的和全球的考虑，以致毁掉了不同生活领域之中的传统划分（Rojek，2001：123）。

吉登斯关于生活政治的概念，有助于思考慢速生活的政治，但我们并非要对其不加批评地直接采用。首先，需要把生活政治从其与“第三条道路”的政治方案（Giddens，2000；Neocleous，1999）的结盟中分离出来。其次，对反思性主体和生活政治概念所描绘的不断变化的政治领域的称道，需要与下面两个因素相互平衡，即对自我的复杂又差异分化的本质的高度强调，以及作用于主体的结构性束缚。① 反思是有局限性的，这不仅因为社会中存在着相互冲突的规则和义务，还因为“我们自身内部就存在着冲突”（Hoggett，2001：41；见 Rojek，2001；Davies，2001）。然而，对我们来说最重要的是慢速生活经由一种对全球风险文化非常不同的解读来传达的（Beck，1992；Lupton，1999），在这种解读中形成了生活政治的形式。目前，绝大部分的注意力都集中在描述全球危机文化如何在“制造”新自由主义市场下灵活机动和高效的主体中所起的作用。但我们认为，这种文化也必然会致使主体更深入地理解偶然性、无序和遭遇，以及自然、时间和人类生活的局限性，这无形中提升了社区、安宁和慢速的价值。总之，这种语境和这种主体处境是慢速生活政治成长的基础。

在这一问题上的另一种尝试是威廉·E·康若利（William E.Connolly）提出的微观政治的概念，这一概念与生活政治类似，但或许能够更好地捕捉到慢速生活的精髓。以尼采和福柯提出的自我—艺术为资源，康若利提出，作为伦理策略的自我艺术不只以单纯的自我表现和自我陶醉为目的（1999：145-6），而是：“这种艺术性包含**有选择的对自我认同因素的去神圣化**……最令人惊奇的自我艺术能够培养出对世界的批判性回应能力，由此，生成的政治（politics of becoming）周期性地对确定的信奉者的自我证明提出意想不到的问题”（1999：146）。如果正是当代文化节奏的加快使得我们对自身主体性的偶然性更有意识，那么这也会促进自我的艺术，通过这种艺术我

① 见 Hoggett 对吉登斯结构化理论的批评和 Craib 对吉登斯解释的单一的自我的批评（Craib，1992：171-7）。

们可以将自我理解的某些部分“去神圣化”（例如去自然化，认识到它们具有历史的偶然性、产生于社会）。但为了培养批评性的回应能力，就需要时间来反思和回应。这已超出了自我—艺术性的范围，培养超越个体的“存在的新的可能”的新意识就可能兴起了：

> 从另一种视角来看所谓的自我艺术就是微观政治。电影、家庭记忆、社会运动、饮食习惯、游行示威、理想工作、医疗技术、小道消息、药物治疗、教学机构、脱口秀、认同行为、物质的规训与奖励、讲道、领导艺术，人们策略性地借助这些内容和仪式来作用于自我。换个角度看，这些内容和仪式就是微观政治的实践，它们单独地或联合地、经常性地冲击着我们。自我的艺术和微观政治是一枚硬币的两面。微观政治具有稳定既存认同体系的作用。但它也能够引入一种新的认同或权力，并使之成为现实……（Connolly，1999：148-9）

于是，（慢速）自我的艺术不但意味着人们借此培养类似在关注舒适生活的价值基础上的主体性，而且也是向更广阔的社会组织和公共文化叙事“适度转移”的机会。这种自我的慢速艺术实践于社会网络和时间文化之中，因此它们对快速文化的伦理问题无疑是一种减负。总之，“自我艺术激活了个体在与他人关系中的伦理敏感性”（Connolly，1999：149）。

然而，这些自我的慢速艺术是如何导向与世界和他人的更大规模的伦理、政治介入的？为了回答这一问题，我们需要提出慢速生活有待论证的核心价值和最成问题的方面：愉悦。愉悦和政治，快乐与伦理，不是我们平时习惯于并置的词汇，除非是作为一对矛盾。但在近来的一些论述中特别强调了这种联系，甚至在慢食运动的宣言里也以“享受的权利”作为开篇首句。[①] 愉悦和伦理在日常生活中居于中心地位，并且二者相互重叠；对于这一概念的形成，简·本尼特（Jane Bennett）在《现代生活的诱惑：依附、跨越和伦理》(*The Enchantment of Modern Life: Attachments, Crossings, and Ethics*）中的论证起了很大作用。本尼特采纳了伊壁鸠鲁的哲学观点：“伦理的任务就是律己地享受生活，带着好奇心接受生活，通过行动来增加生活的快乐”(2001：88)。本尼特探究了当代生活中的快乐、惊奇、愉悦和诱惑等概念，对韦伯主义的祛魅的现代性这一论题进行了有说服力的批评。本尼特既要质疑现代性祛魅叙事的真实性，同时又要揭示接受这一论点的批判理论家的伦理、政治意味，对他们来说“对魅惑的探求总是不可信的，因为这种探求仅仅标志着一种渴望，即渴望忘掉非正义、沉溺于无知以及逃避政治”(2001：10)。通过将当代生活各种形式和场景中的欢快与魅惑描绘出来，本尼特将魅惑描绘为“对世界的一种活跃、密切的参与状态”，她将这种状态视作伦理的潜能(2001：111)：

> 魅惑是一种以积极的方式与生存相联系的感受——在一瞬间感觉到自然与文化的世界的馈赠，它提醒我们：活着是美好的。这种充实的感觉，即伊壁鸠鲁所言的心神安定（*ataraxy*），激励作为有限存在的人类，为其他的物种贡献时间和努力。具有感受这种魅惑的敏感性并不能保证这种魅惑感觉的出现，但却会使得其更加可能。(2001：156)

于是，对这种魅惑敏感性的培养，就与日常生活的实践紧密相

① 见 Fisher 1998；Curtis 1999；Dumm 1999。

联。这种培养也预设了日常模式中时间和空间的设置，从而形成对于魅惑、愉悦以及好奇的意识。

在充满风险的全球语境中提倡本尼特意义上的“魅惑 / 伦理”主体具有了可能性，这一论证本身也具有高风险性，因为它的一系列议题，诸如：在这样一种语境中，谁拥有被魅惑的选择权？谁有时间来过慢速生活？诸如此类的问题我们也常常被问到，在后面的章节里，我们对此将进行更充分的讨论。在此，我们已经表明了在全球日常中的日常生活是以不公正和断裂为特征的，也看到了个体化扩展的过程是如何形成的，以及对日常生活的关注如何以新的方式占据了公共想象的空间。然而，本尼特对于“附魅”主体的说明所要强调的是，日常生活中愉悦的重要性，以及慢速的适用性问题有时就是日常生活中愉悦的可能性问题。考虑到慢速生活几乎总是被“生活质量”的缺乏感所推动，那么对生活模式的任何检视，愉悦必然是其绝对重点。在第五章里，将对愉悦的潜在方面进行更全面的探讨，那时我们将把从食物中得到的感官上的直接快感与酒宴之上的欢愉同慢速生活相联系。但在这里我们想表明的是，一种结合了愉悦与关注的日常生活的方式，可能真的是一种能将日常生活转移到“新领域”的方法——在这种新领域中，作为新政治之基础的生存于世的新方法将变得可以预期。

在慢食运动的文献中，经常传递着这样一种日常生活的方式就不足为奇了。慢食运动形成了本书的主要案例和讨论的基础。在下一章里，将详细介绍慢食的起源、哲学观点和结构，让不熟悉该运动的读者了解一些必要的背景知识，以便能够理解本书后面对慢食运动更专门的、有选择性的讨论。第二章还将把慢食置于有关新社会运动的讨论之中，详论为什么我们认为它是个运动而不止是个组织。我们的目的在于，以慢食运动日渐完善的意义为出发点，实现慢速生活概念的理论化。从讨论中我们会越来越清楚地看到，慢食运动并不是慢速生活的一个完整无缺、毫无问题的范例，它只是为慢速生活在全球日常中如何实施的前景，提供了积极意义及一些具体实例。尽管对慢食的研究运用了参与观察和访谈的方法，我们主要的方法是文本和话语分析，旨在从文化研究的角度切入对文化与当代生活的研究。我们的目的不是写一本如何进行慢速生活的“指导说明”——虽然这样的指导在本书中会有一席之地，而是开放一些日常生活的可替代模式的可能性与潜在性，并且打开一些慢速生活可以提供的可能性和意义，可替代的日常生活的模式就建立在这种可能性和意义之上。我们相信，文本和话语的研究路径非常适合于这种冒险尝试。

我们的观点是：慢速生活是个很宽泛的概念，是日常生活、社会和政治生活领域有影响和有争议的范畴。尽管这是写作的必然需要，但将特定的主体范畴分散到各个章节中去描述，可能会有悖于我们论证的目标：比如，关于“时间”和“空间”的两个独立章节，就看似松动了时空之间难解难分的联结（May and Thrift，2001）。因此，我们鼓励读者进行“交叉式”的阅读（如果有时间的话！），以便寻找到慢速生活的线索。第三章和第四章分别讨论慢速生活中的时间性和空间性问题。第三章对当代的“慢速”和“速度”概念进行历史的分析，以便表明“慢速的时间”如何被设置成为一种作为替代的时间性，并且考察愉悦和时间伦理的可能性。第四章查找慢速生活的“地点”，讨论在现代全球生活去边界化的语境中“本土”的空间价值。慢城运动的一些城市将被作为寻求实施慢速生活的文明实体来讨论，而“工作”和“家”作为更普遍意义上慢速生活的可能场景，其相关话语也被深入分析。第五章将讨论食物和愉悦对慢速生活的重要性，关注食品的消费如何鼓动起美学经验、身体享受和真实性的问题。这一章还通过考察共享餐桌的概念，进一步思考慢速生活和慢食中，特别是招待和饮宴等概念对性别、家庭和族裔等问题产生的后果。在最后一章，我们才能够将慢速生活的政治作为重要议题，而它本来就是贯穿全书的焦点。尤其是慢食所关注的“生态美食学”（eco-gastronomic）的政治将作为全球日常生活的政治新形式的案例来讨论，当然还要关注其中的跨国机构和南北分化。然而，我们将以对慢速生活在全球日常中的可能性的乐观主义的要点结束本书，作为反思的方法，我们不但要恢复日常生活中的意义和享受，还要了解和提出家与工作、自我和他者、文化和自然等方面的重要的伦理问题。

（闵冬潮　译，张亚月　校）

第二章　慢食运动

慢食一词总是挑战着简单的解释。尽管“快餐”在当代文化中是无处不在，但慢食的名称将食物与时间联系在一起，还是让许多第一次碰上这个运动的人有些摸不着头脑。同样，对许多人来说，一个与跨国公司发生冲突，同时又教授享受帕马森干酪（Parmigiano Reggiano）美食的社会运动，确实与传统意义上的政治和文化构架不太合套。由于慢食的核心哲学“慢速”建立在对享受、品味、聚餐以及对本地产品和文化价值的理解之上，因此该运动已经成长和发展成为名目繁多的活动，至于它到底是什么，只能像德伯拉·曼德森（Deborah Madison）所说的那样，如同由“瞎子摸象来定性”（2001：ix），对此，他作了如下解释：

> 对美食家来说，慢食可能是与烹饪美食和美酒有关。对寻求生活节奏的人来讲，它可能与生命的自然本质更为接近。……慢食提供一种富有同情体谅的回答。……对于这些探索与动物和植物相连历史的人来说，将会发现慢食提供了一个地方来辩论从火鸡到绵羊、从牡蛎到苹果等老式培育方法的长处，并且还可以把这些保存下来的方法付诸实践。如果你关注的是社会变化政治方面的问题，可能会发现慢食运动致力于发展使土地的使用和食物的生长合理且可持续的方法（Madison，2001：ix）。

这种多样性使慢食运动具有一种亲和力，它不但拥有形形色色的社会群体，而且还具有既是一个国际性组织——现已被官方承认为非政府组织（NGO）——还是一种运动的复杂身份。在这一章中，我们将用大部分篇幅描绘慢食运动的特点，勾勒它的起源、哲学、结构和目前进行的项目，以及从慢食运动派生出来的慢城（Slow Cities）。我们还将通过案例分析来理解新社会运动背景下的慢食运动。我们所考虑的不在于证实慢食是否符合新社会运动的分类模式，而在于通过运用新社会运动的大量文献来更好地解释慢食的复杂性和可能性，由此来反驳那种把该运动说成“只是个吃喝俱乐部”的论调，从而把慢食一竿子打死的观点。

起源、哲学和组织结构

慢食最初是由一群对食品和文化感兴趣的意大利左派活动分子发起的，而正式的开端可以追溯到1986年Arcigola小组的建立。[①] 由于其出版活动、各种品尝活动以及对饭店和葡萄酒的评论活动，三年之中，Arcigola成员由500人增长到8 000人（Petrini，2001：7）。1987年，他们出版了一种名为“红虾”（Gambero Rosso）的葡萄酒指南，夹在左派报纸《宣言》（*Il Manifesto*）里发行，不久，这份东西变成了国际上具有权威性的意大利葡萄酒指南（Kummer 2002：20）。1989年，麦当劳计划在罗马的西班牙广场（Piazza di Spagna）开张，引起了群众组织的抗议（有抗议者坐在麦当劳外面，慢慢地吃意大

---

① “Arcigola”这个词的起源比较复杂。“Arci-”来自于意大利共产党再造联盟的首字母缩写ARCI，该联盟是共产党中的社会文化派。“Gola”是一个意大利词汇，既指“喉咙”，又指“食欲和享受”（经常被错误地翻译成“暴食”，含有一种对过度消费食物的不良愿望的蔑视之意，而现在在意大利已不复存在；见Counihan，1999：180）。La Gola（1982-1989）还是美食和葡萄酒这一多学科杂志的名字，该杂志由合作编辑部负责，其中有皮特林尼（Petrini）（见Petrini，2001：6-7；Leitch，2003：448-9）。

利面）。从这一抗议举动中诞生了一个新名字：慢食。正如慢食运动主席卡洛·皮特林尼（Carlo Petrini）所指出的，“慢食”的概念是与“快餐”对立的，但这一运动真正要传达的则是我们对刚刚出现的全球化征兆的批评性的反应（2001：8）。慢食这一新名称一贯采用英语书写，也是对该运动国际传播与目的确认。例如，在接下来的一年，建立了慢食编辑部（运动的出版机构）。1989 年 12 月，来自 15 个国家的代表在巴黎歌剧院相聚一堂，发表了慢食宣言，并同意将蜗牛作为运动的标志，这个“小的、世界性的和节俭的”动物，是一个“反对速度的护身符”（Kummer：2002）。自此慢食被确认为国际运动。

由其左派政治观点所引导，始于意大利的早期慢食的成员主要想通过运动来发扬光大当地的产品、文化和传统。由于大批人口被吸纳到大城市，小农场被大型农业联合企业不断消弱，一些当地的生活方式受到威胁。早期的慢食运动就通过一系列对本地的产品价值的首肯和对本地小餐馆（*osterie*）的奖励，来寻求对本地农庄、餐馆和经济的保护。小餐馆（*osterie*）在意大利的烹饪和文化里占有特殊的位置，超出了这些环境便难以欣赏。这种小餐馆用本地的产品烹饪简单和相当便宜的饭菜，并且是当地村庄和社区里重要的社交场所。慢食运动最初对这些小餐馆的防护因此成为了建立在**阶级**基础上的活动，然而，这个阶级与精英主义无关，因为麦当劳和那些全球的快餐销售不是与精英的餐馆竞争，也不会危及到他们的经营，而是危害到建立在家庭基础之上的、劳动阶级吃饭的小餐馆。

慢食运动的出现击垮了传统的政治分类，并且居于独特的意大利文化政治的背景之下，即：战后的党派制度和更传统的市民联合会的组织形式都衰落了（Leitch，2003：457）。即使在意大利，左派美食群体的理念也是反讽的，毫不奇怪，这一群体成为万箭齐发的批评主体（见《论意大利左派的苦行僧主义》，Parasecoli，2003；《论近期意大利左派政治的碎片化》，Blim，2000）。正如皮特林尼（Petrini）所说的那样："当 Arcigola 小组建立时，左派知识分子对此不以为然，把我们看做是一伙只顾享乐吃吃喝喝的家伙，而来自另一边的意大利烹饪学院的食品和葡萄酒专家们也不信任我们这些左翼的美食家们，把我们看成是一伙满脑子意识形态又没本事的来抢行市的人"（2001：10）。因此，运动挑战的就是只有资产阶级才追求高品位的美食和美酒的理念，并且提出进步的政治思想需要给予享受和美学以合法性。

早期慢食运动建立起来的核心哲学思想在组织之中保留着中心地位。慢速的品性是其不可怀疑的特征，然而，这种慢速的评价又超越了其与食品的联系。皮特林尼（Petrini）对早期慢食运动的评价是："Arcigola 接受慢速生活，而又不仅仅是慢食"（2001：13）。慢食运动中的慢速试图开启人们享受的感觉（感官享受）、与他人相伴、对自身的关注的理念。奥伯托·卡帕提（Alberto Capatti）是《慢》的编辑，也是形成慢食运动哲学的中心人物，他写到："我们的目标人群是那些希望聆听自己的生活节奏，并且有可能做出调整的人"（Capatti，1996：5）。慢食运动由其对享受的评价和弘扬著称，这一点有它的基金会宣言题目为证："保卫享受的权利的国际运动"。各地的分会则以强调愉悦的重要性的"聚餐"（*convivia*）为人知晓，以相聚为特点的"共享餐桌"强调要在招待和共餐方面投入时间。

近些年来，慢食运动在继承这一基础的同时，也进行了明显的转型，最令人瞩目的是由单一的美食组织向自称为"生态—美食"方向发展。自初始阶段，慢食运动就讨论要对食品的享受和品尝与其生产和环境结合起来，而最近，对农业生产的生物多样性和可持续的系统问题在运动中则得到了优先的考虑。现在，慢食运动声称自己是"一个复杂的、享受与生态学结合的混合体"（R.Sardo，2003）。从美食向生态—美食运动的转化已经创造了一种对优质食品的兴趣和对全球化中有害影响的政治聚焦的非同一般的连接（见第六章）。这样，慢食运动就将自身与那些所谓的“反全球化”抗议者如法国农场主和活动家乔斯·伯维（Jose Bove）的直接活动相区别开来。[①] 如皮特林尼（Petrini）所言：“别人可能在大街上战斗，慢食则有不同的主张：从标准化的洪水泛滥中抢救那些进食的规矩、菜肴和产品。”（2001：28）西尔维奥·巴伯奥（Silvio Barbero）（意大利全国慢食运动秘书长）把慢食运动描述为“反对负面的全球化——我们要用全球性来推动积极的事情（Barbero，2003），例如，推动在不同的食品和文化之间开拓全球交往的可能（通过慢食出版社和网页）；促进建立跨国的支持和合作网络（如下文所说的 *Terra Madre* 的会议）。

这种对积极的全球性或“另一种全球化”（the other globalization）[②] 企望的成功，也通过慢食会员和组织的增长表现出来。目前，有80 000 名会员分布在全世界 100 多个国家，组织 800 多个聚餐会（www.slowfood.com）。聚餐会是慢食运动的基本结构，当地分部把它作为会员、食品文化和网络以及公共领域之间最直接的联络点。这种聚餐会必须是一种开放的群体，所组织的活动不仅限于会员参加。慢食运动对聚餐会成员人数规定了下限和上限，而且建议每个聚餐会有一个能明确反映或划分地区的边界作为形成当地特色的基础。聚餐会

---

① 最近几年来出现的这些反抗组织，由于其具有多样性和无尽的差异，因此，把他们称作“反全球资本主义”运动（见 Craig，2002）或者“反企业运动”（Crossley，2003）可能更为准确。

② 德伯拉·曼德森（Deborah Barndt）称“另一种全球化”是“对跨国的公民社会以及围绕社会公正和环境的可持续性达成共识而进行的一种动员”。（2002：57）描述积极的全球性（positive globality）的另一个词语，也反映了慢食运动所关注的方面。积极的全球性将是“自下而上的全球化”（globalization from below），“它由一股跨国的社会力量所组成，这股社会力量是由（人们）对环境、人权、反抗父权制和建立在多元文化基础上的社区的视野关注，来探索结束贫困、暴力、侮辱和集体暴力。”（Falk，1993：39）

不允许私人公司的直接参与，但每个聚餐会都可以自由地以其他方式来组织活动的议程和主动支持当地的产品（发起与当地生产者的联系）。不论在本地区和世界其他地区，作为对当地食品项目的提名人和赞助者，聚餐会在慢食运动的大的（较大）项目中也扮演了重要的角色（见下一节）。意大利是会员和聚餐会最集中的国家（有 35 000 名会员和 360 个聚餐会）。然而，这一运动不止局限于欧洲范围内，近年来，增长势头最快的是美国、澳大利亚和日本。

慢食运动总部仍设立在位于皮埃蒙特（Piedmont）的巴拉（Bra），但现在雇有 100 多名工作人员、年度预算为 1 300 万欧元（McBride，2003）。总部的任务包括：提供对各地聚餐会和意大利以外各国分部办公室的支持；提出和管理（下面列举的）大型运动和项目；通过出版办公室推广运动；组织慢食大型活动，如都灵的“品尝大厦”（Hall of Taste）。此外，在运动的出版方面，慢食运动编辑部还出版了 40 多种出版物，包括《意大利酒庄》（*Vini d'Italia*）[与“红虾”（*Gambero Rosso*）葡萄酒指南合作] 和《意大利小餐馆》（*Osterie d'Italia*）（对 1 500 多个小餐馆进行评议介绍，年售出量都在 10 万份以上，见 *Slow Food*，2002b）；管理着既通俗易懂又吸引人的网页 www.slowfood.com（该网页每日更新，日平均访问人数是 3 400 多）；出版 6 种文字（意、英、法、德、西、日）印行的季刊《慢速》（*Slow*），该刊物在交流沟通运动的核心价值和联系不同会员身份方面起到了关键作用。

尽管坐落在巴拉的总部规模很大并有专业的倾向，西尔维奥 · 巴伯奥（Silvio Barbero）还是强调运动的“草根”性质，这涉及各地分部工作上自发主动的重要性（如对传统食品保护“Presidia”项目的提名和赞助），以及当地聚餐会的活动是慢食运动的核心价值（Barbero，2003）。据巴伯奥的分析，总部的任务是对各地的聚餐会项目和运动提供行政和法律上的支持，而开展大型活动，则是提高运动的可见性，这能够帮助地方上扩充会员。然而，不能不看到，慢食运动最主要的动议仍然是由主席皮特林尼直接发出的。关于这一点，最好的一个例子是最近关于烹饪科学大学的筹建。2004 年 5 月，该大学在位于巴拉附近现已完全修复的列入世界遗产名单的 Agenzia di Pollenza 里开学了［另一个校区在艾米利亚-罗马涅的卡罗诺（Collorno in Emilia-Romagna）］。皮特林尼的设想是：使这所大学从巴拉市政府、皮埃蒙特地方政府和私人捐赠者那里获取财政支持，对这一世界遗产进行大规模的修复再建，为大学、酒庄、旅馆和饭店提供用房。

当这一项目的规模证实了皮特林尼构想大计划和激励其他人加入其中的能力的同时，他的权力和影响也被在另一些范围内不断增长的国际化所减弱。现在，慢食运动在瑞士、德国、美国、法国和日本都开设了国家办公室，意大利之外的会员人数的增长不断反映出慢食运动国际委员会的规模和混合程度，在该委员会，各国代表人数与他们的会员人数挂钩。目前，该委员会有意大利代表 14 位，美国 6 位，德国 4 位，瑞士 3 位，澳大利亚、法国和日本各 2 位，英国、奥地利和加拿大各 1 位。国际董事会有 9 名成员，意大利 4 位代表（包括皮特林尼），无疑，皮特林尼的个人魅力是运动背后的支撑力量，当然批评之声也在所难免（Chrzan，2004）。在未来的岁月里，当会员人数开始超过该运动的发起国内的人数之后，慢食运动的组织基础和民主规则将会出现有意思的和显著的变化，这一发展对运动的领导权和方向将如何发生影响还有待观察。

活动

2004 年 10 月，14 万人参加了在都灵举办的每两年一次的“品尝大厦”（Hall of Taste）活动。来自意大利和世界各地的500多名生产者将自己独特的产品展示了五天之久，以此来证明慢食哲学尊重传统手工食品的品质和多样性。在2002年的品味沙龙上开设了311个品味工作坊（taste workshop），有218种奶酪、1 040种葡萄酒和415种食物可供品尝。2 000多名记者获权采访此事件，从而确保在全世界进行广泛的媒体报道（Salone del Gusto，2003：4）。尽管品味沙龙聚焦于享受美食，但慢食的生态—美食观念也得以凸显，因为在全球层面上食物起到了连接领土和社区的作用。近年来，以都灵活动为蓝本的类似活动遍布于整个慢食运动中，为地区、区域和国家的产品提供了机会，来强调地区食品经济和社区的典型性和工艺性。意大利举办的活动有：“托斯卡纳慢食”（Toscana Slow，2003年6月举行），“慢鱼”（Slow Fish，2004年6月在热那亚举行）和“奶酪”（巴拉每两年举行一次）。而在美国，“西部慢食”（Western Slow，2004年7月举办）则是一种美国式的品味沙龙。2004年4月在南澳洲葡萄酒地区成功举办了“布诺萨慢食”（Barossa Slow）之后，紧接着澳大利亚又计划开展与美国相类似的“南半球”活动。品味沙龙及其相关活动并不打算向具有鉴赏力的“美食家”提供一种全球性的精英主义的自助餐，而是设想在全球的日常生活中对当代饮食的独特性和具体性提供一种可见性。正如从事慢食奖工作的辛兹亚·斯卡费蒂（Cinzia Scaffidi）所说，“如果全球化教给了我们什么重要的东西，我认为，那就是过一种完全个人的生活是不可能的。我们是联系在一起的……因此，我们的行为，我们的选择，我们吃什么以及我们如何娱乐——我们做任何事在其他某个地方都会有回应。一切都是相互联系的。”（Scaffidi，2003a）这种引人注目的活动能够引起媒体对手工生产者的劳动的极大兴趣，否则，国内记者不会去关注手工生产者，他们或因为生产规模小，或因为相对孤立于大城市的食品场所和相关的食品媒体。[①]

自 1996 年，慢食运动对全球农业中诸如可持续性和生物多样性这样广博的问题有了更明确的承诺，它以“品味方舟”(Ark of Taste)的形式开始，针对来自世界各地的稀有、濒危和独特的产品建立目录或数据库，以回应慢食运动中发现的食物和口味越来越同质化和全球生物多样性急剧下降的问题［据慢食估计，30 000 个蔬菜品种已在上个世纪灭迹，33% 的牲畜品种已经消失或者正面临消失（www.slowfoodfoundation.com）］。方舟的比喻表示了“一个能保护有品质的产品的容器，它应该把有品质的产品从标准化和世界范围分派的这种洪水中保存下来”，它也宣告了慢食对地区性和推广“新形式的‘慢速’生产和供应”的承诺（Petrini，1997：8）。2002 年，继慢食生物多样性基金会之后成立的方舟，其目标是“组织和资助那些捍卫农业多样性和烹饪传统的世界遗产项目”(www.slowfoodfoundation.com)。基金会是一个独立的非营利性组织，它与托斯卡纳区政府以及一系列公共捐助者和私人捐助者建立了合作伙伴关系（包括意大利其他的区政府和市政府、食物和葡萄酒生产者和财团、慢食聚餐会），捐助者每年的捐款从 2 000 欧元到 50 000 多欧元不等（www.slowfoodfoundation.com）。目前，该基金会监督两项主要的活动：慢食奖和堡垒奖（Presidia）。慢食奖由国际评审委员会裁决，该委员会有 500 多名成员（包括记者、美食和葡萄酒专业人士和研究人员），他们负责从主席委员会挑选的获奖者中进行提名，将对那些“无论在世界的任何地方，捍卫、促进或增强物种和生产的生物多样性”的

① 例如，在澳大利亚和英国，对品味沙龙（Salone del Gusto）的新闻报道都以详细介绍地方生产者为特征。地方生产者前往都灵（Turin）参加食品展，从而提高了其个人知名度，并可以向国际食品展览会提供鉴赏，这可能对他们的经济持续发展产生积极影响（见 Ripe，2001）。

人士授奖（Scaffidi and Kummer，2000：15）。慢食运动支持和推动的项目丰富多样，在2000年获评审团特别奖的包括俄罗斯瓦维洛夫（Vavilov）学院植物系主任和来自土耳其的养蜂人。

然而，基金会主要关心的是建立和支持堡垒奖（Presidia）（Presidium是堡垒或要塞）。这种小的项目从品味方舟的编目中初步确定下来，以协助手工生产者。事实上，堡垒奖项的动机在于保存方舟的所有项目。该奖项初始于意大利，并在那里取得了巨大成功，现在已遍布全球。堡垒奖的目标是："推广手工产品，稳定生产技术，建立严格的生产标准，最重要的是，保证传统食品有一个可持续发展的未来。"（www.slowfoodfoundation.com）资助项目（该项目第一年的成本在3 000到15 000欧元之间）可以采取多种形式，从提供基础设备以维持或改进生产，建立地方和区域网络或财团以支持此项目，到培训（教育年轻人保护即将消失的技能，或培训生产者销售产品所必备的商业技能或网络技能），支付工人和生产者薪金，并提供参加慢食活动、会见其他手工生产者的旅行机会。

在面对"保存"传统生产的意义时，堡垒奖的目的还在于，对将生活资料和可持续发展与手工生产紧密联系在一起的社区提供支持。正如科比·库默（Corby Kummer）所说，"方舟的产品必须生活在现代世界中。"（2002：23）堡垒奖项目以创造性的方式使慢食运动可以明确表达其产品独特的文化价值，同时承认生产者和社区这一形式的社会资本的重要性，因这些产品就是在此形式之中生产和保留的。于是，在应对由全球化和农业产业化带来的危机时，通过向社区提供支持以保持一种独特的生活品质，实际上堡垒奖在悄悄地推动着慢速生活。堡垒奖还在聚餐生活中发挥了重要作用，通过在本地或者在发展中国家承办聚餐会（有时在两地），展现出堡垒奖活动的意义和目的。支持地方活动意味着聚餐会成员能更好地融入到当地传统食品的生产中去，在生产者和消费者之间建立起互相支持和了解的网络，这对慢食运动所倡导的关于原真性和知情的、体验的乐趣的观念具有重要价值（见第五章）。同样的，支持远距离地区的活动也证明了慢食运动旨在成为一场国际运动的目标，在这场运动中，生产者和消费者越来越认识到全球的关注和全球主体间在伦理上的相互连接。堡垒奖展示了何谓慢食运动所称的“新农业”，它是“半生态半美食的”，它是“一门建立在注重质量、生物多样性、尊重环境、动物利益、景观以及消费者的健康和享乐的基础之上的生产哲学”（www.slowfoodfoundation.com）。

最近一项研究表明，慢食堡垒奖“作为一种文化机制，融合了地区（terroir）和产品，典型性和质量”等特点，同时又成为形成当地社区身份的一种手段（“Evaluating”，2004）。① 比库尼（Bocconi）在研究中发现，堡垒奖带来的大量经济成功的经验并不限于增加农民收入，还包括间接的经济收益，如通过提高公众对手工产品的认识和支持来吸引本地区的旅游。例如，*Robiola di Roccaverano* 奶酪聚餐会促进了当地旅游业的增长，此后又带动了一个老式设备和零售商店的开张，另一项皮埃蒙特传统产品 *Filetto Baciato of Ponzone* 也参与其中（“Evaluating”，2004）。因此，对一种产品的支持，就能在以美食和农业遗产相联系的更广阔的网络中形成一个中心。虽然，斯卡帕图（Scarpato，2002）和多纳蒂（Donati，2004）关注堡垒奖可能会带来的不良后果，如旅游业的增长对当地社区的影响，在发展中世界尤为值得关注。生态旅游、道德旅游和“旅行的慈善事业”的明显增长，在美国早已成为众所周知的事情（Needham，2004：9），说明产生于这种碰撞中的社会交流将不断增加，并可能成为道德的世界主义的另

① 2002 年，米兰的 Bocconi 经济商业大学对意大利的 54 个聚餐会（接近意大利开展活动的半数）进行了研究。

一个例证，我们认为，无论在国内外，道德的世界主义都在日益影响着人们在日常生活中的决定和消费（同时参见 Petrini 2001：54-8 和本书第 6 章）。

2003 年 4 月，慢食运动与巴西政府签订了一项关于共同发起巴西"零饥饿"（Zero Hunger）活动的协议，这证明堡垒奖的项目具有广泛的国际影响。这一项目致力于解决长期以来巴西所面临的贫困和对粮食进口的依赖问题，通过恢复和推动多种形式的小型农业生产，扭转以往以出口为导向的大规模和集中的农业，这种模式致使财富集中到少数人的手里，并形成了单一化的农业工业化，其代价是破坏了与社区和本土相联系的传统的、可持续的农业。这项协议由慢食运动和（巴西）国家负责食品安全和反饥饿斗争部门的部长共同签订，其目标包括：恢复传统农耕和畜牧养殖技术，保护动植物的生物多样性，坚持"人人都应获得健康的、安全的、优质的食物"的基本人权"（引自 *di Croce and LaValva*，2003：51）。堡垒奖的系列奖项尤其会支持小规模农业生产，如亚马逊森林的瓜兰那（guarana）地区的项目（*di Croce and LaValva*，2003：50）。

近来，慢食运动的另一项活动显示出其不断增长的全球意识，这个活动是 2004 年 10 月与品味沙龙一起举办的"大地母亲（Terra Madre）：食品社区世界大会"。大地母亲聚集了来自世界各地的 5 000 名小型生产者和农民，他们每个人代表一个"食品社区"，"这意味着他们是生产链的一部分，由普通的产品、民族身份、地区、历史或方法连接在一起"（*Terra Madre*，2004）。目前，许多日常知识都是本土化的，而且正面临着被忘却的威胁。因此，大地母亲旨在建立沟通和交流这些日常知识的网络，以便实现皮特林尼所主张的"道德的全球化"（"Interview"，2004：52）。慢食运动所倡导的"新农业"（"Interview"，2004：52）并不是一个使每个人都变成农业工人的零年度（Year Zero）计划，虽然它确实在复兴农业环境和农村社区，但以伦理的世界主义为其基础。在这种伦理的世界主义中，人们认识到自己和远方的其他人之间存在着全球化的联系。不管是通过种植、运输，还是消费，从根本上说，这种联系都与食物有关。用皮特林尼的话来说，慢食运动的世界观是让人们相信："创造一个更加美好世界的努力始于一个人如何种植食物，终于一个人如何消费。"（"Interview"，2004：51）2004 年大会的一个重要成果是建立了大地母亲论坛，它负责发展食物社区之间的网络联系。

如果考虑到人们在关于如何持续地、愉快地生产和消费食物的知识方面的意识和交流所作出的努力，那么，对慢食运动开展的另一项"品味教育"的长期活动也就不足为奇了。品味教育采取了多种不同的方式，有大型的活动，如品味沙龙（除了主品尝大厅外，还包括为儿童设立的品尝工作坊），也有美国慢食运动中的食品花园活动，还在意大利坎杜提（*condotte*）开设的美食硕士学位（Master of food），以及新成立的美食科技大学。在地方开展的聚餐会活动中，品味教育和品味工作坊是其核心活动，它们作为聚餐会的基本场所，使社会网络、知识和互相信任的关系（例如，将本地生产者与见多识广和非常支持该运动的消费者连接起来）在此建立和发展。

乍看起来，虽然"品味教育"这个概念只是表示差别或文化资本，但我们却认为，对慢食活动这方面进行的长期调查显示出，人们迫切要求回归到对食品的感官体验中去，而这种感官体验又是建立在享乐和愿意将时间投入到这种享乐上的。例如，教孩子识别香味、纹理和色泽，并强调对食物的触觉和感官体验——从花园、厨房再到餐盘——这样一整套可行的（关于食物的）知识，这样做不在于培养一种传统的美食观的品味，而在于培养一种对食物、玩赏和知识的兴趣，亚当·菲利普斯（Adam Philips）将此与灵感和想象联系起来

（1998：7）。当然，“品味”这个词——尤其是当它与“教育”结合在一起时——不再是一个单纯的词，而具有了与阶级的价值观念相联系的痕迹，慢食对儿童进行品尝教育的议程无可辩驳地预示着人们会对食物进行外在评估，例如，一些食物（新鲜的、手工制作的）高于另一些食物（批量生产的、同质化的、人工调味的、含有大量脂肪和糖类的），也暗示着一些享受高于另一些享受。慢食的品尝教育——无论是针对儿童还是成年人——它都不会把精力集中在如何正确使用鱼刀上，也不会把食物降低为营养价值，而是要努力使食物成为它看上去的样子。在更多真实的、丰富的聚餐背景下，其目的在于如何最好地品尝食物和增强享受，而不是获取“固定”于食物上的瞬间，第五章将对此进行详细的分析。正如卡帕提（Capatti）所讲到的，品尝教育的挑战在于培养慢食对食物和活动的“享受原则”（2002c：4-5）。不管它是否实现了这些目标，是否摆脱了对精英主义倾向的指责，是否继续接受慢食运动的挑战，而这种挑战可能决定了慢食运动在将来的成功与否。

近来，由于得到了来自农业、健康和教育各部门的支持和资金，品尝教育已经通过慢食与地方学校的合作项目在意大利培育起来（皮特林尼特别注意到，在影响力和方式上它与法国的品味周［Semaine du gout］没什么区别；2001：74），自90年代中期以来，建立在“感官能力”跨学科项目的基础上，慢食已经开展了教师培训活动，从2002年开始，政府也开始承认对教育人员的培训（Venturi，2002：54-5）。例如，在皮德蒙特，一个大约有1 000人的教师培训项目已经启动，它建立在品尝工作坊和对地方食物以及农业传统的培训教育的基础之上（Venturi，2002：56）。

在成年教育层面上，慢食意大利开设了食品大师的课程，这是与当地的聚餐会共同开办的，同时也是专门为它设计的，这是使聚餐会成员加强对食物的理解、增加关于食物的知识的一种更加有效的方法。虽然食品大师课程已经在意大利开办起来并受到欢迎，至2002年共开设了大约500门课程（S.Sardo，2003），但在意大利之外却没有被采用。[①]意大利打算将食品大师计划输送到其他国家慢食聚餐会的网络中，但是，可能由于它涉及这么一个领域——意大利的食物欣赏传统内在于当地的文化和传统中，是具有地方特色的；在其他地区，这种食物欣赏不能传递它所具有的同样的阶级含义，例如，在英语国家中，慢食可能仅仅被看成是一个欣赏食物和美酒的协会。虽然意大利的烹饪法因地区而异，但是对食物和美酒的兴趣和热情绝不仅限于资产阶级。尽管在意大利背景下品尝大师（教育）有其特性，但在慢食传播和发展过程中它仍然是一个令人感兴趣的领域，其主要原因有二：它已被证明是一种招募会员的有效手段（这门课程开设的一个直接结果就是2002年吸收了4 000个新成员），或许令人感到惊奇的是，它对年轻会员的吸引力大于意大利传统的坎杜提（condotte）活动（S.Sardo，2003）。食品大师总部的行政人员塞巴斯蒂安诺·萨尔都（Sebastiano Sardo）认为，食品大师课程对青年人的吸引力反映了意大利年轻一代中“全球视角”的增长。

2004年5月在皮德蒙特的普兰达（Pollenda）正式成立了新的烹饪科学大学（Universita di Scienze Gastronomich），这或许是慢食运动之后最宏大的美食计划。2004年10月招收第一批60个学生（是从来自世界各地的2 000份申请中精选出来的）已经开课。这所私立大学将提供学位课程和短期培训，并且作为一个跨学科研究中心来提供美食、生态、文化、传播、待客和农业方面的研究。开办大学的想法来自两个方面：一是口味培训项目在意大利慢食运动中很普及；二是

① 这可能有很多原因，首先是过程的成本，其次是组织能力。在意大利，慢食运动与生产者之间是利益一体化的关系，因为生产者关涉区域内慢食运动的规模和影响力。

目前发现欧洲通用的大学课程安排存在缺口。

目前，欧洲大学培养农学家、家畜专家、营养专家和饮食专家是建立在纯科学的基础上，它强调数学和化学，以便使学生能够理解食品工业的加工过程，并能分析食物消费及其对公众健康的影响。至今，没有一所大学能够从历史的、感觉的和美食的角度来研究食物，检查那些古今关于品味食物的典籍，以及食物为何勾起食欲令人享受。

虽然新大学的创新性和“旗舰”作用对慢食运动的国际形象具有重大贡献，但对地方活动中关键的用餐和饮食方面重大而广泛的改革，运动的承诺则保持了重要的首创性，校园菜园项目就是这种努力最好的例证。这一项目在过去几年里就已经出现了苗头，它在很大程度上应归功于慢食运动国际化中美国慢食的快速发展及其日益广泛的影响。该项目的重要性就在于其潜能能够被世界范围的慢食运动所采纳，以及它适时地表达了对儿童和食物的广泛的社会关注。美国慢食运动已实施了一个建立教育计划的国家目标，如在它 130 个聚餐会中建设可食用花园的活动（www.slowfoodusa.org/education/index.html），2003 年，在那不勒斯召开的慢食国际会议上提出了一项动议，在全世界扩展校园菜园项目，并鼓励每一个聚餐会都参与其中（Slow Food，2003）。

这一首创性的成功将使慢食运动具有更高大的形象，同时，与慢食运动的基地意大利相比，这也是对美国慢食运动日益增长的实力和广泛的影响力的有趣的检验（现在每隔两年半美国的成员数就要翻一番；Dimock，2003：12）。作为一场总是强调对“草根”问题和支持者负责的运动，校园菜园则提供了极其丰富的土壤用以宣传慢食运动的价值。美国的这种首创精神是受加利福尼亚伯克利的马丁·路德·金初级中学的可食用校园启发，该园始于 1997 年，由著名的厨师、慢食运动的副主席艾利斯·沃特斯（Alice Waters）所赞助。一大片沥青停车场被清理出来种上了植物，学校废弃的餐厅也被粉刷一新，用作厨房 / 教室。目前，分散于美国各地的很多聚餐会都在支持校园菜园项目。在美国慢食运动中，品味教育还有其他的方向。如它与位于纽约的里克岛监狱有一个合作项目，其中包括由犯人从事的有机食品园艺和烹饪（Mayo，2003：79）。在可食用花园方面，慢食澳大利亚与美国有相似的开端，只不过到目前为止，它的规模要小于美国。澳大利亚著名的厨师和美食作家斯蒂芬妮·亚历山大（Stephanie Alexander）在墨尔本的科林伍德策划了一个与伯克利相似的校园菜园，自 2001 年开办以来已有 120 个学生参与其中，他们从 7 到 12 岁不等。除了从教育部获得了少量的资金支持外，它主要依赖于一个志愿者的网络（Alexander，2003：1-2）。作为把慢的原则融入日常生活实践中的一种手段，我们认为校园菜园项目拥有巨大的潜力。如果它们想方设法避免了营养教育中传统的工具主义和过分的传统美食学的双重陷阱，那么，学校菜园项目便可以将食物的日常实践与道德和享受等重大的问题重新联系起来。

与慢食运动的其他很多方面一样，品味教育的工作也是既新颖又在矛盾中撕裂着：平等主义与精英主义、教育与享受以及理论与实践的冲突无处不在。然而，我们要强调的是，应该以一种开阔的视野来看待品味教育，将其看成是慢食运动中用来阐释以慢为原则的各种不同生活伦理的一部分，而不至于因为不会鉴赏味道就简单地丢弃了对食物的欣赏。在 2003 年的国际大会中，皮特林尼强调了从校园菜园到烹饪大学这些品味教育存在的矛盾，但在进行的过程中，如果说这个项目有什么宏大目标的话，那就是它拒绝承认生态、平等和享受三者之间是不可调和的。在就任主席的演说中，皮特林尼主张："我们的想法是现代性的，从某个方面来说又是革命性的。慢食运动想要的是具有深刻生态意识的智慧美食学，而拒绝的是让数量成为衡量我们生命的唯一标准"（2004a：10）。

慢城（Citta Slow）

慢食运动衍生了相关的慢城运动，该运动旨在试图把慢食哲学扩展到城市生活的各个方面（进一步的讨论见第四章）。[①]慢城组织始于1999年，Greve-in-Chianti市长保罗·萨缪尔尼尼（Paolo Saturnini）被选为主席，慢城成为一个自治组织与慢食运动保持密切联系。它由10位选举出来的市长组成联合会，由一位主席、三位副主席和一个首席执行官共同管理（Knox，2005：7）。除了通过各种行动保护和加强传统的食品和葡萄酒的生产管理，例如禁止出售快餐和推动开发本地市场等，慢城还实施了一系列城市规划和交通运输等方面的措施，降低交通流量，修缮公园，修复旧建筑，并禁止霓虹灯招牌、汽车报警器和移动电话塔等。

慢城不是世界性的大城市，而是一些小城市或较大的城镇。Casalbeltrame是慢城中规模最小的成员，只有1 500人，而运动中规模较大的城镇人口大约是5万。慢城的目的在于推进城市生活的优点，同时尽量减少传统的城市问题：在传统大城市和小的农村村落之间调整出大小适中的慢社区，这意味着安全的社区生活是寻求既彼此之间熟悉又保障具有城市生活自由的平衡。慢城仍然是一个发展中的组织。自成立以来，它经历了巨大的发展，也受到很多媒体的关注，但它还没有像慢食那样具有全球的影响，近几年来，它才开始向意大利境外扩展：2001年，公认的28个慢城全部位于意大利。2005年，44个成员城镇中，位于英国的有拉德洛（Ludlow）和艾尔舍姆（Aylsham），位于挪威的有索肯达尔（Sokndal）和莱旺厄尔（Levanger），位于德国的有黑尔斯布鲁克（Hersbruck）、施瓦

① 运动的全称是“慢城：生活从容之城市的国际网络”。

曾布鲁克（Schwarzenbruck）、伯林根（Uberlingen）和瓦尔德基希（Waldkirch）。还有来自其他国家的城镇，包括巴西、瑞士、希腊和克罗地亚等国，现正争取认证（Knox，2005：7）。

正如慢城宪章所论述的，获取慢城成员资格是因为这些城市本身是接受并实施一系列公共政策的结果，这些政策与城市规划、科技、环境、旅游、商业、农业和公众健康有关。宪章宣称，慢城将“遵守共同的行为准则，强调当地生活结构质量的重要性”。像“生活质量”这样的概念通常是很难界定的，但各种不同的伦理和政治价值观念却激活了慢城的管理进程。于是，他们不再限制各种非法的老车在市中心行驶或者对广告牌的禁令。宪章强调地方的“个性”和“创造性”，对抗在全球文化中的“统一性的蔓延”。当然，只有在特定的相关背景中才能理解个体差异的产生：慢城社会拒绝众多全球的食物、物资和日常实践的标准化，以传统的独具地方特色的食品、货物和日常实践取而代之。运动还在促进民主的基础上宣称，慢城的图景是这样的：“在这个地方，追求卓越和传播美德不是少数人享有的特权，而是丰富所有生命的一种体验”。最重要的是，运动力求推动城镇生活的享受，它要求消除“任何自然的障碍和文化的阻隔，因为它可能妨碍城镇提供给我们的一切乐趣”（www.cittaslow.net）。

有些慢城是著名的旅游地，例如波西塔诺（Positano）和奥维多（Orvieto），还有很多城市是比较低调的小型市镇，它能维持一种慢速的生活方式。但是，像“慢城”这种地方不应该仅仅被当作一种旅游品牌的宣传。虽然慢城成员能够用这种身份来吸引游客，但反过来说，它也可能因其保持“慢速”的特色更为困难。慢城成员的身份在保留当地特色和生活方式的同时复兴了一些地区：一位艾尔舍姆当地的居民说，五年前这个城镇正“摇摇欲坠”，但现在却有了一种慢速生活的新的活力（Barkham，2004）。慢城并不是要把自己刻画成活的博物馆，这个组织推动城镇发展为生活的社区，在这里，他们提供现代的科学技术和实践，以一种慢速而友好的方式来提高当地居民的“生活质量”。然而，城镇的批准要经过严格的审批过程，并且每隔三年接受一次审查，在不同的市镇里，慢速体现在多种方式中、不同层面上（Cimicchi，2003）。虽然希米奇（Cimicchi）和萨特尼尼（Saturnini）都了解到，慢城似乎获得了广泛的社区支持，但在初始阶段在各自的城镇内都有一些困难，如当地居民要逐步适应慢城会员的要求和遵守规则，这些仍然是个持续不断的问题（Saturnini，2003；Yeomans，2002）。萨特尼尼还强调，一个慢城的目标还对城市的基础建设产生重大的影响，比如 Greve-in-Chianti 的建筑开发已被拒绝或被缩减，以适应慢城的要求。

随着把享乐和慢速看成是日常生活中追求的方面，慢城也像慢食运动一样，正展现着慢速生活可能性的希望。然而，同慢食运动一样，这个组织的魅力就在于它的意大利背景。在那里，独具特色的中等城市已在很多方面产生了积极的文化共鸣。然而，慢城如何广泛而有力地向意大利之外的地方传播一种慢速的公民观念；如何把这种模式转化成其他那些没有相同的历史文化传统的城市所需的形式，这些问题都有待于观察。鉴于对可持续城市和城市重建的浓厚兴趣，我们认为，慢速生活应与城市的背景相关联，而且慢城提议的由地方政府进行干预的模式也是一种改善城市生活的有效方式。

新社会运动和慢食运动

鉴于组织和目标的不同，那么，我们应该如何界定慢食？将其视为一个正式承认的非营利性非政府组织（通过其与联合国粮食和农业组织的隶属关系及其参加各种活动，如世界社会论坛）？还是一个教育机构（通过其与学校新建立的联系）？或者它是一个消费者权利组织（如2004年Cirzan对它的提名）？慢食倾向于把自己看成是一场运动，虽然有人对这个命名有些争议（例如2004年Cirzan），但是，我们认为把慢食放在一个有关新社会运动的大量文献中来理解会更好地彰显其价值，即，它不仅寻求干预公共话语和公共政策，而且致力于在支持者中培养一种新的生活方式，它确实运作出一种与“快速生活”① 相对立的另类符号象征。像其他新社会运动一样，慢食运动的目的在于“形成关于公共道德和社会组织的一种公开辩论，挑战我们生活中的规则”，而这些规则暗含在我们私人领域或日常生活中（Crossley，2003：295-6）。在对社会运动的众多定义中，最能突出我们对慢食运动的认识的可能还要数布鲁默（Blumer）的定义：“社会运动应被看做是一项共同的事业，目的在于寻求建立一种新的生活秩序……一方面，它的动力来自于对现有生活方式的不满；另一方面来自于对新的生活体制的向往。”（1969：99）因此，我们从假设慢食是一场运动开始，正如它在定义中所描述的，它是一场有着正式的（仍在发展中的）组织机构和庞大的行政总部的社会运动。②

过去几十年来，政治领域的改变是以各种回应为标志的，例如，

---

① 在卡尔·霍诺拉（Carl Honore）受欢迎的《赞颂慢速》(*In Praise of Slow*，2004）一书中，他把各种组织和社会文化现象结合起来，并称这种社会文化现象为“慢速运动”(slow movement）。虽然这一名称不失为一个快速而有效的记忆各种回应快速生活的复杂文化的方法，但是，我们的区分不同于卡尔·霍诺拉的地方在于，关注更广泛的社会发展趋势和更加协调一致的行动，如慢食运动。

② 最近几年来，关于社会运动的大量文献已形成了扩大的分类法，以描述自20世纪下半叶以来出现的各种形式的社会政治组织。例如，区分了社会运动、新社会运动、社会运动组织、全球性的社会运动和反跨国公司运动之间的不同。为简单起见，我们将把慢食运动看做是一种社会运动。虽然理论家，如McCarthy and Zald（1977），对社会运动和“社会运动组织”进行了区分，但在慢食运动问题上我们并没有从中发现有意义的区别，主要是因为他们在描述时对社会运动的定义过于模糊和狭隘（因为“在人口问题上的一系列观点和信条代表着对改变社会结构的某些要素的偏好……”1977：1217）之后，这必然要求有一个词来表达一种长期的愿望和有组织的社会运动活动。

对生活方式的不断关注和对文化政治的明显增长的回应；部分原因还在于非体制性政治形式的不断发展，如新社会运动。这些发展变化使有些人开始谈论在西方民主国家中的“运动的社会”（Rucht and Neidhardt，2002：7），或者至少有人认为，社会运动现在“已永久地处于社会生活的核心地位上”（Touraine，1981：29）。然而，新社会运动的重要性已超出了对文化、身份和生活方式等问题有了更加公共的政治上的聚焦这一点。新社会运动最重要的贡献可以说是在于它能够通过重新界定或重新塑型社会生活来实现“对世界进行不同的命名”（Melucci，1996a：494）。新社会运动的这种贡献被认为，不仅表现在内容上（例如，对文化问题的公共推动），而且通过它们非等级的、非恒久的和非标准化的形式表现出来。这种形式既来自于当代公共生活的不确定性，同时又是对它的一种回应。

现在，很多社会运动都专注于一种伦理——政治价值观，它体现在身份构成和日常生活中，但对宏大政治问题的关注意识也是社会运动的推动力。新社会运动对文化的关注，不能只从它们作为政治代理人的角色来孤立地考虑，因为它具有形成和干预当代全球政治的能力。社会运动可以在地方、区域或国家等不同层面上兴起，但越来越明显的是它们都因与全球化有关联而兴起，还出现了“全球社会运动”的说法（Cohen and Rai，2000：6）。社会运动可以对全球化做出一系列的政治回应：有些通过现有政府在政策和制度上的改革实践来寻求改变；有些可能试图把地方从全球力量中分离出来；另外一些则实行跨国反抗策略。然而，有一点越来越清晰，各种运动都是在全球的层面上对资本流动的回应（Cohen and Rai，2000：7-8）。

最近，我们也看到出现了反对跨国公司的运动：如 1999 年在西雅图和 2000 年在布拉格出现的抗议运动，可以看作是试图重塑民主和公共领域，以及拥有负责任的公共机构，因为它影响到跨国的亿万人民的日常生活。同时，在关于全球化和跨国公司权力的公共辩论中，“公平贸易”项目和消费者联合抵制影响了人们的日常消费选择（Crossley，2003：298-9）。至少从20世纪90年代初期以来，已有证据显示，出现了一个“早期的跨国公民社会”，它是行动主义者、非政府组织和其他人之间联系的网络，无论是通过电脑网络或是国际论坛，他们“试图干预全球治理问题”（McLaughlin，2004：156）。这种反跨国公司、反全球化运动映射出各种新社会运动所遗失的问题，即对民族中心主义（Crossley，2003：300）的一种思考，或者是“跨国转向”（McLaughlin，2004：161）。反跨国公司运动的国际主义“引起人们对新社会运动的理论中明显西方化和民族偏见以及其‘新社会’构想的关注”（Crossley，2003：302；另见 Mohanty，2002：509）。[①] 关注与西方的众多民众相关的“后物质主义者”问题可能会受阻，也就是说，世界大多数人面临着物质匮乏问题，以及第一世界的繁荣与稳定的程度是以剥削和压迫世界其他地区劳动者为代价的（Crossley，2003：300）。我们需要在这种形势下考虑慢食运动的变化和议题的改变，它是由于全球意识的不断增长，以及准备面对南北差异所造成影响的结果。[②] 我们反对批评慢食运动没有完成结束世界饥饿的任务（Laudan，2004），或“大地母亲”只是提供了一个“拍照的时机”（Chrzan，2004）。我们要考虑的是：像慢食这样的运动如何寻求全球

---

① 正如曼哈蒂（Mohanty）提醒我们的，她对新社会运动的种族中心主义分析提出了中肯的批评，然而，克罗斯利（Crossley）却忽视了这一批评。种族中心主义分析中也存在着性别盲点，正如曼哈蒂所言，尽管事实上世界上，尤其是在第三世界或南半球的女孩和妇女经常被忽略，但她们不仅要“承受全球化的冲击”，而且要对此做出回应，如反跨国公司的消费者运动、反农业联合企业的小型农民运动和反血汗工厂运动（Mohanty，2002：514，529）。

② 在这里，我们遵循曼哈蒂（Mohanty）的看法，她使用德里克（Dirlik，1997）对北-南（North-South）的表述来区分富裕、享有特权的国家和社区与政治经济处于边缘地位的国家和社区，这是象征性的区分，而不是地域上的划分（Mohanty 2002：505）。

的交流和沟通的不同形式，在当下的公众对全球化和跨国公司权力的辩论中发挥有效作用。简而言之，就是如何使其参与到目前正在萌芽的跨国公民社会中去。

近来，在对新社会运动进行的分析中又出现两个关键问题，它们与对慢食运动的考验密切相关。这两个问题是：新社会运动中的新是什么意思（如 Cohen and Rai，2000；Crossley，2003；Edwards，2004）？在这些运动中，中产阶级处于什么位置以及他们的重要性是什么（如 Cohen and Rai，2000；Crossley，2003；Edwards，2004）？这两个问题以及理论家所给出的各种答案中都涉及重要的假设：什么构成了政治？或者更确切地说，当下政治的合法形式是什么？正如克罗斯利（Croslley）（2003）和爱德华兹（Edwards）（2004）所认为的，如果社会运动的“新”“旧”之别像有些理论家所过分强调的（如哈贝马斯），平心而论，自 20 世纪 60 年代以来出现的社会运动对身份、文化和日常生活等确实提出了新的问题，哈贝马斯称之为“身份认同的语法”（the grammar of identity）（1987：392）。[①] 与此同时，梅鲁奇（Melucci）也认为新社会运动试图“通过语言、性习惯、情感关系和衣食习惯的变化”来引起社会的变化（1988：249），并且，梅鲁奇还在论述中强调这些因素的动态性和创造性（与哈贝马斯解释中暗含的防守性、保护性相对立），我们认为这一点更符合慢食这类运动的目标（见 Melucci，1989，1996b）。我们在第五、第六章中将对此展开

① 爱德华兹（Edwards）特别反对哈贝马斯（Habermas）关于新社会运动独特性的观点，他认为：“虽然体制—生活世界中的冲突能引发公共领域的社会运动，但是这些运动不一定要有别于劳资矛盾。在资本主义现代化的过程中，指出在政府、经济和日常生活之间的紧张状态并不表示劳资矛盾，体制—生活世界的冲突未能标志资本—劳动的冲突已经转化。与此相反，体制—生活世界对其进行了妥协”（2004：114）。认识到这些批评，我们仍然要在讨论中使用“新社会运动”（new social movement）这个术语，以突出对与生产者相关的文化、身份和日常生活的强调。

进一步的讨论，例如，在没有彻底拒绝当代性的情况下，慢食运动引起了人们用反身性的方法对真实性和传统进行反思，来作为对现代"生活方式"的回应和批评，但采用了（后）现代的推进和交流方式伴以面对面的活动来干预文化和日常生活。

在新社会运动中，由于人们通过强调文化的政治来实现社会在日常生活中的变革，因此，这些运动通常被看作是中产阶级的专属领域（如 Offe，1985）。然而，关于中产阶级在新社会运动中影响的假设要重新评估，因为重要的是中产阶级在新社会运动中的比例并没有定数，而且在传统政治组织中他们也被过分地代表了（Nash，2000：106）。保罗·巴格里（Paul Bagguley）得出的结论是："它似乎是这么一个案例，你所要做的就是发现社会基础的大多数的社会特点，找出他们的利益和或价值观，然后分析这场运动"（1992：36）。慢食运动关注美食和美酒，但它似乎还有一个明确的目标，即批判以假定的资产阶级的习俗、品位和价值观为基础的社会运动的政治效能。当然，依据我们在学术讨论会中的经验来看，最常见的一个问题就是："难道慢食运动不就是中产阶级的事情吗？"（这似乎暗示着一个没说出来的推论"因此，它就不是真正的政治。"）但对我们来说有意思的是，阶级政治在其他社会运动（如女性主义和环境保护主义）中理所当然地被视为重要的辩论点，占优势的中产阶级成员并没有引导运动忽视"只有中产阶级"这一点，而是在这些运动的目标和实践中对此始终保持警觉。相比之下，实际上慢食运动具有一个以中产阶级为主的支持基础，有时被视为是该运动在日常生活的政治和反全球化中的合法代表（如 Laudan，2001 和 2004；Gaytan，2004）。然而，由于中产阶级拥有政治动员的社会资源，因而他们可以参与"各种类型的社会运动，不论是新的，工人阶级的，反动的或者其他"（Bagguley，1992：40），这不是个在成员的阶级归属与运动的利益和目标之间划线的简单问题。也就是说，我们不能假设运动的社会基础与运动代表的利益是直接相关的（Bagguley，1992：40）。简而言之，慢食运动的历史是一个由社会资本与特定的意大利左翼方向相结合的复杂整体，在此基础上发展成为一场跨国运动，这其中既有中产阶级的支持基础又有广泛的伙伴与合作关系全球网络，包括从政府组织和国际非政府组织、地方分会和食物生产者团体。

当然，这些宏大的全球问题及其划分不能由一个实体来实现。尽管慢食运动已经取得一定程度的成功，其项目也在不断增多，但如果它想即包容多样性又具全球身份，从而对全球日常生活中占主导地位的"快餐"进行持久的批评，那么，它仍面临着很多重大挑战需要克服。在 2001 年，奥伯特 · 索南费尔德（Albert Sonnenfeld）就已经指出了慢食运动所面临的经济、政治和战略上的挑战。经济的挑战涉及价格问题和说服人们购买优质产品的困难。对很多低收入的人来说，尽管购买大型超市连锁店中大规模加工处理的包装食物可能比健康的食物（新鲜的水果和蔬菜）贵一些，但让他们接受慢食的规则还是有障碍。索南费尔德（Sonnenfeld）也认为"危险的精英主义"（2001：14）是对慢食运动的政治挑战。然而，该组织在与全球化进程的特殊斗争中获得了越来越多的了解，并将为实现有"质量"和"品位"的生活民主化观念的政治而继续奋斗，从而使自己有别于通常与烹饪组织相联系的精英主义。

对慢食运动的战略挑战是如何形成一个更大的全球身份，以取代弥漫在整个运动中的强势的意大利形象。虽然慢食的成员数目在一些国家得到了迅速增长，但是，慢食意大利仍然是主要的管理机构，这与意大利强盛的基地会员身份相吻合。运动中强调享受"慢速生活"的乐趣，在很多方面都可以追寻到意大利的特殊传统，而现在面临的挑战是如何把这种精髓翻译成其他国家的文化。有零星的证据显示，

“意大利风格”的运动既有优点，又有缺陷。无论卡洛·皮特林尼（Carlo Petrini）何时公开露面，都带来媒体的关注和对会员的积极影响，他的领导能力及在媒体前的灵活表现使其在意大利之外传播也很顺利。[①] 然而，要求意大利之外的会员执行慢食总部设定的主席主动权可能会面临严峻的挑战。这个方面一个很好的例子就是大地母亲的食品社区的世界大会，它要求各国办事处提名并资助当地的食品文化领袖参会。然而，相对于慢食德国来说，澳大利亚和新西兰的会员就比较难以完成这个任务（由于距离和相关的费用），当然，慢食总部会向来自不发达地区如拉丁美洲的参加者提供资助。虽然对慢食运动来说，与意大利相关的饮宴、文化的纯真性、出色的美食和美酒富有积极的含义，但有些成员国尽管赞同慢食的原则，对这些文化还是会抵制，如那些在历史上反感“外国”对本国食物和文化影响的国家，如英国和法国；或者那些把烹饪乐趣看成是对食物“太当回事”对待的地区，如澳大利亚。

对慢食的另一个重要挑战——也是最关乎本书中我们所考虑的问题——就是努力在成员中实现慢节奏的日常生活。虽然慢食运动在动员支持者、参与政治当局对一系列问题的讨论以及开创教育机构等方面都已取得了成功，但是，除了慢城的努力之外，在日常的组织和节奏方面实践“慢”的原则仍然是一个目标，而不是系统的主动性一个部分。虽然，很多成员表达了对慢速的愿望，认同它的优点，但他们也了解照此生活将与他们所处的真实世界格格不入。慢食哲学的很多方面都展示了一种慢速生活的优越性和可信度，但要在日常生活中普遍地实现这些原则，以及随后形成基础性的政治结果，这仍然是一个难以实现的理想。也就是说，慢食中的“慢速”具有双重的重要意

---

① 例如，《生态学人》（*The Ecologist*）关于推动杂志和慢食运动之间关系的正面报道已在 2004 年 4 月刊发。

义，它既区别于全球日常生活的主流价值观和社会实践，又是对慢速的复杂现实的一个持续不断的警示，正如我们将在下面一章里所探讨的那样。

（闵冬潮、刘薇薇 译，闵冬潮 校）

第三章 时间和速度

思索时间就是思考一个人的生活，开始对时间有点明白的话，那么就活得有点不一样了。

——布莱恩（Brann，1999：101）

最近有个关于高科技的电冰箱的电视广告，该款冰箱上有一个显示屏，一群穿着优雅的年轻人（有点莫名其妙）围着电冰箱吸吮着鸡尾酒。在电冰箱的屏幕上是一个缺席的朋友的头像，这个朋友向这群人宣称："对不起，我现在没时间说话。"这个广告似乎向我们许诺一种基于技术之上的世故的社交，尽管有网络冰箱的发明，它还是显示了（显然是无意地）寻找时间来说话的问题。从"正好及时"（just-in-time）的产品到"快速约会"（speed dating），我们做起事来似乎比以前更快、更有效率，然而"寻找时间"暗示了时间的缺失，或至少是用错了地方。但是，当代生活节奏更快了吗？总之，至少从19世纪开始，文化评论者就已经批评生活节奏的加速以及随之而来的工具主义心理。[①] 然而，最近一些研究已经证明，在一些经济发达的

---

① 例如，在19世纪，W.R. 格瑞格（Greg）和约翰·罗斯金（John Ruskin）都将逐渐消失的生活质量与铁路相关的速度文化联系起来。格瑞格严厉批评与赶火车相联系的"速度"主宰和"加速节奏"（1877：263，267）。而罗斯金则做出如下著名的铁路旅行的评价：整个铁路旅行系统是面向匆忙中的人，因此也是可怜的。如果有充分的时间悠闲地爬山或是跨越灌木丛，没人愿意以隧道和堤岸之间穿行的方式来完成旅行……从各方面来看铁路都是与商业相连，尽可能快地到达目的地。它将一个人从旅行者变成一个活的包裹。（转引自 Schivelbusch 1986：121）罗斯金对比了疏远的、工具主义的铁路旅行者和那些保有美学感和有时间慢慢旅行的人，也即浪漫主义的传统中的"行走"的马车旅行者。

工业化国家生活节奏更快了。（参见 Levine and Norenzazyan，1999；Levine and Bartlett，1984。）①

此外，如许多争论所言，不论是其成就还是其限度，对速度的诉求已经变成了当代文化的特征。其中，速度的“加强器”，如电视遥控器、快速拨号、声音测试成了日常经验的一部分，更不用说提升的按钮使关门快了几秒钟（Gleick，1999：9；参见 Eriksen，2001：20；Castells，1996；Adam，2003）。② 对速度的评估部分地证明了工作文化向其他生活领域的扩散。速度是商业领域中“最好的实践”，根据最畅销的商业咨询书如《不是大吃小，而是快吃慢》（*It's Not the Big that Eat the Small, But the Fast that Eat the Slow*，Jennings and Haughton，2002；副标题：“怎样在商业中把速度作为竞争工具”）。速度经常和果断联系在一起，慢速经常和软弱或者搪塞联系在一起；一个“慢的思考者”听起来就像“慢的学习者”。如西蒙·葛特沙尔克（Simon Gottschalk）对电视商业中速度的表现分析中所主张的：“在速度的统治下，新的二元主义将快速作为欲望、资源、优越、效率、性欲的精力、成绩和智力的标志。相反，慢速成了挫折、短缺、自卑、无力，软弱的象征”（1999：312）。

然而，在速度和生产力之间假定的联系，经常被许多人的经历所掩盖，这些人逐渐地意识到，实际上从他们所从事的事情中收获不大，满足也很少。甚至从带薪的或不带薪的劳动和责任之中“休息”的休闲，也变成了“激烈化的时间”，特别是对妇女来说，可能休闲时间的破碎和短缺更多（Deem，1996）。关于时间和工作的经验研究

---

① “生活节奏”已经被定义为“与经验、意义、感知和活动相关的速度或密度”。（Werner，Altman and Oxley 1985：14）

② 在视觉文化领域和军事行动中速度的重要性也应该注意，但是这些在当前讨论范围之外。关于这些，参见 Bartram（2004），Virilio（1986a）。

表明，回答者们“不仅仅是想拥有‘更自由的时间’而且是想‘有足够的时间做有意义的事’”（Reisch，2001：374；参见 Nowontny，1994：108-9；Fitzpatrick，2004）。如我们在绪论里所概述的那样，慢速生活是对“有时间做有意义的事”之渴望的宣言。生活得慢一些，以更慢一点的节奏中来完成我们的日常生活实践，将意味着用更多的时间来完成任务，因此一天中所做的事更少；产生放慢的时间和运动的效果。在这个过程中，这种通过“慢速”实践而留心地使用时间的活动将构建起“慢速主体”，当他们协调时间性时，给日常注入了意义和价值。在这一章里，我们将考察“慢速”时间如何不仅被看作是反对与速度有关的负面特点，而且是一种更加伦理和更愉悦的生活模式。我们将论证时间将逐渐成为人们日常生活中核心价值的关键指示器：人们怎样投入他们的时间，而不是把钱花在什么上面，可能会更好地显示出他们的生活伦理的价值和优先性。为了对此作出回答，我们将探索时间伦理的可能性。当考察时间在慢速生活实践中的意义时，我们将特别关注慢食运动中对时间的理解。在这些理解中，慢速能成为一种有意的颠覆，并且形成一个基础，藉此，有选择的工作实践、休闲、家庭和关系可能得以产生。

现代性的时间性

非欧盟的公民如果打算在意大利居住，需要到他们暂住地方的警察局登记。于是，在二月里一个下着毛毛雨的寒冷早晨，我们排进了一个迂回在博洛尼亚小街上的队伍。四小时之后，我们得到两份表格，一份是要求在六周之内交回的表格，另一份表格则要求按了指纹交到这条街另一头的办公室。我们算是幸运的，排在队伍后面的那些人那天没有办成手续，并被告知下个星期再来（我们随后发现那可能导致对警察局一长串的访问）。怀着疑惑，我们把这事告诉了意大利熟人，他们对此没有疑问（当然，他们从来不必获取什么居住文件）（40 页），或者更常见地，对花这么长时间办个手续持一种冷静的态度。对我们来说，这种经历是一种有益的提醒，慢并不总是美好的，并且“慢速时间”也是一种不同文化上的体验。然而，除去官僚的惰性，基于慢速之上的时间性可能导致对日常实践的重新审视，并且孕育一种对生活更沉思默想的方式，如“时间减速协会”（Society for the Deceleration of Time）所提出的那样。抛开可能性与可行性，为了赋予时间以更多意义并且批评文化中占主导地位的时间性，位于澳大利亚的这一组织一如既往的支持慢速活动（http：//zeitverein.uni-klu.ac.at）。可以说，该组织更广阔的目标是“较少地考虑速度使什么可能，而更多地考虑它使什么不可能”（Miller and Schwartz，1998：21）。

为了思考慢速时间的伦理的和其他方面的可能性，在考虑现代时间性的复杂性和一些与此有关的争论之前，首先简要地回顾一下近期来自社会学领域的一些关于时间的理论将是有益的（Zerubavel，1981：140）。至少自涂尔干（Durkheim）开始，社会科学家们已经对比了社会时间和自然时间，并且将工业资本主义制度下的社会时间描述为机器时间或钟表时间。不过，这种自然 / 社会时间的二元主义，未能抓住生活时间的复杂性，或人们生活和经历的时间性多样性（Adam 1995：43）。取代了二元的社会和自然时间，巴巴拉・亚当（Brabara Adam）主张在“时间性的”和“非时间性的”的时间之间作出区分。非时间性的时间是基于测量之上的：时间不但是可以测量与重复，还可以量化，因此可能被用完。相反，时间性的时间，是一种经验模式而不是一种测量模式；它不是一种不变的重复的时间感，而是一种之前不存在的生成，是可以被经验的，而不是被测量的（1995：52）。

这是一种有效的考虑时间的方式，目的在于强调，“减慢”时间的企望不是建立在一种暗含“自然的”的时间性基础上来反对非真正的社会时间。而是，“慢速时间”感可能审问统治全球日常的社会时间的工具主义形式，并且寻求提供一种将速度作为唯一可利用的时间性的替代品。例如，通过园艺工作拥有的季节性意识可能会提高居于不同的时间性之间的理解。这些时间性不能简单地被看作是与社会的时间性相反的“自然的”时间性（1995：54）。园艺的特征是多样的，在同时的时间范围（举例来说，不同的时间用于种植和收割；不同的生长率）自然和文化是互相重叠的（举例来说，气候、饮食和季节），但是，如果有意识地将园艺作为慢速生活的实践，它便能成为一种不同方式的标志和生活的时间，园艺的时间性为我们提供了与占统治地位的时间性的缓解或对立。

另一种思考当代生活的矛盾的时间感的方法是提出“即时时间”（instantaneous time）对立于“缓慢时间”（glacial time）（Urry，2000）。不同于钟表时间，“即时时间”意味着一种万事（潜在地）即刻可以得到的方式，它是信息和交流技术发展的结果（Urry，2000：127-9；参见 Agger，2004）。[①] 约翰·厄里（John Urry）认为，尽管即时时间可能是一种许诺或是期望而不是现实的日常生活，这种对时间的理解已经把一种加速感的流行假想与体验的共时性连接起来，与一种生活于“用后即丢”社会的感觉联系起来，而这种社会的标志就是以一次性产品、朝生暮死的时尚、劳动市场的散工为特征的（2000：129）。一种不满意这种时间感或体验的反应就是号召“缓慢时间”，一种“极端的慢运动和冗长的、与钟表时间和即时时间不同步的”的时间观念，它在特定的情境之中，并且“超越了现存的评估或监督系统”（Urry，2000：157，158）。缓慢感的时间性可能运用于对即时时间的“无地域性”的不同形式的抵制，例如保护生态或社区的反抗运动，

① 这个概念与维希留（Virilio）的“一个时间系统”（1991）的概念相似。

允许人们与短暂的事物对立而诉诸于“历史的重量”，他们认为这种短暂威胁着一个地域的记忆与实践（Urry，2000：159）。慢速生活的某些方面可能源于同样的冲动去保存那些与抵制即时性密切相关的经验，这种即时性基本上是不令人满意的经验形式。无论是动手做面包还是种植祖传的蔬菜，在这种“慢速”实践中对时间和历史有着双重的冲击，随着历史性意识的增强，这种慢速实践与对现在的一种留心连结起来。例如，慢食项目中寻求保存将要绝种的物种与菜系的“品味方舟”运动（在第二章里介绍的）就是由缓慢时间感激发的，这种时间感与快餐文化的心态截然对立。

这种时间的概念化激起了对全球日常生活经验另类的解释或回应，这种回应不是提出一种自然 / 社会时间二元对立的幼稚天真的解释。此外，如缓慢时间的思想所强调的，不能将时间看作是一种抽象，与物质和具体的情景分离。即使当我们把时间和空间分成按不同章节加以论述以便强调和分析不同的观点时，这些分析也起始于“社会时间的本质和质量是根本不均衡”的假设，这种不均衡源自于将空间性作为社会时间建构的（Marry and Thrift，2001：5）。我们可以在长期的现代化过程中清楚地看到这种不均衡，同时，当加速开始被看作是确定的现代性经验时，一种对慢速的更强烈的意识和评价也变得显而易见了（Nowotny，1994：84）。

尽管在 20 世纪初，意大利的未来主义者就宣布：“时间和空间在昨天就死去了，我们已经生活在无限的时代，因为我们创造了永恒的、无所不在的速度”（Apollonio，1973：22），可以说，至少从 18 世纪末 19 世纪初，慢速的经验就已经作为对新出现的高速技术积极价值的回应。因为如此，高速创造了慢速。铁路旅行的例子可能是这个观点的最好证明。在 19 世纪，如沃尔夫冈・施菲尔布什（Wolfgang Schivelbusch，1986）的著名主张，铁路的发展不仅产生了经济和地理的后果，而且深入影响到人们的时空经验。例如，1880 年，英国将铁路时间作为普遍的标准时间（Schivelbusch，1986：44）。不过，随着铁路的加速，对早期的交通模式产生了新的看法：骑马和步行作为休闲活动被人们重新赏识，因为这些活动提供了一种飞升的感觉或美学的经历（Schivelbusch，1986：121；Urry，2000：54；参看 Jarvis，1997）。慢速的旅行可能更有益于健康：这就是避免“铁路冲击”（railway shock）和“自行车迎风面孔”的方式（bicycle face）（Keren 1983：111）①。当慢速成为一种选择而不是仅有的出路时，当快速可能与如疏远、压力或者失去敏感这些负面的特点联系起来时，那么，慢速即被认可，并且可能被重新定义为一种令人向往的或美好的品性（Nowotny，1994：14-15）。正如罗斯金（Ruskin）对铁路旅行的批判一样，慢速可以成为批判现代性或现代化的基础。

然而，许多现代性与后现代性的理论，倾向于站在未来主义这一边，把快速作为现代性的要素。无论将最近两百年的历史描述为“加速的历史”（virilio，1986b：51）或是“时空压缩”（Harvey 1989），还是把现代性的特征称作不断变化的“大漩涡”（Berman，1983：16），很多研究赞成“指数的加速”理论（Ross，1995：10）。虽然这里我们认为加速的时间性主导了当代文化，而哈维和伯尔曼（Berman）

---

① 在铁路的例子中，当“发现”新的病理学或者混乱与技术变化影响有关时，所带来的感知就被表达为（“铁路冲击”），及“自行车迎风面孔”：“自行车迎风面孔”在 1896 年被看成是一种可能由迎风快速移动引起状态（引自 Keren，1983：111）。在一个对这种速度和自行车的现代联系有趣的倒置 / 颠倒中，《慢》的第一期包含一篇关于慢速美德的文章，“最晚到达的艺术”，其中以 20 世纪 40 年代战后 Giro d’Italia（环意大利旅行）为例，在这个比赛中，最后一个到达的骑车者为优胜，奖励黑毛衣一件，奖励仅比获胜者稍稍少一点（比其他人要多得多）。达里奥 · 切尔雷利（Dario Ceccarelli）认为，大众对穿黑毛衣的骑车人的支持（最著名的是 Luigi Malabrocca）象征着对其艰苦奋斗的同情认可，这也是很多人在战后意大利的艰难生活的写照。

所考虑的，可能排除了现代性中的主体所体验的时间的异质性和复杂性。例如，减少对后现代的“时空压缩”理论的应用，威胁到减少了“时间体验中加速和分散的简单感受的变化”，这近乎于一种技术决定论（May and Thrift，2001：10）。与此相反，我们赞成强调现代性的时间性上的差异（例如，Williams，1973；Baudrillard，1987；Osborne，1992；Seremetakis，1994）。像克莉斯汀·罗斯所主张的，现代化可能在此刻提供“无尽的过去与未来的完美协调”，但事实上，主体的体验是不均衡的（1995：11；参见 Highmore，2002：174）。

时间的不一致和社会的不平等之间的关系是慢速生活分析中探索的重要问题，以便思考在选择慢速生活和被迫过慢速生活之间的差异，[43 页] 后者表现在物质上或经济上都跟不上全球日常的速度和达到根本不同的时间性（见 Nowotny，1994）。恩斯特·布洛赫（Ernst Bloch，1977/1932）在 20 世纪 30 年代探索了处于不同状况的主体所经历的不同现代性经验的原因是具有启发性的，他发展了一种“非同步性”概念来描述与某人时间的“非同步”的生活经验，这种“非同步性”是由于经济停滞、个人不满、地区孤立等因素以及这些因素的混合（或者现在我们还可以加上不同的性别、性向、族裔和年龄等因素）。在当代，当个体化的压力需要更灵活而又能够管理时间的自我调节的主体时，“非同步性”就越发成为问题（Beck and Beck-Gernsheim，2002）。而且，在即时时间的环境中，尤其在工作文化中，慢速可能是可怜的失败的标志，或者干脆拒绝现代时间主体的期望。①

---

① 对当代文化的这种批判的例子，是“懒鬼”的文化类型 / 现象，“懒鬼”拒绝当代日常生活中的占主导地位的工作模式和主体性。1991 年电影《懒鬼》的导演李察·连利达（Richard Linklate）将懒鬼文化描述为部分“一种渴望……质疑碾碎社会影响到其民众，要形成你自己高雅的符号和对时间的消磨”（引自 Wilson 1999：21）。关于对这种现象以及它与当代工作文化和资本主义的复杂关系有用的讨论，参见海曼（Heiman，2001）。

一个人可能很容易失败于灵活的、活动的和即时性的期望之中，因此遭受社会的边缘化。电影《失序年代》(*Time out*，2001；Laurent Cantet 导演）对此有辛辣的演绎。电影的主角名叫文森特，他失业了，之所以能够对其家庭保守这一秘密，得益于他保持着流动性——以汽车和手机为标志。这部电影枯燥无味，当文森特在寒冷的公园里和高速公路的咖啡店里“消磨”时间时，家里人还认为他是在日内瓦的联合国担任行政主管，这象征着当主体在加速的经济生活停止运行之后所产生的身份地位问题（Nowotny，1994：96)。《失序年代》如此有效地叙述了在当代文化中快慢时间之间的不一致，以及快速时间“吃掉（cannibaliz [ing]）”慢速时间的社会代价（Erisksen，2001：129)。像文森特这样的“失败者”会发生什么呢？他们处于什么时间里呢？失业者以及在家的妇女、儿童和年老人是人口的重要组成部分，他们经常处在“快速时间”之外，可能因此被“快速”所忽略，结果是时间的不平等转变成了社会的不平等（Nowotny，1994：32)。速度有能力严重歪曲其他反抗快速的人的参与和体验（Gottschalk，1999：315)，尽管社会明显有利于“快速”(例如职业晋升，可支配个人收入的水平)，但工作时间侵入到生活的其他领域时也会有损失，例如压力的体验和从社会交往中撤离。

由于像手机、呼机和手提电脑技术的发展，一个工作者从技术上来说无时无刻不处于“召之即来”的状态（也就是能够与办公室和顾客联系)(Agger，2004)。“自由时间”——“不工作的时间只存在于与市场和就业有关联的时代”(Adam 1995：96)，它可能指这样的时间，即一个人从身体上讲不在工作空间里，但却潜在地被工作时间占据着，因而不可避免地对家庭和社会生活带来无休止的影响。家庭生活的泰勒化（Eriksen，2001：132）——对家庭成员不同的时间表的微观管理——常常源于家庭生活的个人需求要与有收益的就业时间协调一致（Eriksen，2001：132；Nowotny，1994：113，107）。[44 页] 在电影《失序年代》中，文森特不仅处于“工作时间”之外，而且也与家庭时间“不合拍”：他回家会打乱妻子和孩子们的忙碌日程，他的漫无目的与他们的有目的的繁忙形成对比。这种时间压力的结果实际上会使家庭更加私人化，当有时间从事“业余”活动（例如社区活动或邻居社交）时，人们却放弃这些活动，以便为家庭保留下一点所剩无几的时间（Hochschild 2003：204）。

不过，这种对付时间压力的办法不仅仅是一个重组时间（和社会），以便更好地适应工作、家庭和社区领域的问题，因为不同的社会部门存在不同的时间文化，它们可能是不兼容的（Nowotny 1994：125）。正如詹妮·萧（Jenny shaw，2001）所指出的，尽管似乎有逐渐将好的生活与慢速生活等同起来的倾向，但并不是每个人都想慢悠悠地生活。妇女比男人更倾向于抱怨生活的快节奏，但是年轻人经常寻求在节奏更快的地方生活、工作和社交，他们认为速度与活力和刺激相联系（shaw，2001：132、120、122；参看 Deem，1996）。① 我们也不能假定私人领域是一个慢速空间：实际上，私人领域可能给妇女更少“慢下来”或“暂停休息”的机会，因为这是一个以女性有照顾家庭的责任的传统社会性别来确定的领域（Davies 2001：144-5）。一些对慢速生活的保护基于“家庭生活从本质上来说是慢的”这种假设之上，但在晚近的现代性中由于加速而毁于一旦（例如，Eriksen，2001：132），很难设想存在这样的时代，除了最具特权的妇女，私人领域没有强加的税收制度和悉心对时间与资源的管理。从当代工作文

① 如卡侬（Cannon）总结的，有可能认为年轻人有一种不同的时间感，没有他们父母或者祖父母的一个长远未来的感觉，居于“真实时间”中，在其中生活被视为吃、睡、工作和玩的 24 小时的周期（引自 Urry 2000：128）。这种时间观与“没有停顿”的城市的吸引力相联系，其中，每 24 小时周期提供的潜在活动或（前）职业的多样性可能是不一致的。

化中被驱使的快节奏和灵活配置的雇佣制的角度来看，家可能看起来像一个放慢的节奏和连续性的平静空间，但对一个新生儿的主要照看者来说，例如，这种照顾需要的日复一日的重复和相对稳定可能远不是像理想中的时间性。因此，作为私人生活特征的“慢速”，可能更多地源于这样的事实：家庭时间仍然经常与更“自然的”、“非线性的”或“前工业的”时间相联系，而不是来自这一领域中的慢速的经验感觉（Shaw，2001：126）。

如果关于工作和家庭的争论被概括为时间需求的冲突，那么，它们也可划入特定的地点，如“家庭餐桌”既是冲突的特定地点，也被看作是家庭亲密关系消失的标志。对消失的日复一日的家庭就餐时间的悲叹证实了时间的（晚餐时间）和地点的（餐桌）的消失，这代表着一种“家庭聚集在一起的集体节奏的缺失”（Crang，2001：191；参见 Murcott，1997；Zerubavel，1981；和本书第五章）。由于快速和忙碌对膳食准备和消费实践的影响，家庭和身体本身的被“殖民化”了，这是慢食运动关注的中心问题；不仅关心吃什么，而且关心怎样吃（在哪里、什么时候、什么人）。如同将工作和与它相关的节奏和压力区分开来，区分“慢食”和“快餐”是划分时间的尝试，同样也是一种实践。我们在第五章将会更深入地讨论，重新找回享受食物和社交时间的愿望，不过，这和“减慢”家庭成员的时间并不完全一样，因为家庭用餐不仅仅需要分享它的共同时间，而且要有人去准备它，用恢复传统的性别身份作为解决的方法就面临着时间需求的冲突（在意大利对这个的讨论，参见 Counihan，2004）。

在最近几年，重新找回时间，尤其是找回“家庭时间”的愿望还显示了不断增长的“减慢节奏”（“downshifting”）（Schor，1998）的现象，“减慢节奏”意为“一种自愿的、长期的、生活方式的改变，包括接受大幅消减的家庭收入和消费”（Hamilton and Mail 2003：vii）。

各国的调查表明，在过去的几十年里，在30—59岁的人群中，英国有25%，澳大利亚有23%，美国有19%的人已经开始了“减慢节奏”的生活方式（Schor，1998：113；Hamilton，2003：12；Hamilton and Mail，2003：26）。而且，与流行的误解相反，“减慢节奏”跨越了性别、人口和收入水平（Hamilton and Mail 2003：26），通常的结果也不是城市人搬到农村去生活（Hamilton，2003：12）。在2003年，一个由澳大利亚研究所主持的关于“减慢节奏”的民意测验发现，三分之一以上的回答者把“更多的时间和家庭在一起”作为他们“降低生活”的最主要的原因，当然，还有其他的原因，诸如“更平衡”和更多个人的满足，英国的研究结果也有同样的回应（Hamilton and Mail，2003：21；Hamilton，2003：19）。尽管减少收入和躲避消费主义是“减慢节奏”的标志，对大多数减慢节奏的人来说，他们生活的重大的变化包括了控制时间，并把时间用于更令人满意的活动上（Breakspear and Hamilton，2004：17）。

“减慢节奏”代表了对时间主权的呼吁，表明了日常生活中时间投入具有价值的程度。“减慢节奏”现象的程度不仅表明了全球日常中人们如何重新安排生活的显著发展，也标志了一种对生活伦理的重新评价，这些对当代政治议程具有深刻含义（Rutherford，2000：66）。在时间的不一致和不平等的构成和存在中，以及当代文化中人们对时间的协商或解决办法中，工作、家庭和性别是重要的因素。尝试将时间的用途、价值、和数量划分作为慢速的空间或活动可能被看作是时间新地位的证明，这在公众和流行的话语中出现了，如当下“时间质量”一词的流行所体现的，（见Deem，1996；Shaw，2001）。渐渐地，当人们力争分配时间和空间于有价值的关系和实践时，我们可能会说，公共—私人领域的划分是从时间概念上体验的（Shaw，2001：126）。尽管在澳大利亚、英国和美国等一些国家中，“降低生活”的出现是一种非常重要的社会现象，然而，不能认为对“更慢的”生活的愿望是普遍的，也不能认为慢速生活应被广泛地实施。当人们可能从时间方面设想对生活不同的愿望，给予时间本身多样的含义来代表这些愿望时，时间的政治将不仅需要建立在承认社会时间的多样性和不均衡基础上，也建立在社会和时间的不平等关系之上。简言之，它将需要一种时间伦理，下面的部分将探索这方面的问题。①

时间伦理

时间有伦理吗？如果一个社会的时间构成反映了其特权的价值（Tabboni，2001：5）和时间的差异增强了社会的不平等（Nowotny，1994：42），那么，减到一个不同的时间性就可以改善生活的品质和社会的公平，阻止慢的被快的吃掉？在工业资本主义制度下，时间机器的统治以及与之相连的工具主义对生产率的强调，已经意味着这种时间管理过程不仅被应用于工商业领域，而且也在教育和家庭管理领域盛行。② 在20世纪早期，泰勒主义者弗兰克（Frank）和莉莲·吉尔布雷思（Lilian Gilbreth）看到了生产时间使用原则的适用性，即使是它最短暂的间歇，也可超越工作场所达到广阔的范围。在他们1916年《疲劳研究》（*Fatigue Study*）这本书中，吉尔布雷思提出了“幸福时刻”对工人的重要性，他认为在日常工作中的休息和非工作实践活动对提高效率是有益的（Kern，1983：117）。在最近几年，吉尔布雷思的理念已开始被一些公司采纳，在就业规定的条款之

---

① 这里详细说明“时间伦理”目的不是回避政治，而是，借自于列维那斯（Levinas）来强调伦理是作为对他者的回应。如德里达（1999）指出，伦理依靠保持他者的选择性，而政治政策必须在一定程度上得以推行（参见 Levinas，1986；Levinas，1998；还有 Bell，2001；Rffoul，1998 对这些区别的非常有用的讨论）。

② 关于20世纪家政和家庭管理的现代化和泰勒化的研究，参见施耐德（Schneider，1997）关于德国的；罗斯（Ross，1995）关于法国的；阿德维森（Arvidsson，2000）关于意大利的；和格雷汉姆（Graham，1999）关于美国的。

内和之外为雇佣者制定了“幸福时刻”的形式，从提供免费点心到免费瑜伽以及免费成人教育课程，以便提高员工的士气和员工保留率（Kochschild，1997：239；Der Hovanesian，2003：56；Florida，2003：123-8；也参见本书第四章）。有人可能认为，慢速生活的当代观点可作为“幸福时刻”的后现代延伸：在资本主义的范式内为最大限度地提高生产率而重新分配时间。但慢速生活最佳的设想不仅是时间的重新分配和闲暇的增加，它倾向对时间本身的一种另类的理解，类似于亚当（Adam）的“时间的”时间形式，时间“既不是有限的也不是作为一种定量的测量方法”（1995：52）。作为机器时间的替代，这种时间概念视其为具体的嵌入我们的社会实践和身体的物质性以及环境之中（Adam，1995：54，44），以至生活得不同——活得慢一点——必然开始于以不同方式对待时间，既包括为自己的时间也包括为他人的时间：这就是时间的伦理。

时间的伦理可能始于一种时间的不可减少性或可变性的感觉。在某些水平上，时间没有替代物：与富兰克林的“时间就是金钱”相反，它不能交换成另外一些东西。这种“时间的顽固性”暗示了“时间为时间”（Nowotny，1994：130）的不同的互惠流通。时间贫困的概念，或者宣称“需要更多的时间”，标志着一种对时间顽固性回应的无能为力。瑞奇（Reisch）是这么描述现代晚期文化中时间贫困主体不满的：“这是一个困境：获得非物质的满足需要留心，要求参与，需要时间。因此，有太多的事使非物质快乐需要的时间缩短，荒谬的是，过多的选择能轻易地消除完全满足。时间贫困降低了对商品财富的利用”（2001：378）。[1] 因而，西方的消费模式与“时间的富足”冲突，时间的富足则意味着：根据个人和社会的节奏在合适的时间里拥

① 关于当代社会对商品的获取和消费的循环的相关争论，参见修尔（Schor，1998）“竞争的消费”的描述。

有时间，拥有适量的时间来进行活动，并且与社会中更广阔的公共时间性的节奏同步（Reisch，2001：377-8）。

在提倡慢速生活的运动中，靠时间的隐喻和重要意义将时间性的欲望形式从全球日常的节奏中区分出来，还有这种时间可变性的意识和对此的渴望关注，以便将时间与布迪厄（Bourdieu）所称的“作为事物的时间”区别开来，在这种时间中，甚至“自由时间”也不能“轻易地从对‘需要做的事’（2000：206；209）的投资的逻辑中逃脱出来”。在小说《一个男孩》（*About a Boy*）中，尼克·霍恩比（Nick Hornby）恰当地描述了对这种自由时间的一般感觉，在威尔的生活中，把自由时间作为要被填充或用掉的“单位”，作为一个独立的人意味着他一辈子从未工作过一天。

> 他对付日子的方式是把活动看作时间的单位，每个单位大约三十分钟。他发现，整体的时间更为急迫，一个人一天中能做的大多数事情需要半个小时。阅读报纸，洗个澡，整理公寓，看电视《家里家外》（*home and away*）和《倒数计时》（*countdown*），在厕所里做一个快速纵横字谜，吃早餐和午餐，去商店……一天二十个单位中的九个单位（晚上不算）被生活的基本需要所填充。实际上，他已达到这个程度——对朋友们如何穿梭于生活和工作之间感到不可思议。（1998：71-2）

威尔对时间的使用，模仿了一个典型工作日的分割，与时间的不可减少性的概念在本质上是个异类，它表明了“日常生活的时间性意味着人类经验不仅仅是时间的流逝，［48 页］也是必需的等待，直到一种时间过程按常规发展以便另一个过程开始”（Weigert，1981：227）。在当代生活中，等待经常是一种不快乐的经验，是浪费时间，是失于充分利用那些引起我们不耐烦的资源。持续等待意味着我们的身份被忽视，对于我们等待的人或机构来说自己无足轻重。从技术角度来说，等待在“即时时间”的时代也是日常生活的常见挫折。例如，“微波时间”，在这段时间里只能干着急而不能安排另外的工作，在倒计时的数字钟表前我们发着呆——生活中的两分钟甚至三十秒永远不会再有了（除非，我们能够将它与等待网络下载的时间同时进行，于是就获得了后现代效率的胜利）。不过，作为不同活动之间的间隙或标记，等待能重新分配成不同的时间体验。如果不是把等待看作“一种空隙和静态的时间体验”（Vannini，2002：194），从列维纳斯（Levinasian）的意义上来说（1986，1998；参见 Schneider 1997：96），它就可能既是“一种开启变化的可能性”，也是一种等待其他的机会。这种重新确定改变着我们关于时间性的常识，即“我们感觉一切需要时间的事情都需要太多的时间，**时间本身被看作一种耽搁**”（Schneider，1997：92）。[①] 重新培养我们处理时间的方法是推进慢速生活运动的中心，它不是让我们相信迟到比即时的更心满意足，而是了解时间的不可还原性和了解他者。承认时间的可改变性转而开启了对他者选择的了解，以及他们对我们时间的要求。

作为时间不可还原的例子，等待的时间性经常在叙述慢速时间经验的畅销书中出现，一般是在异国他乡的场景中，特别是在法国或意大利乡村。在畅销书《在托斯卡纳的阳光之下》（*Under the Tuscan Sun*，Mayes，1996）中，作者叙述了在浪漫的乡村购买和装修房子

---

① 米歇尔·德·塞托（Michel de Certeau）也将时间浪费视为日常生活的实践，将它看作是一种策略，它不同于战略，没有明确的目标或目的（Certeau 1984：xx）。而从一个“快速”的主体的观点来看慢速性的展开可能被看作是非生产性的“延迟”，它不能被描述为德·塞托意义上的“策略”，因为它是基于构建美好生活的有意识的目的之上。

的经历，展现了一种基于慢节奏之上的品质不同的生活经验。[①] 在这一文学作品中，慢速生活的好处在乡村生活实践中体现出来，每件事花费的时间都恰如其分，并且能全神贯注地完成，特别是关于准备膳食的工作（Parkins，2004a）。但是在这种托斯卡纳生活的叙述中，却没有完全地承认等待的时间性的阶级和权利的意义。谁在等待？谁对等待负责？或者换句话说，谁有时间等待？不能免于等待的是那些物质资源有限的当地农民？还是那些外出度假远离他们现实生活节奏的局外人？在这些叙述中，所称道的是为自身所花的时间而不是为其他人贡献的时间，这就排除了一种时间的伦理投入。而且在托斯卡纳的文学作品中，时间被仔细和集中地使用，这里还在试图想象一种另类的时间性，在快速文化之外将等待重新描绘为一种积极的时间性体验而不是一种惩罚。无疑，正是这种在其他地域被视为另类的时间性吸引了时间贫困的主体，他们很少花几小时工夫来阅读把慢速等同于平衡感的一本书。[②]

尽管对托斯卡纳农舍中的个人顿悟的浪漫描述拔高了“自我时间”，同时他们也有意无意地提出了关于自我表达如何与时间伦理协调的重要问题。如果从速度中获得回报的快速主体对速度中落后的主体负有责任的话，那么这种责任如何与常见的有更多时间为个人的愿望协调？或者这二者就根本无法协调？简单地说，时间伦理是否意味着人们有为对方付出的时间，于是，为“自己的时间”的愿望与为更大的社会公平或为“社会生活”本身的愿望是不可比拟的（用列维

---

① 其他关于“意大利农舍”叙事的例子包括马特（Matè，1998），霍斯（Hawes，2001），杜西（Dusi，2001）和吉尔伐斯（Gervais，2000）。这种意大利叙事的先驱者最明显的是彼特·梅尔斯（Peter Mayles，1987）的《在普罗旺斯的一年》（参见 James，1996。）

② 例如，梅尔斯（Mayles）用文艺复兴时期的悖论，“Festina Tarde”，可以翻译为“使匆忙慢一点”，来说明她认为是托斯卡纳文化基础的平衡的概念（1996：93）。

纳斯 Levinas 的概念来说）（1989：55）？[1] 解决办法之一可以建立在这些人所主张的日常生活中的好奇和慷慨（Irigaray，1993；Bennett，2001；La Caze，2002），好奇作为“一种对不寻常的惊讶”感觉可能具有一种伦理的维度，因为它潜藏着从可变性的方面接受好奇的事物（La Caze，2002：2，6）。然而，这样的回应预设了特定的时间性，其中惊奇成为可能：分心的事物例如噪声、匆忙、多重任务，或从多种渠道要求我们的注意力，可能排除我们转到这种回应的可能性，并且因此减少我们在日常生活中的体验。好奇，作为对他者的开放性，给予我们可能来做出不同的回应，它开启了选择性的可能。然而，光有好奇是不够的。例如，它可能常常将好奇的客体想象为奇异的，以至仅仅是再确认对他者评价的承认而不是对其开放（Young，1997a：56）。它也可能通过暗示对日常进行不必要的诋毁，因为“值得惊奇的客体显著地与那些日常中我们熟视无睹的事物的不同”（La Caze 2002：3），因此使日常生活回到一个不可救药的重复和常规的空间。另外惊奇还需要慷慨大度，因为正是如此加强了对他者的尊敬，以及对我们自身价值的适当的评价（La Caze 2002：12，11）。[2] 正是慷慨大度可能使我们倾向于积极地评价日常出现的各种可能。拉·凯兹（La Caze）说明了慷慨大度和好奇之间必然的联系。

> 慷慨大度能防止将好奇落在异国情调的限度上……因为慷慨大度是一种基本的感觉——我们都是有价值的，而无论可能存在着何种差别。慷慨大度包含了需要伴随着好奇的适度的评价。

---

① 对列维纳斯来说，“是变化性……而不是分享性，对社会生活最关键”（1989：93）。

② 这里，宽容的概念是借自于拉·凯兹（La Caze）对笛卡尔哲学中宽容的解释（2002）。

> 反之，好奇能防止把他者假定为与我们具有一样的思考和行动、和我们有同样的欲望的人，以至于我们能代表他们做出决定和评价。好奇有助于承认我们权力的局限性。好奇也允许对他者的差异和变化的开放性。好奇和慷慨大度这两种情感必须共同以一种复杂的方式起作用来为尊重差异提供伦理的基础。（2002：14）

我们将争辩，在快速的时间性中，没有时间用来好奇或慷慨，没有时间关注日常生活中的魅力，也没有时间来拓展我们自己或他人关于时间投入会有意义的价值感。为了使好奇和慷慨不仅仅是瞬间的反应，慢速生活的实践将有助于将这种品质培养成一种态度（在习惯和美德的双重感觉的意义上；La Caze，2002：14）。在日常实践中允许我们培养一种惊奇和宽容的态度，它将根据我们的背景和倾向而变化，但这需要时间来反省和留意，提醒我们自身与自然及他者的连接。

虽然我们认为培养好奇和慷慨使时间伦理更加可能，我们也需要承认文化生活不断增长的速度使其不再可能，以此来假设慢速生活是一种伦理律令或对每个人有好处。在一个快速的世界中，身份偶然性的实践更加透明，不过，自我艺术性的实践和微观政治可能呈现一种新的重要意义（Connolly，1999：85）。不同时间的文化和时间欲望的存在不仅是一个需要解决的问题，而且是一个要承认的现实，并且意味着成为一种在社会和生态、个人和公共生活体系中提高多样性的手段（Reisch，2001：378）。时间伦理绝对没有一个单一的给所有人分享的目标。这不是将慢速强加于每一个人的案例，或者将时钟倒转，而是允许对速度的另类选择成为可能，成为可思，成为可行；无论在个人和公共领域允许慢速的空间（运用一个空间而不是时间隐喻）；允许为他人付出时间（作为他人的时间）。[①] 例如，维多利亚时代的安息日习俗，社会强制规定在这一天除了深思或阅读冷静的宗教文章之外什么也不能做，这并不是 21 世纪慢速生活的原型。在慢速生活中看到的是对特定的时间性和可能性的新的评价，它是一种慢速时间可以创造的对生活魅力、社会参与和政治参与（而且这些不是互相排斥的选择）。像克里斯蒂安·米勒威克曼（Christiane Müller-Wichman）所指出的："我们需要日常文化的时间。我们需要时间成为一个公共的人。我们需要时间来休闲。我们不需要休闲时间用于工作、家庭、政治。我们需要它作为一种剩余时间。"（引自 Nowotny，1994：102）

慢世界

于是，我们要争论的是，个人愿望拥有更多的时间不必然与为他人的时间相冲突，就像这些实践的微观政治的维度能导致更广范的承认和应用，因而创造一种与他人更有成效的伦理关系的时间性。但是，慢速生活不仅是对全球日常生活带来的时间压力和不协调的个人回应，它也有一些集体抗议运动，如在一些城市的无汽车日，大型运动可能产生的是寻求"防卫"而不是强加慢速，而且将'选择的慢速'作为一种加强社会和公共生活的方式（Miller and Schwarz，1998：21）。自 20 世纪 80 年代，出现了一些组织，他们将时间看作表示日常生活中失去的那些重要之物：意义、真实性、安全感或身份。这种组织通过运用一种丰富的符号意义的时间概念和提供一种基

---

① 共产主义的批判（例如 Young，1990）长期表明，当一种理想的社会导致特定社会的价值强加于其他社会时出现的严重的政治问题。如雅典集会的透明的民主的神话，这样一种明显的单义性，隐藏并拒绝差异的内涵和表达。因此贝尔（Bell）描绘了的列维纳利（Lvinas）的"无差别的伦理"（2001）。

于不同的、更慢的时间性的"好生活"模式来批判现行的社会实践。例如，减速时间协会观察到"我们生活在一个时间加速的时代"并且"速度已经成为衡量我们行动的价值准绳"，强烈要求减速的价值，以便培养一种以沉思默想的方式对待生活（http：//zeitverein.uni-klu.ac.at）。这种协会的规定目的如下：

> 每个成员，不论他或她参加的是什么种类的活动，无论何时何地，只要活动有意义就应该延长活动的时间。在这其中，成员确信协会团结为一整体。他们应该为暂停下来的权利挺身而出，反思为无知的活动和浪费的利益而产生的是权宜之计而不是真正的解决办法。（http：//zeitverein.uniklu.ac.at）①

在美国有一个相似的脉络，在2003年12月24日发动了"取回时间日"（"Take Back Your Day"）的运动，并在2004年再次发起。这一活动是对在全国大规模进行的鼓励人们休假一天运动的回应，作为"国家首创的对过度工作、过量时间表和时间饥荒的流行病的挑战，这些威胁着我们的健康、家庭关系，社区和环境"的部分活动（http：//www.simpleliving.net/timeday；还参见Eriksen，2001关于挪威的相似的运动）。姑且认为，这种对时间性的意识和对生活所需时间的要求，投入到日常生活中意义制造的实践中。通过日常生活中的慢速与时间再投入，最紧密地联系在一起的是慢食运动。我们在这里将不专门聚焦于食物或食物实践（第五章的主题），而是考虑作为对

---

① 对这个社会来说，速度是与农业和医学中有害的实践相联系的，民主和公众辩论的衰落，在工作中"紧张和对抗"增加。甚至夏时制因为干扰了农民和孩子的更"自然的"时间节奏被批评。至于这种社会是否代表了对"美好的往日"的保守的愿望，或者是城市游击策略的温和的形式仍然是一个未决问题。

全球文化批判的回应，形容词“快/慢”如何在慢食话语中被赋予了这种符号的分量。

慢食总是采取一种宽泛的手法连接慢速和食物。正如一个慢食作者指出的：没有慢速生活就不会有慢食，这意味着我们如果不从整体上改变文化就不可能影响食物文化……一旦我们从这种角度来处理问题，就会认识到我们面临的不是一个“品味的”问题，而是一个“政治的”问题（Portinari，1997：23）。于是，与“快餐”相反，慢食中的“慢”，不仅仅倾向表明一种与速度和它所代表的一切的对立（疏远、非地区性、不安全），而是代表与愉悦、真实性、联系、宁静和深思熟虑相联系的积极价值。这一节的名字来源于在《慢》中全世界关于慢食的事件和新闻中的常见的部分，我们将探索在慢食中提出和争论的关于慢速的意义和话语，以及对时间的理解。我们从季刊《慢》、运动的宣言和对慢食官员的访谈中来寻找这种话语。也就是说，我们关注关于慢速的官方慢食话语的发展，以便与慢食成员的慢速生活的日常实践区别开来。我们采取这种方法不是因为我们对日常应用或慢食的理念不感兴趣，而是为了梳理出在构建慢速为一种批判和抵制的话语中的复杂性和冲突。所揭示出来的不是像一些人声称的那种作为积极价值的慢速的单一意义（例如 Chrzan，2004：121），但是，在回应如目的和项目的多样化以及成员的逐渐同质性化等因素的运动中，独断专行也会经常遭到质问。虽然在慢食中这种多样的及进化的慢速话语给确定的分析带来困难，但也使它成为有价值的案例研究，来探索通过自我日常艺术来培养一种批判的反思能力的可能性。

如在第二章里所描述的，起初慢食运动将慢速与愉悦相联系，因而快速就是缺乏愉悦。1989 年 11 月 9 日，当它在巴黎发动保卫愉悦的权利的国际运动时，慢食采用了一个由十五个国家代表签署的宣言（见附录），将运动定义为反对“快速生活”（就像“慢食”一词一直出现在英语慢食的文章中一样)。在其中速度奴役和影响人性，危害着自然环境。然而，这个宣言既是特定历史时期——现代性——的产物又是对它的批判。最近，关于慢食宣言，特别是关于创立的讨论，不能与宣言的传统和历史的风格相衔接，于是没有了解到慢食的这种风格发展的复杂性和张力（参见 Gaytán，2004：104-6；Chrzan，2004：120-1）。我们在此将分析早期宣言的细节，以便表明慢食对宣言形式的使用既不是由于忽视它更早的政治的安排（比较 Laudan，2004：138），也不是抵制过于简单的概念化（比较 Chrzan，2004：121）。像珍妮特·里昂（Janet Lyon）所主张的，宣言是对政治和美学的运动光谱的选择方式。无论是赞美还是谴责现代：无论是法国大革命、妇女参政运动还是未来主义者，宣言都意味着通过修辞来谴责他们的敌人从而表明自己的身份。这个工作需要一种世界的二元主义的概念，发表声明的作者把他们自己定位于真理、正义或艺术的先锋，来反对或是忽视多数人的强权或是已建立起来的既定体制（或者是二者兼有）(Lyon，1999：2-3，25)。里昂认为，

> “在历史的转型中”宣言形成了的激情澎湃的政治的讲解风格，它可以是即刻被理解的和不妥协的……不论其如何以讨论的方式，书写一个宣言就是宣布自己参与反对压迫力量的斗争的历史，其形式必须被理解，因而要避免“空谈”：宣言是一种复杂的、负载习俗的、意识形态上变化的风格。(1999：10)

我们在慢食创立的宣言中可能会看到里昂所指出的三个典型的特征。首先，声明采用了选择的浓缩的历史来表明如何导致了当代危机（1999：14)，如它的开篇声明清晰表达的：“我们的世纪，是在工业文明的标志下开始和发展的，首先发明了机器然后又将它作为生

活的模式。我们被速度所奴役并且屈从于同样隐秘的病毒：快速生活。把速度谴责为机器时代的产物通常与保守主义者对现代性的批判相联系，他们哀悼被机器毁灭的有机社区（例如，参见 F.R.Leavis and Denys Thompson，*Culture and Enviroument*）。”[①] 这个观点不寻常的是，在慢食的案例中，它显然是由一个左翼的同行构想和创建的运动（Petrini，2001：149）。与其说是保守派要回到真正的食物和饮宴的过去的好日子的呼叫，不如说它是尝试重新将传统、地方食物作为真正的革命，而将快速的、全球的食物作为由盛而衰的、过时的、失败的。最近，卡帕提（Capatti）在《慢》的社论中重述了这种关于快餐的观点：“快餐正在其自身的重压之下，像一艘搁浅的船，在一种新的解释方式和烹饪时间中，竞争正在锤打它自身生锈的防水壁。旧的烹饪方法正在被恢复……吃的世界正在走回头路：过去摆在了前面，而现代食品时尚已被甩在身后”（2001：6）。这种对时间的重塑甚至是倒置——“新”的正在消失而旧的正在重生——允许慢食作为真正的激进派置身于左翼先锋的传统之中，通过一个重建的时间性和食物的革命提供了“真正的进步”和解放。这样的策略在鼓舞和激发一个运动时已经生效，也许这也是它具有广泛吸引力的一个方面，这不是简单的美食协会能激发的，这可以通过最近在如美国和澳大利亚这些国家慢食成员的增长得以证明，这些国家对慢食文化的兴趣达到“顶峰”，仅仅传统欧洲烹饪本身是不能够培育出来这种兴趣的。

在慢食创立宣言的风格中的第二个特征是问题和需求的列举，在赋权和不赋权之间、或在腐败和尊崇之间、或在篡夺者和正式继承

① 例如，列维斯（Leavis）和汤普森（Thompson）写道：“变化、解构的最重要的动力，从我们的观点来看，当然是机器——对力量的应用。机器给我们带来许多好处，但是它又毁灭了旧的生活方式，旧的形式，以及由于它所包含的连续迅速的变化，阻止了新的生长。”（1942/1932：3）

人之间构建一种“斗争”（Lyon，1999：15）。这种斗争是通过围绕二元主义的快/慢构建的价值编码而成。下面列举的是这种相对立的价值，表明了宣言风格的二元主义逻辑是如何运用的（斜体字是直接从声明中引用的，与它们含义的对立面组成对子）

快	**慢**
奴役	解放
病毒	健康/解毒剂
多数的	个体的
不真实的	真正的文化
假的进步	真的进步
品味的缺失	品味
同质化的全球化	国际交换
更坏的未来	更好的未来

在这种宗教二元论的规定中，只有与快速和“快速生活”对立的慢速，才能够提供“更好的未来”的希望。这与宣言的第三个特征相一致，修辞语言的使用是直接挑战敌人的同时在对行动的呼唤中将听众团结起来（Lyon，1999：15）：宣言宣称，“为了配得上他的名称，现代人（Home Sapiens）应该从速度中脱身而出”，“对安静的物质愉悦的坚决防卫是反对快速生活的普遍愚蠢的唯一途径……我们的防卫应该从慢食的餐桌开始。”这里的“呼唤行动”是呼唤坐在餐桌旁而不是冲向路障，或是为了慢而坐下来而不是为了快而猛冲。为了替代快速生活，慢食提供了餐桌的愉悦：品尝，风味，地方主义，本土性，还有“国际交流”。为了使这种另类的慢速性的未来成为可能，一个“有资格的支持者”的“国际运动”是需要的，但是在宣言中出

现的多数的负面词汇也使这多少成了有问题的许诺（有多少人能够坐在餐桌旁?）。通过提出（包含的）未受侵染的个体（能够抵制速度的病毒）来反对“多数的传染”，以及（私人的?）餐桌的愉悦来反对“快速生活普遍的愚蠢”，宣言对如何可能积极地塑造慢食中的主体间性含糊不清（也参见 Sonnenfeld，2001：xiv）。同样的，这里所暗含的专家的概念，对慢食餐桌上的业余的愉悦追求者的包含范围打了一个问号。对最初的签字者来说，如果敌人是一个显而易见的目标——快速生活、快餐——对他们的目标的进一步支持就显得多此一举，因为他们寻求创立“一种临时的社区，它的权力位于潜在的无限的支持者中”（Lyon，1999：26）。

可以说，宣言是依仗着一种不仅缺少修辞的巧妙，而且是反民主的风格，来抨击包含着从一种真理 / 优越性的地位到那些需要启蒙和开导的人之现状；它不是平等者之间的对话或交流，先锋总是和追随者们者有一种紧张关系，它寻求激发革命，宣言的形式反映了在现代性中的集体再表现的有问题的地位（Lyon，1999：8）。有时在运动案例中，如漩涡主义画派和未来主义，宣言风格的修辞策略正好与反民主的方向或运动本身发端的法西斯主义相对应。在其他的例子中，在社会包容或公平的愿望与风格之间的匹配并不明显（如在妇女参政与社会主义运动）。对慢食来说，它的建立者沉浸其中的左翼话语可能很好地在这种形式中重复使用（慢食声明甚至扩展到例如生物科技与未加工牛奶奶酪的话题）。慢速与个体的或私人的领域之间联系的问题是在这里建立起来的。然而，是从慢速的愉悦如何平等地通过一个反全球化的国际运动本身而得到的问题开始的。最近，皮特林尼和运动中的其他人已经开始提出“有道德的全球化”过程（“Interview” 2004：51），也就是说，他们在运动和其集体身份的全球维度的更细微的概念化中来定位慢食的行动与目标。

尽管创立宣言只是对慢速提出了微言大义式的辩护，“慢速的颂歌”（Praise of Slowness）则扩展了运动寻求的价值和品质。① 虽然它以削弱宣言风格的呼唤行动的特征而结束，但如它的标题所暗含的那样，多了一份对慢速的思索。借用了 17 世纪关于蜗牛的著作，“慢速的颂歌”聚焦于蜗牛——慢食运动的标志（也是《慢》的第一期中发表的七篇文章的主题）。据称，蜗牛是“动作慢的……教育我们，动作快了使人轻率和愚蠢”。从匆忙缺失的意义上来说，蜗牛不仅是慢速的具体化，而且是更抽象的慢速的品质或慢的主体性，这里被作为“审慎和严肃，哲学家的智慧和权威治理者的稳健”。那些“一种如此不受现代世界诱惑的生物”的神人同形同性的品质，看起来更像那些禁欲者而不是快乐追求者，但是，声明坚持认为蜗牛给“那些太没有耐心以至不能感觉和品味，太贪婪以至不能记住他们刚吞下什么的人”一个平台。因此它是一种尊重物质快乐的形式，慢食的价值由蜗牛所表现出来，与快餐将食品消费方式缩减到“消费食物……品尝汉堡包……肉丸子的思考”形成鲜明对照。

不过，不仅是蜗牛参与世界的速度使它成为慢食运动的合适的标志物，还有它的“前历史”的外表使它能够表达“逆转消失的时间的愿望”，代表了一种另类的无限奔向迷恋快速活力的未来。作为“缓慢时间”的具体化（Urry，2000：157-9），蜗牛是一个与快餐馆并存的不同的时间性的暗示，也是慢食声明中所表达的，寻求表达和协调不同的时间性之间的“冲突”的暗示。当这种声明重申在创立声明中表述的速度的负面影响时，它也试探性地开始详述慢速所表现的“一种新的生活方式”可能成为必需的可能性。如果第一原则，是拒绝与

① 《慢》第一期出现的由皮特林尼撰写的社论（1996：7-8）“赞扬慢速”现在出现在慢食网站声明的部分，标志它作为慢食价值核心宣言的地位。

全球化相联的速度和工具主义的标志的快餐，第二个则是构建世界主义的形式，显然地被具体化为蜗牛了。蜗牛“是准备四海为家的。世界主义的和深思熟虑的，喜欢自然更甚于文明社会，自己承担它自己的大壳”。全球化之间潜在的冲突是慢食最危险的敌人，世界主义的美德之一是通过从自然中求得一个标志物来进行协调。蜗牛通过其身体成功地协调了自然 / 文明，并乐于开放地参与世界，表现了慢速主体性的一些美好愿望，如果我们“从自身壳里（出来）”，这种慢速主体性就可能得到发展。因此，这里，世界主义被构建成为一种慢速的品德，是伦理的面对和积极参与世界，而不是对其他文化的“蜻蜓点水”（Featherstone，2002）。

在《慢》的第二期，继续对慢速生活进行澄清和阐述，这期采用了“休息”的主题，通过封面上一个睡觉的女人形象地表现出来。在这期的社论中，卡帕提的“赞美休息”，现在刊登在慢食网站的宣言部分，标志着其与表达作为运动的价值保持着持续的关联（1996：5-7）。“赞美休息”比皮得林尼的慢速的思索更加程序化，与里昂的宣言风格的特征更接近，卡帕提直接与那些想学习如何慢速生活的读者对话，也与运动的批判家对话。在这篇宣言 / 社论中，对休息做了非常仔细的描绘以区别于懒惰和厌倦：

> 我们对休息的赞美不是为了懒惰或瞌睡虫，为了萎靡不振或是神经质。他们根本就不赏识休息。相反的，我们的目的在于那些想倾听自己生活节奏并可能调整它的人。这是《慢》规划中的第二点，建议你走得慢一点（No.1），花时间休息（No.2），找一个能提供食物和热情的朋友（No.3）。（Capatti，1996：5）

里昂提出的在“腐败的和圣洁之间的”斗争，在这里表现为懒惰（那些不能领会慢速思想的人）和缓慢（那些寻求实践它们的人）之间的不同。在一个熟悉的修辞手法中，卡帕提首次提出了拒绝懒惰/无知的理由，以便来反驳他们：“我们经常被告知，你们这些缓慢的人，试图生活在另一个星球。你们这些缓慢的人，为你们自己塑造了一个想象的外壳，以至你们需要的时候就退缩进去，退缩进入乌托邦的漫步中。现在，这可能变成真的了”（1996：5）。而且，卡帕提承认，“躺在一个沙发上……不足以使人从冲突的迷惑中解脱出来”，试图生活得慢一点的尝试却可能产生创造：“相反的，我们应该反省我们设想的乌托邦世界中假设的原则”（1996：5）。因此，封面上的睡觉的女人看起来像是从世界中退缩，实际上是“一定程度的分离”，如卡帕提所言，从快速世界中走出来，是为了评价和重新思考日常生活的实践。

随着摩尼教的逻辑将懒惰的、无知的和快速与平静的、深思的和慢速区分开来，其后所出现了强调反省和深思熟虑是慢速的关键。如果一个人有更多时间用于反省和评价，那么完满完成任务的可能性就更大，或者更有可能改变自己的实践、习惯和理念。在慢食的话语中“小心的”、“反思的”、“留心的”、“深思熟虑的”和“专心的”等词汇反复出现，就是凸显这些价值的核心性，并将它们与简单的无意识或睡眠惰性区别开来。这样的反省听起来过于严肃——不像人们可能想象的分享餐桌上好食物和葡萄酒的喧闹的愉悦为慢食中坚，但是在慢食话语中愉悦反思的是增强的愉悦。并且如果反思（像“我为什么这样做？我如何做得不同？”）揭示了在深思之下的活动中没什么愉悦可言，那就会选择其他的能够创造愉悦活动。

对自己提出这样的问题，照康纳利（Connally）的看法，也可能提供了一个如何从自我艺术的实践走向宏观政治的案例。卡帕提宣言式的社论仍然意味着具有“一个更美好世界”的目标，的确，它承认思考/概念化一个更美好的世界的实践本身就是生活的乐趣之一。这既不单单是一种责任也不是一种伦理义务，发展一种转变的政治本身就是愉快的，如我们所知，一种理念（甚至或者思想）通常不是在缺乏想象力的政治领域中产生，而是可能在乌托邦文献中保留着。在这一意义上，“赞美休息”寻求打破乌托邦话语和政治、私人的愉悦和公共实践之间的区分，坚持在这些二元对立之外保留一块空间，在此，“充满想象的伦理学的设计”可能生长出来（1996：6）：

> 没有比想象一个美好的世界更放松和更愉快的了，清晰地勾勒出它的习俗，享受聚在一起的感觉，无论是喝酒还是玩，休闲或阅读。但要使这成为可能，则需要一定程度的超然，一小会儿平静，更好地利用懒散时间……甚至一张做梦的床，在起身和他人相聚之前进入梦乡。（1996：7）

通过简单明了的休息概念，于是，个人与社会，私人与政治之间的关系和张力被清楚地表述和思考。如在同一期《慢》中，傅尔科·波尔蒂纳里（Folco Portinari）在一篇文章中所主张的，如果我们以“应该怎样做才算休息得好？”这样的问题开始，那我们会迅速地从个体导向社会，因为我们如何实践“休息时间”的内涵，与工作时间以及与我们生活其中的时间文化的复杂性和不一致性是缠绕在一起的（1996：8）。波尔蒂纳里如同卡帕提一样，将反思与慢速联系起来，以至正如休息不仅仅是从疲劳中恢复过来，因而慢速生活也意味着不仅仅是移动得慢（1996：11）。

即使是在慢食话语的早期阶段，对形容词“慢”作为运动的最主要的价值是有疑问的，并且是一定程度上对其进行了解构。① 在第二期《慢》中关于快餐的部分，历史学家马西莫·蒙塔纳利（Massimo Montanari）反对快 / 慢的二元对立的配置，认为它缩减了对慢食运动的考虑。

> 我认为，“慢”和“快”文化之间的对比——是这个杂志的存在目的和运动的根本——其实与慢速和快速的概念没什么关系。在一些明显“慢”的场合，慢速意味着筋疲力尽，不安甚至是难以忍受（想必你一定至少去过一次非常烦人的婚礼）。反之亦然，“快”的场合也并不总是令人不愉快的……快慢的对比没抓住要点，我们迫切需要其他的形容词（1996b：56）。

相反，蒙塔纳利提出“关怀”（caring for，as well as caring about）作为核心价值，而不是单独地依赖慢速的品质，在更一般的意义上标志对食物和生活一种不同的方式。

> 我认为要点是：我们准备好以极大的关怀来准备、提供与品尝食物了吗？在我看来，这就是一个关怀的问题：关心佐料成分的选择和做出来的味道，关心制作食物的方法……关心我们所吃的东西所传递的感觉信息，关心食物的品相，关心选择和我们一起分享食物的人等等。我认为一系列无穷的关心能应用于有同等尊严的任何场合。在家或在餐厅中用餐，在酒吧里饮酒或在快餐店里吃个三明治……当我们评价这些经验的品质

① 这就是为什么我不同意克里斯安（Chrzan）的关于慢食成员和作者无差别地使用“慢”这个词的论点，不同意“颂歌一样的节奏重复”（Chrzan，2004：121）。“慢速”的质问已经从一开始就成为慢食著述的特征，并且考虑术语意义分歧的生产性探索。

> 时，使它们不同的不是花费了多长时间，而是取决于我们是否乐意和有可能带着关怀来体验这些事情，这需要一种结构上“慢”的文化，需要理解和评价的能力，需要一种即时无刻的批判的倾向。（1996b：56）

此外，正是反思的能力，被坚持认为是“慢速”的中心。一系列标志着关怀和关注的实践是保护慢速的需要，这种需要正如蒙塔纳利所言，是在文化层次上而不仅是个人层次上，这意味着“慢速”超越了私人选择的领域（诸如时间的使用，食物准备和消费），并且需要机构对其持续存在的支持，对社会后果提供改善。

不过，在蒙塔纳利的对关怀的文化诉求叙事中，也表达了习惯和漫不经心统治着日常生活的观点（假定概括为快餐的单一性和无所不在）。这种日常生活的观点提出了问题，慢速作为日常生活实践中的留心、反思和关怀的模式，在日常生活的美学化中是否是一种明智的演练（Featherstone，1992）？抑或只是一种通过坚持对身体和愉悦的中心性，协调美学、政治、物质和日常生活的大胆尝试？历史地来看，日常生活中的学术 / 美学兴趣的发展，与日常生活和感知的模式相连，在其中习惯被表述为“本真生活的敌人”（Felski，2002：607）。从维克多·施克洛夫斯基（Victor Shklovsky）以及达达主义到布莱希特（Brecht）现代主义者的作品开始，在亨利·勒菲弗和盖伊·德伯尔（Guy Debord）的作品中再度出现，对这种无意识的惯长模式的解决办法是需要美学的体验，通过一种提升的感觉将我们从日常的漫不经心中唤醒（Felski，2002：608）。通过采用诸如陌生化的技术，其相信日常是可以转变的（Felski，2002：609）。

这种对日常生活的进路和慢食话语中发现的例子之间有一些类似，都显示了一种先锋的地位，甚至是一种使命。对慢食来说，是其否定了快速生活习惯与谴责快餐消费的乏味呆滞。慢速生活的话语和实践对时间给予关注，通过转变日常感知的时间性，也可以被看作是一种“挽回平凡生活”的尝试（Felski，2002：610）。这种挽回可能的确被看作是一种美学，如果这种美学被理解为“通过记录它的丰富和神秘的特殊性，使日常生活复兴甚至出现革命，它是技术、表演和经验浓缩的自由合奏”（Felski，2002：609）。① 但是也可以说，在这个例子中“挽回平凡生活”并不与净化生活的意思相同，它更标志着寻求恢复日常生活中的愉悦、能动性和历史感。

所以，正如蒙塔纳利的文章特别强调的，慢速生活中有一种明确的美学维度，对日常生活物质实践的投入为慢速主体提供着愉悦和丰富性。这些慢速讨论，试探的本质，以及慢速更广阔含义的尝试性项目，在运动早期的文章中出现是不足为奇的，它们尝试为成员划出慢速的范围。然而，在运动开展了十五年之后，在成员极大地扩展，慢食项目发展可观的情况下，慢速生活现在又作何种展望？采访在皮埃蒙特的巴拉的慢食国际总公司办公室工作人员，情况很快明了，该组织的雇员并不是每天都实践慢速生活，这些雇员主要是没有孩子的年轻人，每天工作时间都很长，也经常地参与意大利国内外的慢食活动。这些工作人员认为慢速生活既是一种理想又是对运动重要的挑战，但是也把它视为一种案例，其中成员们可能需要寻找他们自己的方式，而不是一种自上而下的干预的情形（Barbero，2003；Abbona，2003）。不过，考虑到巴拉本身是个慢城，这些雇员的日常经验已经被慢速给与的机会所塑造，以至他们日常生活中迥然不同的时间性已经成了具有代表性的例子，这点正

① 这也许是慢食继承日常生活中美学和政治错杂重叠的不同传统的例子。参见波尔特·拉斯穆森（Bolt Rasmussen）关于 20 世纪 70 年代意大利的运动的研究《自治的创新》（*Autonomia Creativa*），它将自身既与传统的左翼政治相分离，又与支持“以嬉戏的态度对待生活和社会”的情境主义者区别，并且迫切要求“自由地选择自己的生活方式和再创造的活动”（2002：351）。

是全球日常生活的特征。正如一位慢食的雇员所说的，当他们开始经历在家庭和工作之间引起的时间冲突时，机构的工作文化将不可避免地出现变化。如此看来，即使作为慢食雇员，慢速生活也是要在日常居于其中的生活的经历与大的结构之间不断协调。

因此，当今的慢速政治、时间伦理、慢速生活实践依然是慢食中的潜在的场所，而不是所谓“慢速文化”工作的原形。如果社会不平等的时间维度表现为日常问题，那么，这种不平等不能轻易地逆转或得到解决。① 一些人采取一种悲观的观点回应这里描述的时间 / 速度的复杂性。例如，诺沃特尼（Nowotny）认为拘泥字面的尝试让人们慢下来（如：限制汽车道路速度，建自行车车道）是“同情的和保护的”，结论是：“减速的实验将无疑继续下去，并且甚至使之部分制度化，但道路限速系统是不是对每辆功能良好的汽车都能起作用呢？”（1994：150）十几年前诺沃特尼将慢速整合为仅仅是汽车速度系统的悲观论调，现在可能已经被抛弃了。下面章节关于慢速空间的考察，尤其是通过与慢城运动相连的制度化过程的探究，将表明对实施慢下来的策略的更加积极的评价。与诺沃特尼相反，我们认为采用实施慢速的概念和实践，标志着企望使眼下的生活不仅是可过的而且是愉悦的，并且表明对时间的思考使我们活得有所不同是可能的（Brann，1999：101；May and Thrift，2001：37）。

（闵冬潮、汪小慧　译，闵冬潮　校）

---

① 不过，德国和意大利在 20 世纪 90 年代，对全球日常生活多样的时间性的一个解决办法是在一些大都市建立“时间办公室”。时间办公室试图协调全市的时间，例如学校、图书馆、公共办公室和商店的开放时间，以及公共交通时刻表和工作时间。其目的是回应居民的时间需求和公民失去的公共节奏，使日常生活同步，并且因此增加城市生活的感知质量（Reisch，2001：375）。这些实践也是一些慢城的特色。关于多样的城市时间性，参见（Grang，2001）关于集体生活的节奏的讨论（来源于 Lefebvre，2004）。

第四章　空间和地域

> 慢速在这个表述中成为关于地域政治的一个隐喻：一种与保护地方文化遗产、地区景观和特殊的物质生产文化，以及国际生物多样性和世界主义复杂连接的哲学。
>
> Leitch（2002：454）

慢速生活是在跨越不同种类空间时的复杂协商中显露出来的。前一章说明了时间的复杂性，认为在生活步伐全面加速的同时，承认慢的价值和需求也在逐渐增长，正是时间、空间（May and Thrift，2001）的不均衡和异质性使得慢速生活成为可能。同样，我们这里的讨论将会揭开全球文化中的空间复杂性，尽管在全球文化中也注意到了异质化和不同的空间体验，但是，当空间变得不那么“实在”而更为“虚拟”时，地方逐渐增长的特有价值得到了关注，这与“去领土化的”甚至是“湮灭的文化”有关（Marx，1993/1939-1941）。的确，对地域特殊性的评价与参与到更问题化的、流动的空间的语境是同时存在的，这种决定空间协商的语境不仅在慢速生活中，也在更广泛的现代生活中出现。这使得我们回到第一章中所概括的地方与全球的关系问题上。在当代的主体性中，地方与全球是互相重叠的，像贝克（Beck，2002）在世界主义概念中所描述的那样，全球的问题及视角是个体日常意识的一个组成部分。慢速生活的空间常常是根植对立于同质化空间的资本主义生产的地方和文化的特性中，但是慢速生活空间本身必须要在全球的环境中产生和定义。对贝克的说法稍加改动，我们或许说，对于慢速生活，没有世界主义也就没有地方主义。

慢速生活不是反文化的运动：它不打算建立另类空间，而只是改变我们目前居住的空间。慢速生活并没有发生在单一空间里：它包含了多种空间并且由一系列主体所实践。在这个意义上，慢速生活代表了对全球文化变化中的空间和时间语境的一种更普遍的回应。慢速生活的中心是一种特定的“留心的”意识，其中的活动、实践和冲突是投入了关怀与关注，并且这种意识需要特定的空间背景，正如它需要一种慢的时间性一样。如我们在第一章中说明的，慢速生活不是那种“闭门独处”从社会抽身而出式的同义词，在慢速生活中的某种关注与有意的实践由空间的环境做了最好的说明，这种环境是一定程度的团结性和确定性。在这个意义上，慢速生活同时是“空的”范畴，不在特定的地方实施，虽然如此，它总是一种“情景”现象，同样，它总是强调其空间背景。因此，慢速生活的“慢”需要一种“空间意识”，一种地方意识或对地域特性的赏识。

考虑到我们聚焦于慢速生活，随之而来的理念是：空间是一个深刻的社会现象。如劳伦斯·格罗斯伯格（Lawrence Grossberg）的追问：“什么样的文化实践是不动用空间的？”（2000：13）我们将空间理解为一个辩证的概念，即：社会和空间是无法摆脱地在彼此之中实现着，由思考着、感觉着和活动的个体来创造着社会和空间，在那里也有“许多不同的状况，这种现实由思考着、感觉着和活动的主体所体验”（Keith and Pile，1993：6）。这样主张不在于宣称空间是一个“社会建构”，而在于将“空间作为所有社会生活方面的一个维度”（Simonsen，1996：505）。空间性的社会本质在于说明，尽管空间是定义的中介，但它们不是“关闭的”和“包含的”实体，而是通过它们社会关系的组织而形成，一种通过对差异的管理而构建的组织。像格罗斯伯格所主张的：“地域并不因其恰好环绕着一个地方而封闭，

意义、欲望和享乐的绘制，身份认同和差异的关系，均可以在开放的方式中表述。”（Grossberg，2000：21）

慢速生活可能并不必然地局限于特定的地域，尽管如此，还是有最适合慢速生活的特定种类的空间，这些空间的价值源于对我们生活的去领土化的全球文化环境的考虑。在家庭和工作的空间里我们最能强烈地感觉到快速生活的压力，并且也将首先从这些地方来分析改变这些空间的动力。然后，我们将分析去领土化的本质，并且考虑这个过程如何决定着地方这个场所的方向。我们将讨论如何通过它更加特别的参与自然环境和社会关系来界定一个地方，然后这个地方才被判断为慢速生活得以发生的最合适的场所。最后，我们将通过更加深入地讨论慢食和慢城组织、以及它们关于领土（terroir）和传统的种种流变来思考慢速生活的空间。

家庭和工作

在文化研究理论中，经常强调日常生活的常规和其寻常的本质，不过，对我们来说，慢速生活以及日常生活的中心性是从日常生活出现的危机发展而来。速度的压力——灵活性、效率、多重任务——使日常生活更加艰巨；日常生活成为一种需要对其关注的“两难困境”，既有对此不断增长的意识的回应，又有对那些看起来远离我们日常生活的积极特征的估价。在我们相信慢速生活的实践确实提出了这种当代日常生存的两难困境时，我们也将日常生活置于异质的、不可控制的场所，这个场所没有给出什么特别的答案，而是提出伦理的和有效的可能性，在主体的生活轨迹中发挥作用。

慢速生活差不多就是关于日常生活的方式，毋庸置疑，它考虑的是我们如何在家的空间中生活：家是一个关乎每天如此多的身体的实践、个人的关系、吃喝的采买和烹饪的地方。的确“家是……一个地方的活生生的实践”（Felski，1999-2000：24）。不过，考虑到我们在定义何以为家方面的困难，在慢速生活中我们怎样使用家的空间并不是个容易回答的问题，而随之而来的是揭示和批评这一概念的肯定和否定的含义。对家的理解必须关注这个地方在空间中的边界、物质组织的特征、社会关系，以及它的情感的和想象的共鸣。家有一种亲密的物质现实：一个特殊的物理的地方，有其特定的位置和布局，以及个人的家什物品。然而，家也不仅仅是一个如此单调无奇的环境，巴什拉德（Bechelard，1994）强调家也是一个诗意的空间，一个想象的空间，一个激发记忆和愿望的感觉丰富的地方。在某种意义上，“没有一个地方像‘家’”，因为每个人不同地“在记忆和想象中构建着它的形象”（Chapman，2001：144）。

家庭的空间提供了一个场所，适宜于身份认同的形成、我们与他人的关系以及日常生活的许多享受。作为日常生活中最有代表性的场所，家经常是最能成为“我们自身”的地方，它经常被描绘为一个“关于作为物质生产和个体的隐喻日常空间的基本假设”（Cullens，1999：212）。家可能是一个空间，它提供日常生活的基本需要，如：熟悉感、亲密性、安全和舒适感（Heller，1984：239）。另一方面，家也常常是冲突和暴力的场所，特别是对妇女和儿童而言。并且由于这个原因，绝不能把家理想化为当代文化问题的一个“解决办法”。在赞美一种解放的移动性的现代性话语中，家受到了批判（Felski，1999-2000：23）。另一种批判是对当代存在的商业化倾向，主要表现在铺天盖地的杂志和关于家庭生活、室内设计和园艺的生活方式的电视节目中，这种商业化常作为家从公共空间和政治生活中撤退的佐证。在这个意义上，“日常生活和家庭空间的神圣化成为现代主义转型承诺的最后的逻辑运用，一旦这种承诺被个人感知为正走进一个死胡同或者在艺术领域、公共政策和政治中结束自身，承诺也即告终。”

（Cullens，1999：220）

意识到“家”的深刻的多重性，我们相信因此可能会在“慢速生活”空间语境的概念化中对家的空间促成积极的潜能。这里，我们根据艾里斯·杨（Iris young）的作品来进行深入地探讨，虽然她赞同许多女性主义的主张，从房屋和家的“深层次的矛盾的价值”（1997b：134）对家进行批判，但也可能“保留一种把家当做支持个体主体性的观点，这种主体被理解为流动的、部分的、变化的，并且和其他人相互支持和相互关联的”（1997b：141）。家在两个层面上促进了身份的具体化，“在空间中，我的东西物品作为身体习惯的延伸和作为支持我的日常生活而被安置……家里的许多东西物品，以及空间本身作为个人叙述的保存者而负载着沉淀的个人意义”（Young，1997b：149-50）。家一贯在变化和固守之间进行着协调，于是产生着身份认同和动力：“作为身份的具体化，家并不是一种固定不变的身份认同，而是在物质世界的过去和现在之间形成一个连续过程，没有我们自身的这种连续，我们也就差不多迷失了”（Young，1997b：151）。我们试图找回一种更积极的而不是天真的关于家的描述，也是建立在承认家之矛盾的性质的基础上，既承认家的空间的边界又看到它与其他空间的联系。从某种意义上来说，我们意识到地域总是通过地理和社会关系的互相影响而构成的，而家是慢速生活中一个重要的场所，因为它能够代表一个独立出来的生存领域，在这个领域里可以保障特定时间的质量。这就是，家能代表在日常经验的变化中的一种相对固定的场所，并且在这个意义上，它可以成为安置作为慢速生活中心的那种关怀和关注的空间。

然而，家庭的空间还通过它作为相互关系的现象这种地位而产生意义。可以说，家比其他的社会空间更易作为重新确定边界的神话式描述的主题，但如多琳·马西（Doreen Massey）所提醒我们的那样：

“一个地域的身份不是源于它内部的历史，而是大部分来自于其与‘外界’相互作用的特殊性”（1994b：109）。当然，在当代，对家重新燃起的兴趣正是这种关系促成的：更多的关注家的物质的组织，购买和布置家俬贡献的精力，为烹饪和以家庭为基础的休闲活动投入大量的时间，这些都压缩在“闭门独处”现象中，实际上是将人们与可见的公共生活的荒芜中隔离开来。同样地，工作时间延长的趋势以及工作和家庭之间更加互相浸透的界限产生了应对的策略，例如“有质量的时间”的思想。这样的例子证实了“经常认为家是一个社会加以影响的地方，而不是一个影响社会的地方”（Chapman，2001：136）。相反，在慢速生活中，我们对家的理解是将其置于通过与更广阔的社会背景的对话，以及通过它影响社会的期望中来基本定义的：“这个家的概念不是与个人的和政治的对立，而代之以描述使政治的成为可能的状况”（Young，1997b：159）。那就是，建立在家庭空间基础上的实践可以意味着参与世界，而不是从中撤退。例如，种植蔬菜或收集雨水的活动，可以由关注家庭消费对社会和环境的影响以及渴望使其成为可持续的日常生活所推动。

但，对此付诸实践，不仅需要空间（如一个花园）也需要时间，而且与前几十年的宣言相反，21 世纪并没有迎来一个休闲的时代。对许多人而言，日常生活变得更不堪忍受，因为更多的人不得不在更快的节奏和更大的压力下工作更长的时间。① 由于“忙碌”的增长，就刺激了服务行业的发展，这些晚期资本主义的工作需求也产

---

① 在澳大利亚，超过 20% 的人不带薪超时工作，还有 60% 的人在晚上或者周末工作（Tanner，2003：51-2）。在美国，一项研究表明，有 12 岁以下孩子的家庭中，仅有 4% 的男性和 13% 的女性每周工作不超过 40 小时（Hochschild，2003：200-1）。霍克希尔德（Hochschild）在她的研究中发现，一个拥有 26 000 个雇员的公司平均每周工作 35—55 个小时，经理和工厂工人经常每周工作至 60 个小时。也可以参看修尔（Schor，1991）。

生了结构的改变："与十年前相比，有更多的劳动贫困阶层在麦当劳式（Mcjobs）的服务业打工，因为人们的生活是如此地加速，以至他们没有时间做饭、打扫、看孩子或剪草坪"（Agger，2004：75）。对许多人来说，工作的强度和长度都增长了，因为工作与空间和地域脱了钩：工作和家之间的界限已经变得越来越模糊。对于其中的一些人来说，"工作"和"家"的真正存在已经消失了，由于减少成本而导致了失业和贫困。尤其是通讯技术的发展，则意味着工作和家庭之间的空间界限已经消解了：它可以使有些人获得更多的自由去协调工作和家庭生活的需要，但对另一些人来说，它仅仅贡献于其永久"待命"（on-call）的工作文化。

工作的结构和需要在变化，它们与日常生活的其他领域的相互作用，以及回应这些改变着的结构和环境的多种政策，是第二个现代性的部分景观。工作变得越来越有问题，这不仅与全球资本对工人数量不断地增长需求有关，而且更根本地是工作的概念不断拓展。对当代工作需求的各种回应，无论是兼职的工作还是"向下就职"（downshifting）的选择，都代表了一种反身性的个人传记的构建，对此可从贝克（Beck）与贝克-根希姆（Beck-Gernsheim）（2002）对个体化的理解中得到解释。这种个体的决定代表着一种试验性的生活，尽管如此，它在产生着多重机会和危机的社会结构和网络中来完成。慢速生活就位于这些语境之中，作为个体来寻求应对他们日常生活的结构和享受工作、休闲和家庭生活。正如我们之前所表明的，慢速生活不仅只是"慢下来"，更根本的问题在于其能动性。它代表了试图在日常生活的各个领域——生存的节奏和运动以及投入上施以能动性的演练。慢速生活政治的中心将会明确地改变建立在阶级基础上的工人这一主题，这种变化在他们的工作生涯轨迹中可以显现出来。工作被看作是日常生活中的一个有价值的部分，但是慢速生活拒绝以如此快速和猛烈运行着的压倒日常生活的工作文化，这种文化使人们没机会来留心考虑各项任务的快乐和目的。这种声明可能被一些人认为是一种乌托邦的要求而被忽视，但我们指出和寻求利用日常生活中的乌托邦的鼓舞人心的作用，旨在昭示生活在全球日常中的个体是如何作出他们艰难抉择的。①

地域的问题成为人们协商关于工作和日常生活的中心，依照一个地域的时间质量来选择他们在哪里工作和生活，更好的生活质量与改变位置联系了起来（Shaw，2001：120）。在旅游工业中，一个特定的地方的时间质量的理念被商业化了，"标准"的快速生活中的压力与花在度假和短暂休息之上的时间的"治愈质量"形成对立。的确，在一个英国家庭管理小组的调查中发现，大多数人认为假期的主要目的仅仅是保持家庭团聚（Shaw，2001：127）。研究表明，世界各地的生活节奏各有不同（Levine，1997），但是我们不断发现，人们在国内流动以保证更好的生活质量。近几年，澳大利亚一个最受欢迎的电视节目是 *Seachange*。讲述的是一个墨尔本的公司的律师躲到一个安静的海边小镇当了个地方法官的故事。现在，这档节目的名字成了澳大利亚当代文化现象中一个重要的术语。有时，变换地方意味着"被甩"——被主流、消费文化拒绝，而现在不断有专业人士寻求"Seachange"，以便获得一种放慢的生活方式，但同时仍然与工作环境保持联系，利用通讯技术克服距离的问题。

也许为了阻止雇员寻求这种改变，近几年来，公司文化在工作场所的时间和空间方面进行了机构上的调整。工作日的不断延长促使一些公司将工作空间改造得更为"舒适"、"有趣"和"家庭化"，引

---

① 如阿罗诺维茨（Aronowitz）和修特（Cuiter）所表明的，可能最初的部分问题仅仅是"打动我们的最不可思议的是，我们能够有中心旨在提供人类幸福政策的理念"（1998：68）。

进了咖啡厅和食品吧以及更赋“家庭”特色的空间，如照顾孩子的设施，甚至发展成“公司城镇”（company towns）（Hochschild，2003：198）。这种工作地点的空间变化，在计算机公司中最为明显，如微软和苹果公司，特别反映了所谓的专业人士“创新阶级”的特征。这些专业人士的经济功能是创造新理念、新技术或者新内容（Florida，2003：8），但这些东西也逐渐延伸至更加传统的商业，潜在于这种工作地点改变之中的是如何驱动人们干活。“这些信息和作用都明白地告诉你：不要四处闲逛，待在你干活的地方。”或如霍克希尔德（Hochschild）所言，在公司和工人之间的“浮士德交易”已经成为：“我们把文明的生活带给你，你得工作更长的时间。”（2003：211）① 资本主义贪婪的要求开始试图颠倒传统的工作和家的“情感文化”（Hoschschild，2003：203）。在一个拥有 26 000 个雇员的公司里，有 20% 的工人将工作描绘为脱离家庭压力的“天堂”。荒谬的是，对一个被速度和瞬息万变所驱动的公司文化来说，在许多这样的创造过程中，如果不是实际上的“慢速”，创造这样的工作场所也证明了它需要时间的延伸。与其说公共空间围绕着“交易流动”的驱动来组织，倒不如说它是一种科层机构，但它也鼓励员工“融合、互动和聚集的中心公共地带”（Florida，2003：123）。虽然这些工人高水平的贡献大部分经常来自于他们漫长的工作日、更加随意和纪律不太严格的工作日程也是这种场所的特征，由此，创造性的自发性和运气得到承认。

然而，通常在不断增长的对延长工人工时、提高生产率水平以及有更多“灵活”和更少工作保障的雇佣政策的要求中特别感觉到快速生活的压力。在全世界，劳工组织提倡减少工作时间，认为那将给人们更多的时间参与自愿活动和公共生活，并且会有重大的环境收

---

① 也可以参看（Craig，2003）关于国际金融新闻、技术和数据公司的工作场所的讨论。

益，因为与消费社会相联的物质投入和浪费都会减少（Reduce work，2002）。甚至在工作文化中，尽管慢速有时会成为一种选择，而这种选择在某些文化环境中比其他文化环境中更容易得到。例如，通过比较一些欧洲国家的和美国及英国的劳动政策，其中可能被称为“慢速经济”（Foroohar，2001：22）的国家已经显示出经济的活力，如法国，尽管它持续受到全球经济力量的挑战（Europe finds，2004：22）。法国人一个星期工作 35 小时，但每小时的生产率比美国和英国工人高，并且有研究表明，周工作时间的缩短促进了劳动市场的更大的灵活性（Foroohar，2001：22）。“半职”和“临时工”的增多也是劳动力市场的趋势，有人可能选择这种方式来放慢生活的速度。实际上，1999 年欧盟的调查发现，77% 的临时工选择这种雇佣模式是为了给自己更多的个人时间（Foroohar，2001：23-4）。因而，慢速生活并不与工作对立，也不与就业实践的某些趋势相反，慢速生活提供的实践使得工作和个人时间之间得到更好的平衡。当然，通过空间和地域的分离，激进的转型不仅表现在工作方面。下面一部分，我们将在更一般的意义上思考去领土化的过程，并且讨论慢速生活如何居于这种环境之中。

去领土化、本土和地域

在一个灰暗寒冷的周六早晨，我们来到达尼丁（Dunedin）每周一次的农贸市场。提着购物袋，我们艰难地穿过拥挤的崎岖小路。这时会有一个问题在我们脑海里盘旋：为什么我们非要跑到这里来购物？就在我们居住的那条街上，这个星期新开了一家光彩熠熠的超市，里面光线良好，温暖宜人。此时此刻，我们稍作停顿把目光投向周遭：喧闹的货摊卖着本地的水果和蔬菜，人们在品尝着有机猪肉香肠，空气中飘荡着咖啡的浓香，还有人们的大声谈笑。很清楚，不顾寒冷跑到这里，是因为我们对本地食物的承诺，也因为我们喜欢这个空间在感觉上的自然和社交性。这一空间的品质使其与许多其他空间的日常体验不同，包括那个新的超级市场。这样的观察首先使我们想到，地域不仅是特定的物理场所，而且它们也被构建成为互动的场所。其次，农贸市场的特殊性有吸引力，是因为它在全球日常空间中，既不同于又挑战着传统的经验：传统上认为文化与地域相联，现在则与更抽象的、去领土的环境和关系连接。这种去领土化的存在对慢速生活空间的概念化意味着什么？我们将在这一部分论证："地域"的概念在全球日常中保持着明显的意义，而且，自相矛盾的去领土化也有助于"地方"场所的复兴。

现代性首先是在空间和地域之间的关系上产生的基本变革：

> 在前现代社会，空间和地域基本上是一致的，因为对大多数人来说，社会生活的空间维度……通过地方化的活动，由"在场"统治着。通过培育超出任何面对面交流需要的距离的"缺席的"他者之间的关系，现代性的到来将空间与地域撕裂开来。在现代性条件下……地方彻底地被距离相当远的社会影响所渗透和塑造。（Giddens，1990：18-19）

在近几十年里，通过全球化的力量使这个过程更加恶化。因此，当代文化、社会关系和身份的形成日益脱离特定的地方环境和身份认同。"去领土化"、"去本土化"和"移动"等各种辞藻都是用来描述这种现实生活的普遍特征。曼纽尔·卡斯特（Manuel Castells）提出著名的观点："流动的空间"是怎样成为"我们社会中的权力和功能的统治的空间形式"（1996：378）。当然，我们现在生活在一个经验日益被全球范围的新闻媒体、电讯和网络来调节的世界，并且，规模巨大的移动性也放松了许多与地域的联系。全球资本主义的同质化的影响也制造了标准化的、非个人的非历史的空间的增生扩散。例如机场出发的候机室，连锁汽车旅馆的房间和超市，以“无地域”（non-places）为其特征（Auge，1995）。这种无地域是与“人类学的地域”范例相对比的，后者有明显的个体的身份，建立在文化记忆和身份的基础之上，通过传统和社会习俗塑造而成的。最后可以猜测到，去领土化的过程以将地球理解为一个“单一的地域”、一个单一的“全球的”空间而告终。①

关于空间和地域全球化转型的观察也许被夸大其词，一个更为冷静的视角可能会使人注意到，这种改变过程的各种经验以及去领土化对特定地方的影响的更细微的理解。例如，马西（Massey）让我们考虑“时间——空间压缩的权力几何学”（1994b：149）和不同的社会群体程度不同的流动方式，以及他们控制这种运动的不同程度。

> 从时髦的旅行者到躲在孤单的房子里的退休者，从空气和大海连接被割断的太平洋岛民到冒着生命和生计危险寻找更好的生活的国际移民……都是以某种方式受到改变了的时空关系的影响，但是每种情况的影响是不同的；每种都以不同的方式与改变的场景相联系。（1994b：164）

聚焦去领土化的过程并不否认与坚守将本地作为生活经验的场所有染，甚至对大多数具有世界主义情怀的人来说，在地方上过的日子

---

① 然而，关于跨国主义的研究强调，去领土化的过程也可以出现在局限于特定的单个民族国家之间的关系之中。（Kearney，1995；Jackson，Grang and Dwyer 2004）跨国的过程是“连接或超越一个或更多的单一民族国家”（Kearney，1995：548）。

仍然占据着个人的时间和空间。我们在“旅行的比喻”中捕捉不到多少出现在全球化环境中发生的文化的基本转型问题，倒是在去领土化对“地方性自身的转型”解释中可以看到这种问题（Tomlinson，1999：29）。这可能包括全球力量对本土地域的渗透，至少是在识别一个特定地域的知识、价值和实践方面出现了中断，但具体的物质现实和对情景的政治、社会和经济关系的现实需要，意味着在全球文化中坚守本土是一个不可或缺的场所。正像在第一章中说明的，我们处在全球文化中日常生活的复杂构成的阶段，“根和路径”（roots and routes）在文化中共存，二者都是全球现代性中的主题（Tomlinson，1999：29）。

自相矛盾的是，这种基于全球力量和地方空间环境之间互动之上的去领土化的理解，可能成为地方领域复兴的基础。我们不应该忽视全球力量对地方特殊性的腐蚀影响和同质化的“无地域”的扩散，但同样，我们也必须充分考虑去领土化会促进世界主义的部署，并因而提供了“再领土化”的可能。① 全球化鼓励一个自相矛盾的过程，因此全球单一性的趋势增长了，反过来它又提供了手段，使人们能更敏锐地察觉对差异的表达。去领土化的确产生了世界作为“单一地域”的意思，但是我们经历的这个世界主要还不是一个同质的、没有差异的场所，或是一个全球社区的单一联合体，而是作为一种主体所意识的或互相关联的环境的空间联系。对贝克所确定的包括全球和地区之间的界限的“边界多样性”的世界主义视角来说，在更广阔的意义上，这种意识是“对话的想象”（Beck，2002）。从这个意义上来说，

① 去领土化实际上不能与再领土化的过程脱离开来。伊达（Idda）和罗萨多（Rosaldo）在他们的“去 / 领土化”的创造性用语中捕捉到这点（2002：12）。他们认为一个字的“词根总是一定程度上取消前缀的行为，例如，当‘去’（de）可能会将文化与地域分离开来时，‘领土化’总是以这样或那样的方式使文化与地域连接”（2002：12）。

全球化并不是一个无论碰上什么特殊性都要灭掉的外部力量，而是一个反省的框架（reflexive framework），由此，人们的行动和地域的特殊性被理解和赋予价值。当然，如我们在族裔、民族主义的和种族主义运动中所看到的，他们在面对一个更全球化的世界时可能会导致敌意的回击。但同样，一个世界主义方式的发展可能会产生更积极的结果，包括"在我们的地方性中具有更宽广的世界意识，与其他文化联系的观念，或者，甚至是对文化差异的不断开放"（Tomlinson，1999：200）。这种全球的反省框架的影响导致了对本土的多种评价：全球文化能复制本土（例如购物中心），但它也使人们对自己的地方和其他地方的特性具有一种更敏锐的认识和评价。这样一种对地方性的反省概念提供了超越地方对当代全球语境简单防卫式的思考和评价。

然而，尽管对地方的关注是批评式的，最引人注目的是通过全球化的许多理论化和讨论，地方还是保留了一定程度的模糊性。我们可以追问什么是地方：它是与国家的和全球相对的一个社区、一个漫无边际的地方、一级政府或一个城市？（Brodie，2000：117）地方可以既是一个可以描述的一般的概念，也可能指一个特定的地理场所或一个特殊人类关系的组织。它可能由进步的或保守的力量促成并得到各种评价。地方因其特点而有价值，但不应都归并于具体，因为这将暗中地把全球语境看作为更抽象的东西，从而否认全球文化和经济力量同样是"具体的现实"（Massey，1994b：129）。

在当代，"地方"具有强烈的脆弱感，在地方主体的形成中民族国家的权力、传播流动的范围和现代存在的媒介基础，都促成了地方的变化和复杂化。在这种语境中，地方性"主要是关联的而不是……数量和空间的"，并且作为一个范畴，地方能与邻里概念对比，它指涉的是"实际存在的社会形式，其中地方性作为一种维度或价值，是不断变化的"（Appadurai，1996：178-8）。因而，地方性的生产一直是辩证关系的结果：邻里关系有其自身的语境，各式各样的人类活动在此发生。同时，他们也需要和产生与自身的设计和逻辑对立的“外部”语境，以便使地方性得以形成和发展。在这个意义上，没有什么地方社区能被看作是稳定和孤立于历史之外的（Appadurai，1996：185），并且，一个地方社区建立它自己的身份、实践和价值的能力被“大型的社会形式（民族国家、王国、传教士帝国、贸易垄断集团）的‘地方性—生产的能力’所深刻影响，决定了他们权力所及的所有邻里的普遍形态”（Appadurai，1996：187）。在许多方面，在邻里关系日渐丧失、分散疏离和内部破裂”的环境中，地方性的构建不断地作为一种凝聚社会构成的“情感的结构”而出现（Appadurai，1996：199）。这种产生地方性的解释发展了其重要的理由，无论真实或虚拟，依照地方社区形态的产生以及其关系的基础，地域的特殊性和身份总是通过与更大的社会形式的斗争而构建的。于是，地方不是一个封闭的实体，而是通过那个场域所建立的特定的表述所确定。地方也可能有一个特定的地方，但是它也通过人员、商品、服务和再表现的交互流动的复杂构成中而赋予意义。

慢速生活空间动力的中心不仅仅是一种对地方的复杂构成的意识，而且是对特定地域特征的更全面的理解。“地方”和“全球”是“规模、过程或者甚至是分析的层次”，但是对地域的强调涉及以一种更亲密的方式来体验一个特定的地方，这个位置具有边界的意义、与日常实践相联并在此基础之上建立（Escobar，2001：152）。对地域的强调突出一种地理的独特性、生活的特征以及个人和社会相互依存的意识，这些都是通过与特定的地方相连而产生的。在全球日常的语境中，在聚集、居住和归属性的重要性中，在慢速生活中谈论“地域”，也就彰显了生活经验的个体特性和鉴赏复苏之重要性。强调这种基本的空间环境不仅成为个人主体性的基础，而且是在去领土化时代出现的政治斗争的基础。我们对慢速生活的地域的中心性的理解是通过这样的信念，许多全球化和去领土化的理论化的影响低估了地域的意义。正如阿托勒·爱斯库巴（Arturo Escobar，2001）所表明的，"文化处于地域之中"，虽然它不被地域所局限。在此，"地方"不是作为非问题化的、简单化的封闭概念，与占统治地位的、抽象的和"空间"的全球生产相对照，而是被看作全球日常的空间动态和文化生产的基础："简言之，我们是地域之子。"（Escobar，2001：143）

对大多数人来说，我们所处的地域是一个复杂的都市，它由不同的空间和跨越这些地形的运动构成。在这种环境中，慢速生活是关于处置我们日常环境中慢下来的可能性、创造的重要性和能够达到"慢速空间"的可能性。[①] 同样，慢速生活基于承认时间和空间复杂的当代体验之上，这在时间空间（*timespace*）的理解中清楚表达出来（May and Thrift，2001），虽然，也发生了通过推动慢速而保持时间空间体验的异质性的斗争。评价慢速生活可能出现的空间就是在现代生活的变迁的环境中安置这样的空间（Ambroise，1997）。因此，这种对"慢速性"价值的承认必然是在特定环境中的，承认速度在促进慢速性的可能性中是有价值的，在城市环境中表明这些意味着什么，索非·安布卢斯（Sofi Ambroise）用交通运输作类比：

> 我们可能相信所有的城市居民有权享受慢速，但是这当然不意味着在交通阻塞的长队中等待，或者等待决不会来的电车。与此相反和矛盾的是，它意味着通过最快速度地连接任何两点之间

---

① 一个创造当代慢空间的尝试是"新城市主义"运动，它在美国"引发了20世纪早期的有轨电车郊区的建立"（Honoré，2004：110-18）。不过，参看诺克斯 Knox（2005）关于在这样的被包围的领土中建造一种"慢"社区问题的论述。

的交通运输手段来达到有质量的慢的空间和时间（1997：84）。

安布卢斯主张，城镇计划必须为“美好生活”建造必要的空间环境和网络，这就牵扯到“慢速”和“速度”的多样性，以便我们可以不需要浪费大半天功夫去机场送朋友；在赶火车时可以将我们的自行车留在车站；错过公车时也不要紧，因为我们知道下一辆一会儿就来（Ambroise，1997：85）。这种城市“慢速地域”可以采取不同的形式：它们可能是忙碌的职业阶层的避难所，或者可以被用于作为反抗的场所，像辛普森（Simpson）对一个另类音乐商店的研究中所发现的一样（2002）。于是，在城市环境中产生了被“快速生活”的环境所削弱了的对基本的公共空间需求的慢速生活空间：为了个人方向的选择、注意力的集中和沉思默想之需而摆脱城市生活之流，哪怕是即刻的；基本的“聚集的需要”（Simpson，2000：712）去促进一个群体的身份认同和社区形成。

在社会运动的政治斗争和本土的激进主义者团体反对全球资本的破坏的非领土化力量中，地域的特殊性产生了有力影响。这种斗争基于对地域的评价之上，同时也鼓励参与全球的组织（例如跨国的女性主义联盟和国际人权和环境团体）。在某些案例中，一些感到继续存在不稳定的本土团体通过全球的网络得以复兴（Kearney，1995：560）。在这种案例中，我们见证了通过移动性和流动性和与其他空间的对话，地方的意义被构建起来。例如，爱斯库巴（Escobar）所说的哥伦比亚太平洋黑人社区涉及的“保卫领土的三倍地方化的策略”：

……一个基于地域的为了保卫自然和文化实践本地模式的本土化策略；更进一步的本土化策略通过参与跨地方力量

> 的行动和创造，诸如类似的身份认同、环境运动或各种反对全球化和自由贸易的全球的联盟；移动于本地、地区、国家和跨国等不同层次上的连接身份、领土和文化的政治策略。（2001：163）

特别是当我们聚焦于慢食时，慢速生活中地域特性的重要性也可通过近来农民市场和食物的快速发展的例证证明。尽管这种食物市场早已是历史性的“地方的”表现，但最近几年的复苏证实了一种对全球食物系统的回应，其中包括其抽象的去领土化的空间关系。这种食品生产、分配和消费的替代性形式得以出现，是因为全球食品公司在协商全球日常的空间联系中经验的局限性。一种与“食物里程”相连的社会和环境问题意识的出现、全球的食物公司对出现的“合适的”市场快速有效回应、培养与消费者的信任关系的斗争，这些都为在全球日常中的替代性的食物网络打开了空间（Hendrickson and Heffernan，2002）。

这种可选择性的食物网络的出现，是建立在与“地方”相连的特殊价值的动员之上。地方的价值首先源于它自有的特点：其物理环境（土地、气候、植物群和动物群）。例如，地方是生产的季节性得以理解和评价的场所。当然，全球食物系统从克服这种空间和时间“局限性”中获益，但是日益增多的人们寻求与这种季节模式的重新联接。地方还可以因其表达了差异而被推广，它是我们面对丰富多样的特殊文化产物、身份认同和习俗的场所。全球食物系统从选择的增殖和获得宽泛的产品中受益，但是食物产品更大的同质化的趋势导致了地方差异的复兴。当然，差异的生产也总是相关联的（Heldke，2003）：被诸如慢食组织所看重的地方价值的“差异”是其与标准化的全球势力相对照的文化特殊性。我们将在这章中的后面看到，地方本身必须在其身份的构建中处理差异的关系。

地方也能成为有特权的场域，因为个人的能动性可以在此得以演练。宣称慢速的重要和照此行事是能动性的有力表现，因为这个世界具有如此强大的力量驱使我们走向不同的方向。在某些方面，地方还可能成为一种中介，因其是传统的延续地，因其已建立起来的根基和传统习俗的确定性。但相对而言，如我们已经注意到的，地方也总是一个脆弱的实体，主体的能动性也能被外部的强势力量削弱。在某种程度上，断言地方促进能动性的表达是有问题的（参看第六章）。如同所有的关于能动性的讨论，我们需要提问这是“对谁而言的能动性”？地方能否抑制和否认个体能动性的演练？并且，我们必须质问何种类型的主体得以在一个快节奏的文化环境中选择慢速，他们如何自由地游走于不同的时间序列之中？哪种类型的主体没有选择而只得参与慢速的和地方的活动？也就是说，农贸市场和食物圈的日益流行和源于它的空间环境提供的接近和互动关系，反过头来给人一种更大的自治感和更完满的关系。在亨里克森（Henrickson）和赫弗南（Heffernan）的研究中，他们注意到堪萨斯州城市食物圈（Kansas City Food Circle）中的“地方性”最好地捕捉到了空间本质中的“个人化”（2002：264），因为，当食物生产被重新嵌入社区之中，并在生产者和消费者之间建立了互相信任的关系：“信任……是一种人们之间协商出来的主体关系，能够打入负责和社区的概念中。生产者感到有责任生产有益于健康的食品，因为这些东西将被他们认识的人们所食用。吃的人也感到对生产者有种责任，因为他们也是该社区的成员”（2002：362-3）。

于是，我们必须抵抗在去领土化的全球文化中的通俗易懂的诱惑，即：赋予地域的特殊性一种保障，这种保障源自于认为地域具有一个固定的、自我包含的身份的认识。与此相反，地方的身份总是相互联系过程的结果，它既是一个地域和另一个地域之间内部关系的转变，又是在那个地域所产生的社会关系的动力。[①] 然而，这种理解并没有贬低地域或文化的特殊性（Massey，1994a：117）。而是，地域的特殊性了解一个地方社会关系的特殊性和人们怎样解释它们，由此产生新的社会过程和影响。

领土和传统

在对慢食运动开端的解释中，卡洛·皮特林尼（Carlo Petrini）回忆了20世纪80年代早期对法国的勃艮第、波尔多、阿尔萨斯和香槟地区的访问。访问中，他对领土引起的“地域感”觉得惊奇。皮特林尼得出结论，地区特定的身份是各种因素的复杂混合，它超越了生产和经营的特定类型。这种地区的身份源于与一种交流策略相结合的生产思想，使其可以“出售”给世界一个复杂的形象，聚合了历史、风景、葡萄酒、烹饪和一种友善的风格（Petrini，2001：38）。由这个理念所武装，皮特林尼和新生的Arcigola运动者开始考虑他们自己的意大利的（Langhe）地区，并且着手“打造一个领土”（Petrini，2001：39）来承认和突出该地区的农业传统以及高品质的产品和风景。

这样的故事证明了地域的复杂构成，它将自然特征和资源与人类活动实践、对传统和当代的使用，以及给地域提供意义的话语和形象结合起来，在全球经济中赋予地域价值并将其置于政治斗争中。在皮特林尼的项目中，对地理特殊性的评估与全球视角的意识共存。一方面，他对领土概念的评价使用了将自然和人文特征合为一体的法语*Terroir*一词，赋予农业地区一个独特的特点。*Terroir*指的是地域的特殊性源于它的传统、地方食物文化和地区生产的独特性，这种独特

---

① 马西（Massy）的确采用了詹托尔·默菲（Chantal Mouffe）建立在个体主体性基础上的理解，主张“如果地域以这种方式被概念化并且也考虑到了在其中主体的建构，由此反之会有助于地域的产生，于是一个地域的身份是一种双重的表达”（Massy，1994a：118）。

性居于风景、土壤和气候，以及食物种植的类型，农业技术，以及提供食物准备和消费信息的文化环境。① 另一方面，皮特林尼承认在更广阔的环境中确定地方特殊性的重要性。强调了与他人交流领土价值的推销策略的重要性，他了解在全球环境中，他所访问的法国地区和在自己的 Langhe 地区的特殊性中所日益增长的文化、政治和经济的价值。于是，皮特林尼的项目证明了地域自然和价值的关系。这是对地域物质和社会特殊性的改造和赞扬，但它并不是天真烂漫地维护与历史变化绝缘的地域的“基本”固有特征。“‘打造’一个领土”的任务，是承认它是对危如累卵的领土意义的当代构建，然而，大多数是基于对它的过去的评价之上。地域的身份和评价存在于与其他地域和空间的区别之中，这必然需要交流和推广。地域领土的推广不是一种愤世嫉俗的市场和旅游演练，虽然如此，如果反思一下就会看到，它明确地被用在反对同质化全球力量的经济和政治斗争中。②

① 托马斯克（Tomasik）对 terroir 进行了复杂的词源学的概括，该词起源于——“指定的土地或土地的扩张”，它来自“流行的拉丁语 territorium”。在 13 世纪末它开始与“农业土地”联系在一起，16 世纪和 17 世纪“它被运用于特定的省份区域的民众的肯定和否定的品质”。然而，现在英语中没有令人满意的与 terrior 相当的词，因此求助于更加普通的概念如“土壤”或“土地”等与农村有关的词汇（Tomasik，2001：523）。奥尼尔（ONeil）和沃特莫尔（Whatmore）描述了术语“非领土化的菜系（cuise de terrior）”是如何挑战食物的准备是一种服务的概念，能够不断根据需求从一个地方到另一个地方再生产出来，相反，它将食物采买和消耗看作是植根于地形的——土地、气候、种植者和提供者，这几个因素已经历史地聚合在一起并形成了补足的和进化的网络，这个网络与地方种植条件、市场和彼此的需求紧密协调。

② 这里我们必须回应雷切尔·劳丹（Rachl Laudan，2004）对皮特林尼和慢食关于“法国领土策略”动员的攻击。劳丹断言“法国领土策略”是一个虚构的策略，旨在 1860 年至 1930 年用于“支持法国的葡萄酒产业”和“促进烹饪旅游业”，尽管她没有提供材料来源来支持这个观点（2004：138）。劳丹还认为地域领土的合法性被削弱是因其为“市场”的目的而使用的。正如我们已经论述过的，地域的含义总是包含着代表，虽然我们必须反对不确切的和误解的代表，我们必须拒绝这种确信，认为经验和事件较少“本真性”，因为它们是“媒介的”（Craig，2004）。

皮特林尼的项目突显了过去、现在和未来的关系是怎样在地域的概念中促成的过程，它在某种程度上是建立在已描述的空间和时间之间的基本关系之上。这里，特殊的利益是考虑时间性的历史感，也就是说，对一个地域的特殊性的评价是看它如何强调自身的历史和传统，以及随后它是怎样在当代政治斗争中被使用的。（参看 Terrio，2000）与一个地方的物理和人文特征相关的知识和价值只能在时间中产生；领土的概念不仅和地域的特殊性有关，还和相关的人类实践和社会关系的累积的历史有关。（Tomasik，2001：525）从这个意义上说，“如果不是将地域作为地图上的区域，而是作为在时间中经常变化的社会关系的表述；将企望去寻找它们的特点就是希望给它们下定义，并且诉求特定的空间—时间范围的共同的和特殊的意义，这样来思考地域是有益的。”（Massey，1995：188）

在慢速生活中，地域概念化的一个重要特征是突出传统生活方式的价值和地域历史性的重要性。如马西所表明的（1995），正是那种将现在与过去割断的后现代的体验，驱使我们远离快餐店，而改去伦敦的英国酒吧或者巴黎的咖啡馆。在那里，至少能感觉到我们体验各个城市与众不同的“真正的”特征。同样的，慢城运动的城市呈现出捕捉到了某种意义上“真正的”意大利。在这里，传统食物、文化实践和风俗能被观察、体验和享受。当然，这种本质主义的思索地域的方式，忽视了地域“一直是杂交的”的事实（Massey，1995：183）。例如，慢城的“真实性”是意大利的民族的、地区的，当然也更是地方的“独特性”的变化累积的表述，这之中的每个部分都是历史联系、影响和同化的产物。对地域的本质主义理解会反对任何进步的政治，因为它封闭了竞争对手之间关于地域的论争。不过，并不必须将地方与传统合并，因而排除了它作为激进政治的场所。而且，地方斗争可能是“以地域为基础的”而不是“锁定在地域上的”（Massey，

1995：184）。传统是超出对现在的维护或对失去的过去的一种怀念；它也可以是政治斗争的场所。当然，这种对传统的解释，不止是对过去的一种解读，它们也提供“将现在的特殊理解合法化并用于即将到来的斗争中”（Massey，1995：185）。

这种对地域历史时间性的特殊理解，在任何慢速生活发生的空间的概念化中都是重要的。提倡慢速性，以及与之相关的所有传统的习俗的生活方式，看起来像是首先对现代生活节奏、压力和生活方式的一种简单的拒绝，随后是拒绝参与当代全球生活的艰难的“现实”。不过，慢速生活，不是从全球文化中逃离出来而进入一个僵化的过去，而是关于我们在现在和未来怎样生活的论争的一部分。慢速生活的理念代表了一种对地域和社区的过去的当代诠释，以及对它们的传统、原则和价值的推进，以便批判现实和为未来提供选择。

慢城

可以说，大多数慢速生活的地域存在于慢城或慢城运动的城镇中。尽管慢速生活不能局限于特定种类的空间里，但慢城运动城镇代表着市民实体，由市政府管理并且有围绕着慢速生活组织起来的广大的社区支持。正如慢食通过其二元对立获取概念的重要意义，慢城组织则通过其慢速与城市产生了非同寻常的连接从而引起注意，因为城市空间大多经常与快速生活有关。不过，如我们在第二章中所说的，实际上慢城的城市是小城镇，人口最多限于50 000人。这是慢城的一个重要特征，由此，不仅获得城市过去在结构和规模上的好处，而且找出未来城镇计划的需要，如慢城主席奥维多市长斯蒂芬诺·希米奇（Stefano Cimichi）所概括的：

> 我们希望“慢城”组织成为欧洲级别上的参赛者，以确保

> 现在起草的宪章考虑到小城镇和城市的现实。学者、城镇规划者和社会学家已经承认，慢城生活最人性的方面是人口不超过五万居民的小的聚集地。理想城市的模型是中世纪后期和文艺复兴时期的城市，有一个以广场作为社会聚合的中心。欧洲必须记住它的根，并且承认城市在它的身份构建中所起的作用（Abbona and Nano，2003）。

因而，慢城运动的城镇寻求利用空间和城市生活的流动，例如城镇广场和街景，促进慢速生活和社区发展，同时避开限制慢速的可能性的现代城市地域特征。尽管慢城运动将它自身与全球大都市区别开来，但通过与大城市行政管理者的对话，讨论通过调整市民结构的范围实施慢速的方法。例如，在2002年慢城颁奖礼中，将在大城市的市镇设计中实施慢速原则的奖项颁给了巴黎市长伯特兰迪·兰诺（Bertrand De lanoe）（*Slow Food*，2002a）。当然，慢城的一些特征，尤其是排除交通堵塞，也是改善城市中心范围生活质量的普遍城镇规划策略。现在，全部现代城市都在采取措施至少要减慢或“缓解”交通。许多欧洲城市现在每年都有“无车日”，而巴黎和罗马率先发起了举办各种类型的城市活动来禁止交通阻塞。2003年，伦敦开始向所有在工作日进入城市中心的汽车收费，从而缩减了全部交通的20%（Honore，2004: 107）。近来，那不勒斯禁止黄蜂牌摩托车进入市中心的狭窄街道，以留给步行者更多自由，同时也减少了城市噪音。

随着早期Arcigola运动的支持者“‘打造’一个领土”的工作开始，慢城运动在当代城镇构建中改写了地域过去的面貌和特色。如基安蒂的格莱维（Greve-in-Chianti）市长和慢城的创建者和主席保罗·斯特尼尼（Paolo Saturnini）告诉我们的：“运动不是反对改变，而是反对用错误的方式来改变。错误的方式就是删除过去。”

（Saturnini，2003）任何关于慢城的结构和节奏是独特的和无疑来源于历史的累积的看法是忽略了这样的事实：慢城城镇明显是官僚体制的创造物并且通过精心的机械主义的现代管理构建而成。虽然在各个城镇和城市中有公众支持慢城运动，能够获得运动的成员资格的城市，是其自身接受和实施一系列公共政策的结果，如在慢城宪章中所概括的。慢城的特征是城市计划、技术、环境、旅游、商业、农业和公共健康相关的公共政策的结果。

慢城中特别强调"生活质量"的产生，使我们看到慢城是怎样被全面管理的；它大力提倡和推动慢城社区身份标准化和同质化的公共实践和私人活动。对慢城的治理似乎从同样的乌托邦梦想得到启发，对此，尼古拉斯·罗斯（Nikolas Rose）对20世纪上半叶的城市如是说："完美的理性城市以这样的方式设计，使效率、宁静、秩序以及它的居民的幸福最大化，而犯罪、混乱、罪恶、肮脏、疾病等等最小化。"（Rose，2000：95）另一方面，慢城也是当代城市的代表，在那里，有"一种城市形式的生活问题的多样化，以及为解决它们而设计的程序方法的多样化"（Rose，2000：95）。这种城市的一个显著的特征是强调健康，它不再是种族隔离和疾病管理的概念，而是作为"一种康乐的生活实践的网络"（Rose，2000：100）。健康不再作为局限于与疾病或残疾相对的特殊的狭窄领域，而是关于日常生活的质量：我们吃什么，我们怎样反击压力，我们怎样发展人们之间的关系。不论在人们直接接触的工作环境和家庭环境之中，还是在更广阔的城市环境中，如在交通、污染和城市设计中都能捕捉到对个人身体和心理健康的考虑。例如，波西塔诺（Positano）安装了复杂的下水道处理系统，以便改善当地居民的生活质量，以及保护周围海域的环境（Yeomans，2002：218）。尽管在慢城的章程中没有明确地提及健康问题，但该运动在实际上确实是由城市健康的概念所推动的。慢城运动为自身提供了解决快速生活的心理压力、恶劣的城市设计所带来的不良影响的解毒剂，并且认识到，个人的健康必须以适宜的日常生活为基础。①

与当初的期望相反，慢城的慢空间是企业的动态场所。与其他形式的当代城市相比，慢城通过构建一种特殊的具有“伦理经济特点的企业”（Rose，2000：104-5）②以彰显自身的特点。经济复兴的过程是伴随着城市居民的本土化形式，在那里发扬信任、忠诚和责任是新城市企业形式中一个基本的成分（Rose，2000）。慢城的提倡是市民“品牌”有效的演练，也是提高每个城市和城镇中的旅游产业的明智的规划策略。萨托尼尼也承认慢城可能冒有被感知为纯粹的市场演练的风险，但他也强调了阻止城市看重短期市场利益的慢城运动的资格和评审程序的紧迫性：几个城镇认识到需要市政改革的费用，以及每三年一次成员更新的相关的责难之后，原先对运动的兴趣已经冷却下来（Saturnini，2003）。从这个意义上说，慢速也能带来经济消耗：在基安蒂的格莱维保留了许多旧建筑，一些新的建筑发展要么被拒绝要么被缩减规模，并且大的超市被排除在外以确保地方零售商店的生存。不过，对许多慢城城镇来说，利益超过成本的考虑。的确，与其他当代的旅游形式相比更是如此，更多游客的注入不仅直接有益于膳宿和食品商业，他们也刺激了更广泛的城镇经济的发展。慢城对游客的吸引力的最中心部分是经济本身的本质：与食品和其他商品生产者的直接联系和接触当地生产的特定范围。

① 关于增加慢城会员，英国的勒德洛（Ludlow）市长宣称，本地的休闲中心应该提供地方食品而不是“没完没了的泡沫饮料、冰激凌和工厂生产的炸土豆条”（Kidd，2004：5）。

② 像格拉斯哥、都柏林和曼彻斯特等工业城市的复兴，不仅包括工厂空间和港口等物质上的改造，还包括创造了一种特殊的“企业精神”，它包括吸引特殊种类的工业和推广一种特定的文化的和市民身份（Rose，2000）。

最后，鉴于慢城是慢速生活重要的基础，慢城也是愉悦的空间。当代城市经常将它过去的文明商业化或与往昔的愉悦相对立，而慢城作为旅游投资事业，的确将美食和葡萄酒的享乐以及其他城市生活的文明的愉悦商业化了。不过，慢城的部分吸引力，在于这些愉悦不是被呈现为重新包装的对"遗产"的体验，而是这些体验有一种历史的连续性。例如，无论是在一个熙熙攘攘的市场还是在一个露天市场中闲逛，慢城重要的愉悦是城镇的空间体验。在许多慢城城镇，这些空间被商业化，成为吸引游客之物。对这些空间的漫游浏览，手头带不带录像机，从某个方面来说是一种闲逛式的空间体验的历史延伸，由此，通过单身男性的凝视城市存在的变迁被建构和赋予意义（Tester，1994）。不过，这种公共空间的意义，不仅仅局限于此种"观察者"，城镇广场和市场也是便利社区的重要场所。作为市民空间，这些空间的设计"聚集"了不同的年龄、性别和职业人群，因而，推动了社会的交往和参与。同样的，这些空间的一个最重要的特征是他们的慢速性。尽管可能熙熙攘攘，市场和城市广场是城市生活流动的节点。它们充当目的地，不像其他的社会空间，例如一个步行街或一个购物商场的设计更多的是便利人流[①]。当有人几个小时坐在雄伟的奥维多大教堂的台阶上时（由于扭伤的脚踝而"慢下来"是讽刺的），也许可能容易评价这种慢的市民空间的好处和享乐。但是这样的好处和快乐同样也可能在更平凡的环境中发现，例如每周一次的本地栽培市场。[②]

---

① 关于"城市公共领域"的概括，参见蒙哥马利（Montgomery，1997：n.p）对Gehl的讨论，他认为"好的公共空间的特征是以人们待在那里而没有被迫的考虑（或"必要的行动"）为特征的"。

② 这种市场在城市和乡村迅速增长，大规模的出现是因为它们为社区的形成提供了一个空间。栽培者市场流行性的增长不仅局限于意大利，也出现在其他许多国家，如英国、澳大利亚和美国。在美国，从1994年到2002年，农贸市场的数目增长了79%，整个国家目前约有3 100个市场在运行。在英国，巴斯市在1998年只有一个农贸市场，但在6年后大约有380个。（Paul，2003）

当然，慢城运动的城镇的确容易激发很多人愤世嫉俗的反应。长久以来，“城市”和“乌托邦”的形象就联系在一起，因为许多乌托邦的景象是建立在小规模的城镇生活基础上的（Harvey，2000：157）。慢城城镇可能将社区的神话理想具体化，在那里有一种强烈的地域感，紧密而透明的个人关系提高了社会团体的真实的感觉，生活的传统方式通过典礼和习俗、地方资源的使用、专门技能的展示，还有地方产物的生产和消费得以维持和巩固。这种慢速社区通过与快节奏的、产生压力的社区对立而被确定，这是我们大多数人为其奋斗争取，并且似乎是一种对已被当代全球文化毁坏了“可理解的梦境”的保留和实现（Young，1990：300）。和希米奇（Cimicchi）市长一起漫步在奥维多的街道上，当我们看到镇上融合在一起的慢速的生活节奏与活泼的公民文化；当我们被引见给商店老板和议员；以及在观察每周一次的集市上相当热烈的关于地方规划问题的讨论时，都为我们提供了一种切实的“慢速”社区的感觉。而且，慢城也反映了许多城市生存的现实，正如我们在巴拉所发现的，我们坐在一个火车站附近的公园里，那里已经变成了一般城市发生冲突的地方：两伙年轻人为了争夺地盘在打架。

鉴于社区在当代城市和全球环境中的特殊地位，社区的真正理念在很多方面是一个简易的目标。杨（Young）认为，社区标准化的理念在当代大众城市社会中是政治改革的障碍。取而代之，她主张“非压制性的城市”模型，这种模型以“向非同化的他者开放”被定义（1990：319）。非压制性城市“提供了一种没有统治的社会关系的理解，在此与不属于社区中的陌生人住在一起的媒介关系”（1990：303）。在这个意义上，慢城社区似乎使杨批评的社区理想具体化。这种主张提出社区理想的社会关系是透明的，因此否认主体间的差异，并且将面对面（真正的看见）的交流置于媒介形式（不可真正的看见）的交流之上。

然而，我们认为慢城是不能轻易被忽视的。当慢城社区真的寻求保护一种“地方的身份”时，他们不是与外部影响阻隔的绝缘的实体，也不应该被描绘为一种冷酷地追求建立在暴力之上的排外的传统形式的社区。相反，我们认为慢速社区本身是从现代城市生活的主流表述和结构中排挤出来的另类。在慢城中发扬的人类关系和社会空间，确实是现代城市环境中逐渐边缘化的那些生活方式。全球文化的巨大力量威胁着文化差异，并使日常生活实践标准化，从而产生了诸如慢速社区这样的实体形式来表达抵抗。因而，慢城不是寻求促进“静态的”文化，即：固执地反对现代全球文化的“整体的流动性”（如果可以用这个短语来概括的话），它本身就是一种“流动的”组织，通过与新兴的文化变革与传统生活方式的不断协商来确定自身。这种协商的一个好的例子是新技术的运用，例如电子汽车，为了提高公共交通，减少污染和继续改善城镇“生活质量”。慢城代表的不是拒绝当代全球生活，而是对其价值、实践和意识形态积极的批判的审问，给“不可避免”的全球文化，提供了演练能动性的一个场所。

关于慢城的讨论突出了意大利地域的重要性，尽管最近运动的进展主要在意大利之外（参看第二章）。当然，甚至在意大利也没有什么单一的意大利的地域感，正如意大利这个“单位”是不同地方和地区的总和（看 Dickie，1996；Levy，1996；Capatti and Montanari，2003）。虽然我们对民族国家的普遍化有所警觉，但慢食和慢城出现在意大利也并不是偶然的，在那里，慢速已成为一种可资利用的文化资源。在这种环境中，慢速文化和现代全球生活不断发狂的节奏之间的冲突已经明朗。不过，意大利，可以说比其他欧洲南部国家更是如此，是一个由根本不同的时间性组成的国家：自从战后快速的现代化开始，快速和慢速已经成为并保持为其文化的固有特征。作为一个现代民族国家，意大利也深入地整合到全球资本主义网络之中，如是，可以说意大利的国家结构和过程威胁着慢速生活。另外，地方和地区差异的特定表达的累积，促进了一种“意大利”文化身份和生活方式。不过，通过地区身份的聚合，松散地建立起来的民族国家身份，可以在与其他民族国家的全球竞争中得到发展，例如提高农业和旅游业部门的经济利益。不足为奇，除了皮特林尼的个人网络之外，像慢食这样的组织，已经从地区和国家当局吸引了大量的支持，因为政府已经认识到慢速原则有可能为它们的选民提供好处。

慢城运动的城镇在城市环境中展现出了慢速生活，通过与周遭乡村的联系以及它们的地区身份的展示同样也获得了身份认同。慢城运动宣称，他们将致力于发起鼓励保护对地方产品和城镇市场的发展，以促进周围乡村的生产。这表现出远远超出简单地用乡村的美学来丰富城镇特点的做法，而是建立在一种重要和鲜明的意大利历史特征——城镇中心的优势之上，市镇是积聚、展示和传播本地和地区的产品、菜系和文化身份的重要场所。正如卡帕提（Capatti）和蒙塔纳利（Montanari）在他们的关于意大利烹饪的讨论中提醒我们的：

> 实际上，一个城市构建一个战略环境来创造和传播一种既是地方又是民族的烹饪遗产……城市……代表了周边的领土，并且，以或多或少直接的和经常是暴力的方式来适合地区的物质资源和文化，包括它的烹饪传统，采用它们，输出它们，并且使它们的用途永存。（2003：xv-xvi）

鉴于“乡村”是烹饪的基础以及它对地域领土的强调，它不仅对慢城，而且对慢食运动而言，依然是一种重要的空间。当然，“乡村”在世界上经常被置于浪漫的和怀旧的范围：如法国和意大利这类欧洲国家，乡村具有特殊的文化和美学共鸣；而在澳大利亚这种世界上最城市化的国家里，乡村则有一种神话的身份，并且在许多缩减生活体验中保持着一种特权的场所。当农业成为在国家经济中一种衰退的力量时，当代乡村地区承受着巨大的压力：例如，在 1982 年至 1991 年之间，意大利的农场总数下降了 7.1%（Capo，1995：300）。不过，乡村也成为一种更加复杂的空间，通过参与其他地域和全球的流动，为其转型提供了机遇和威胁：

> 如“周边城市化”、“乡村都市化”、“城市非中心化”和“出城化”等概念清楚地表明了乡村的今非昔比，已经不能把它和以前的“农民”社会联系起来了。多年来，农民的数量在继续缩小，而新的人口种类逐渐出现……通讯的发展伴随着生产力和生产系统的重大改善，对乡村地区向外面世界的开放贡献很大。乡村人口已经扩展着他们的网络，扩大了他们的社会空间和经济范围。（Bessiere，1998：22）

对慢食而言，由跨国农业集团推行的单一作物制的标准化形式，对当代全球环境中乡村生活的改变可能造成了灾难性的后果，但不断增长的乡村地域对城市环境及全球网络的更直接的开放，也提供了地方文化身份的特征及地方生产被保存和庆典的手段（参看第六章）。埃琳娜·萨拉瑟诺（Elena Saraceno）（1994）认为乡村 / 城市的两分法不足以解释意大利的空间逻辑，因而代之提倡一种“地方经济进路”，考虑一种多样化的乡村与在区域性环境中不同规模的城市中心相联结。她论证了仅仅用农业的经济种类瓦解乡村的空间种类是怎样越来越站不住脚了，并且指出，在未来 20 年的时间里，10 万以上人口的城市的比例实际上在减少，而住在中小城市的人口的比例增加了。[①] 虽然萨拉瑟诺分析的是特定的国家，但她也认为对这种空间差异的理解并不是一种“意大利非出口的奢侈品”(1994：455)，其对描绘多样化的乡村地区是相当适用的。

在意大利城市和乡村之间流动的运动，以及这种在城市和乡村之间的接合(*articulation*)，提出了在建立慢速生活空间环境中重要的因素。城市和乡村环境在这里都没有作为慢速生活最佳场所的优先权，而对这些空间环境的思考引导了我们对日常生活质量的评价，它来自人们既有一种有根的感觉又有归属感的平衡感。当然，与特定领土和社区感的联结在不同种类的地域以不同的形式显示出来，并且难以一一评价。虽然如此，在当代存在中他们的特征还是大量缺席，并且在地域的重建和重新概念化中被调用。例如，在许多城市复兴工程中尝试建立特别的场所如城市花园来复兴地方社区生活。这里我们想强调的是，作为慢速生活中心的留心意识产生了对地域特性的意识，和一种与土地的更特别的物质联系，以及对共存于同一领土中和集体赋予他们的领土身份认同和价值的那些人的关注。这不是基于一种中产阶级对乡村的或异域的小城镇的浪漫的保护，而是基于一种信仰——在快速、非领土化的、现代生活的环境中，我们需要保留一种基于对我们与地域特殊性、土地和它们产生的基本关系的意识之上的伦理的和政治的部署。

(闵冬潮、汪小燕　译，闵冬潮　校)

---

① 从1971年到1991年，意大利居住在1万至5万人的城镇人口比例由原来的27.6%上升到31%，5万到10万的城镇人口比例由8.1%上升到10.1%；相对而言，同期居住在人口10万到50万的城市人口比例由13.7%下降到12.3%；而人口超过50万的城市的比例由15.5%下降至13.2%(Saraceno，1994：458)。

第五章 食品和愉悦

> 对于食欲来说，最好的形容词就是灵感，而……食欲是我们生存中的最佳事物……一旦各种东西在经济上可以获得，正是食欲使得它们可以食之，正如想象使得生命值得过活。此外，正如孩子们想当然认为的，只有好玩，生活才有意思。也就是说，假如我们能够重新恢复愉悦，印象深刻，我们的生命才有价值。
>
> 菲利普斯（Philips，1998：7）

在这个主题上，正如其他人在著述中业已指出的，食品从不仅仅事关食品本身。在这一章里，我们并不打算重申这些讨论，不管对食物的多重强调可能会是多么重要。我们更愿意就慢速生活的话语和实践来研究食品的意义、实践及其背景，并且将食品视为慢速生活的一个重要场所，将食品视为菲利浦斯（Philips）意义上的让生命值得过活的东西。然而，这一章将借鉴社会学及人类学中关于食品的文献资料，检视埃尔斯佩斯·普劳宾（Elspeth Probyn）作品中基于有关食品、文化及身份的连接概念所产生的影响（1998，2000），从文化研究的视角来研究关于食品的愉悦的各种观点。食品能聚集、联系和强调社会经验和全球政治的不同方面，这使我们有可能与众不同地思考或者超越目前流行的家庭、经济或民族的结构，不一而足（Probyn，1998：171）。再者，由于食品和愉悦是运动——包括慢速性在内的——其他一切方面得以建立的一对并联的支柱，我们的中心将聚焦慢食。

在这一章里，我们将争辩：食品和身体之间的关系是慢速生活愉悦的中心和伦理—政治的事宜，因而对全球化的日常生活中有关慢速主体的形成也极为重要，但是，这些过程被关于性别、家庭、阶级以及民族的各种设想复杂化了。通过源自慢食食品以及饮食的故事和实践，我们要厘清那些饮宴的以及美食的愉悦价值是如何相连的，这些连接是否为全球化日常生活中慢速主体提供了产生的可能性。其中突出的重点是我们所谓的“情景化愉悦”（“situated pleasure”），这个概念借鉴于唐娜·哈拉维（Donna Haraway）（1991）的“情景化知识”（“situated knowledge”）的概念。关于食物和吃，情景化愉悦首先立足于身体——立足于食物同身体性、情感性的结合。其次，它还立足于对身体所在**位置**（*location*）的关注上，关注在各种聚餐的场合下身体与其他身体之间的联系，并立足于对某些身体——它们在某些特定的时间和地点生产并消费食物——的关系的意识。通过使用情景化愉悦这一概念，我们将去寻找传统的美食学以及慢食的**生态**美食学（*eco*-gastronomy）这两者的差异，前者作为一种精英式的实践，在通晓全世界烹饪法的专家知识的基础上培养口味；而后者的基础乃是一种伦理意识和乐趣，即意识到并乐于认识产生某种烹饪法的人们和地方。

从对食品愉悦的考察开始，继而，我们将考察原真性（authenticity）这一概念，我们认为它在慢速生活特别是在慢食的食品角色中起着核心价值的作用。在我们提供的说明中，原真性与其说是本质化的，毋宁说是情景化的，它以日常生活的感性经验和物质文化的历史性为基础（Seremetakis，1994）。我们都对以往吃和食物的实践经验丰富（比如说，通过家庭、阶级、区域以及民族的习惯），然而，我们也总是以种种方式把我们自身与各种实践和背景联系起来，这些方式对我们而言是新颖的，它们可能为我们提供潜能去重新考虑我们的位置（Probyn，2000：16）。食物提供了这种双重的视角，它能唤醒往昔，也能唤起新生，激活熟悉者和他者，正是这些又使食品能创造出知识、情感和连通的新形式（Labelle，2004：86）。最后，由于有关“品味”以及“分享的餐桌”（shared table）的观点引发了阶级和性别的各种问题，这一章还将更多地思考慢速生活中有关食品的易引发争议的方面。饮食并不仅仅是“一种充满情感的行为”（Rozin，1999：13），而且，就像一切社会实践那样，还包含着权力和差异的各种关系（Mintz，1996：17-32）。如果慢速生活是去提供某种日常生活的形式而质疑日常生活中愉悦的稀少，那么，它对食品的关注必然既是反顾自身，又是包罗万象的。

愉悦

> 不言自明，在近代晚期，西方人已逐渐期待去体验日常基础上的愉悦。
>
> 芬克勒斯坦（Finkelstein，1999：76）

在博洛尼亚老城区一条无名的街上有所 *La Scuola Vecchia*（字面意思就是“老学校”），这是个属于博洛尼亚城的机构。在这里，当地传统的意大利面食（内含丰富的鸡蛋、呈羊皮纸色泽的面食）是由手工制作的，人们要花很大的工夫在大面板上用长而细的擀面杖来擀面，擀出的面要既有弹性又薄厚适中，然后挂起来风干，或者做成各式意式饺子（tortellini），这些都是当地特产。授课每天都有，而且对食品专家或热爱烹饪的业余爱好者开放。这个学校还有一个小饭厅，带有一张家常的、可供十几个人就餐的桌子，在那儿，人们可以像在家里一样围坐一团就餐，或者课程班的成员能在那里品尝他们的成果。在三月的某个春寒料峭的夜晚，我们去会见博洛尼亚慢食行动（the Bologna Slow Food *condotta*）的成员，出于对我们的尊重，他们在“老学校”设宴，以便我们能够品尝到“地道的”意大利面食——他们认为这是最具特色的博洛尼亚传统烹饪食品。在引领之下，我们进了屋，女主人在那儿为我们献上了一场经她忙了一天办成的宴会：带美味汤汁的小肉馅意式饺子（*tortellini in brodo*）、带番茄汁的大意式饺子（*tortelloni al pomodori*），带番茄肉末卤的意式面条（*tagliatelle al ragu*），相当于英语世界中人们所知道的‘波罗乃兹面条’，但并不像丝带那样精细却口感劲道，随后是肉类主菜、蔬菜、甜点、咖啡，期间一直伴有来自博洛尼亚山的美酒、面包（*piadine*，当地的扁扁的面包）以及成盘的帕马干诺干酪（*Parmiggianno Reggiano*）（我们两岁大的儿子很给父母面子地吃了整个一块，这很令当地人高兴）。虽说“一次令人难以忘怀的宴会”是一种老生常谈，但这个夜晚注定是一种记忆犹新的感受，在博洛尼亚之后再吃意大利面食的经历，都无法与在“老学校”的愉快回忆相提并论。与激起人们对过去时光联想的普鲁斯特式的玛德琳蛋糕不同，意大利面食的味道变成了一种断开（disconnection），并提醒我们某些场所与时间的不可重复性。然而，正如这种意大利面食那样不同寻常，好客的夜晚是我们最钟爱的回忆。在离开澳大利亚之前，我们以电子邮件的方式联系博洛尼亚慢食行动的参与者，并希望在我们逗留期间能够对他们的活动进行一些参与性观察，但我们还是提早几周到达了这座城市。然而，我们不仅受到了热烈的欢迎，而且还享受了这样的聚餐，这是东道主专程为我们在艾米利亚—罗马涅区（Emilia-Romagna）地区正式招待的聚餐，这让我们有机会会见了制作者并体味了作为外国人从未发现的食物。坐在“老学校”的餐桌旁，用英语混着意大利语交谈，食物和美酒让人分享到的愉快带来了更为有效的联系。看来，食物和美酒不论对我们而言还是对当地人来说都是一次感官盛宴。这很容易让人感到食物具有某种独特的能力让人们聚在一起，而在餐桌旁分享的愉悦就是一种真实的馈赠。

要是意大利已经成为文学和电影中田园诗的象征地，我们很难不去把这样的一餐理想地看成是慢速生活的闪现。对于非意大利人来说，好像这就是意大利人每天过的日子（Parkins，2004a）。然而，对我们来说，这个夜晚的部分快乐还源自这样一个事实、这是一次迎接我们的休息，它使我们摆脱了力图在一种异乡文化中安顿下来（虽然短暂）的压力和挫折。在异乡的文化中，工作（以及思考）的时间就是一种不断的努力奋斗，没有通常的工作和家庭的常规可以来安排我们的日子，意大利人日常生活的奇特对我们而言也没有什么意义，[89] 同样，对我们的东道主而言，这也相当于是他们工作周中繁忙的职业生活中的一方绿洲（这样一种文化意味着尽管是在当代意大利人的工作文化要求之内，较晚的午餐时间和持续更长的进餐时间意味着或许他们也具有更多的机会来享受“慢速的时光”）。[①] 有人或许会设想，慢食运动的成员故意选择去有机地安排他们日常的时间表以便使慢速成为可能，尤其是在食品和饮食方面。但是，放眼全球的日常生活，抛开愉悦不说，快速与社交在频频地彼此相斗，还有可能慢速吗？对一些澳大利亚慢食聚餐会的领导者的采访表明，虽然并非所有人的日常实践就定然是他们所渴望的慢速的范例，但他们都热情地拥护慢食的哲学，并发现这是他们生命意义和价值的一个源泉（比如，Bianchino，2004；Taylor，2004）。在《慢》杂志上还经常刊登如何在寻常的层面上实现慢速的困境的讨论，例如，在对克斯汀·缪勒（Kerstin Müller）——当年 38 岁的德国绿党领袖和慢食运动的成员——的采访中，人们问她如何在非常紧张忙碌的时间表中找出时间

① 那天晚上陪伴我们的博洛尼亚慢食行动的全体成员，除了有一位是餐馆经理之外，几乎都是中产阶级的专业人士。

来吃东西。缪勒回答说，“一般来说，在一整天中都不会想到食物。我不吃早餐，也不吃午饭，除非有客人才吃午餐，只有当傍晚降临，我才发现自己已饥肠辘辘”（Kriener，2002：82）。在遭遇了部分采访者的怀疑后，缪勒勉强承认，在她办公室里有一个大碗用来盛水果，她可以捡些水果吃。采访者坚持说：

> 《慢》：“但是白天的时候吃点儿东西会是停一会儿的一种方式。你可以从单调乏味的工作中脱身，并让自己远离那其余的十五个小时，这十五个小时你将靠着你的肾上腺素极度兴奋地花在工作上。而吃点儿东西，这会是既有益又享受的小憩。”
>
> 缪勒：“这恰恰就是不可能的……就是没工夫停下来。所以，我宁愿晚上和我的先生或者朋友们一起好好吃晚饭，那时，一天的工作结束了，而我可以心神安定地吃顿好的晚餐。在过去的几年里，我确实已经学会珍惜一顿美餐的愉悦以及因此而带来的那种幸福舒适的感觉。”（Kriener，2002：82）

但是，一天中只在工作了十五个钟头后与他人共进一餐，这与缪勒想象中推崇的“宁静的物质上的愉悦”的慢食哲学又有什么相似之处？尽管身为慢食运动的一员，但缪勒在许多方面却是一位典型的“快速”全球主体（“fast” global subject），显然，对她而言，缓慢生活是一个目标而不是一种现实的日常生活：她没有时间吃饭，甚至不去考虑食物，但又为她外表上体重增加的后果而担忧（Kriener，2002：82）。在这个事例中，由美好的晚餐所代表的食品，实际上是慢速生活唯一的象征，其愉悦的意象被多种因素所决定，这种愉悦，缪勒说，能给人一种“幸福舒适的感觉”。

对慢食运动而言颇具讽刺意味的是，它的部分诉求实际上源于将食物视为是通往愉悦的一条“捷径”，[90] 而这种愉悦如缪勒的例子所表明的那样，正在日常生活的其他许多方面消失不见了。从电视名厨的流行一直到餐饮旅游业的出现，食品的愉悦得到了前所未有的普遍传播（Probyn，2000：6）。在日常生活的基础上，媒体和视觉文化将食品与愉悦连接起来，这对处境不同的消费群体常常是成问题的。食物（几乎总是高脂肪、高糖量，或者两者皆是）引得我们沉湎、服从、被引诱或着迷于乏味的单调之中，这种单调不仅证明了广告商枯竭的想象，而且还在愉悦和负疚或罪恶之间保持了文化上的联系。人们不必成为顽固守旧的弗洛伊德主义者，认为只有一种对快感非常矛盾的文化才可能如此频繁地使用“邪恶的”这个词去描述糖果糕点。此外，无论是对合乎道德的消费者而言，还是对快餐食物的上瘾者来说，食品和饮食都可能联系到快感的缺乏。正如普劳宾（Probyn）主张的，“在许多有关食品和全球化的文章中的‘道德说教之风’（whiff of moralism），会被那些有罪责特免权的人将令人愉快的食物进一步归为一种所纵容的恶行”（2000：13）。性别和种族对食物所带来的愉悦的态度也有所区别。例如，跨文化研究已发现，女性比男性对食物更为忧虑，而法国人和意大利人比美国人更喜欢将食品与愉悦联系起来（Rozin，1999：19；Ochs，Pontecurvo and Fasulo，1996）。①

然而，从真正物质的意义上而言，愉悦，或至少是偏好，对食品

---

① 有关女性与食品关系的研究经常发现女性与食品有关的愉悦的不适，她们认为饮食是一个战场或一种诱惑（比如 Murray Berzok 2002：22，28）。在对美国大学生饮食方式的一项调查中，罗詹（Rozin）等人发现，“10%以上的女性认为，她们会为在商店中购买一块巧克力而忐忑不安，而大约有 30%的人说她们宁愿选择一片安全、营养全面而且便宜的营养药片来代替饮食”（引自 Rozin，1999：18）。文图拉（Ventura）在有关意大利女性饮食习惯和实践的研究中，也有女性和饮食的愉悦之间不适的类似发现。回避食品以及将食品划分为危险品或者禁用品，这似乎跨越了社会各个层面，通常表现为回避意大利面食，以及这种面食所容纳的愉悦、舒适、传统和——最令人担忧的——脂肪（Ventura，2002：32-3）。

和饮食依然非常重要。正如罗詹（Rozin）所说：

> 几乎所有可吃的食物要么是令人喜爱的，要么是让人厌恶，我们很少会持中立态度……结果，大多数人选择他们喜欢的食物，因而在很大程度上，饮食是一种让人愉悦的、值得肯定的经验。我再次重申，虽然有一些食品的消费主要出自必要性或工具理性（增加营养，减轻体重，或者成为某个团体的一员），但是选择食物的首要基础始终是对滋味的喜欢。（1999：15）

犹如菲利普斯提醒我们的那样，愉悦对于生命的重要性，往往为成人所“忘却”，尤其是在身体的享受被认为是次于品味和审美的优雅的快感之下的这种社会语境中（Bourdieu，2002：22）。这样一种语境对有教养的资产阶级而言，已在传统上使食品的愉悦成了问题，对这些人来说，美食曾是一种文化资本因而也是社会差别的形式，然而又不可避免地涉及传统美学所回避的“舌头、上颚和喉咙的品味”（Bourdieu，1984：486，490）。这个问题给传统美食留下这样一个荒谬的疑问，即“如何吃好而实际上不吸收营养？”（Revel，1992：145）标志着在一定程度上，食品的审美化，由于与一种更具体、更具情感的经验不同，在美食领域内已得到了重视。

由于慢食运动最初的叙述就是一种反麦当劳的抗议，它被有些人看成是与传统的美食结盟，并因而与精英们的品味相提并论［91］（比如，Gaytán，2004；Laudan，2004）。虽然，在接下来的有关“原真性”的部分，我们将回到关于什么是慢食运动所重视的特定食品以及食品的产地，但对内含于对慢食运动的食品价值标准中的愉悦的假定是批评所关注的根据。慢食运动嘲笑农业工业化的害处，这种农业提供并支持快餐产业，然而它所经常强调的，与其说是作为焦点的快餐生产，倒不如说是这种食品的消费（比如，Petrini 2001：26-33）。用丹尼尔·哈里斯（Daniel Harris）对当代一般消费的解释来说，快餐食品真正的问题并不在于它是“厚颜无耻的通道与奢侈逸乐的”，而在于事实上它没有足够的愉悦（2000：xviii）。无论它通过广告的夸张还是生产的标准化，快餐每次都承诺某种“完美”的产品，而其结果是渐渐耗尽了愉悦，或者，至少是将愉悦化为一种单一的调子。芬克勒斯坦（Finkelstein）已表明，在麦当劳就餐所提供的社会的、符号的愉悦甚于烹饪的愉悦（1999：76），而慢食运动坚持主张的“物质性的愉悦”（material pleasure）拒绝这样的一种通往愉悦的“非此即彼的”途径，并强调与食品相联系的各种愉悦的类别，与此同时，它还通过在饮食实践中突出留心的参与和体现而扮演着对消极消费的一个批评的角色。①

正如我们在第三章中业已讨论的，慢食的话语中具有一种明确的审美，该话语将慢速表示为“拥有思想／经验的时间，这种思想／经验的生产力是主体的，同时将感官连接到某种感到非工具性的、引人注意的以及自我肯定的事物上去”，从而部分地将“好生活”从职场生活（特殊的构造）中区分出来（Berlant，2004：449，着重号原有）。这种感官审美所冒的风险在于，即使在当它设法与这些特权对着干时，它仍与当代的社会安排的特权保持“完全一致”（Berlant，2004：449）。② 提问以特定姿态强调感官的体验和愉悦的问题在于这

① 当然，我们的意思并非是指慢食只是快餐的对立面。在意大利发动对快餐的烹饪以及政治的抗议中，慢食助长并且接近更为广泛的对快餐及其价值的文化对抗。意大利同别处一样，近年来，麦当劳已成为一系列起因和组织抗议的场所，诸如农民们反对欧盟和意大利的农业政策、环保主义者们反对转基因的食品。此外，2003 年，麦当劳起诉了艾多阿多·拉斯佩里（Edoardo Raspelli），他是《新闻界》（*La Stampa*）的食品评论家，在一次报纸的采访中，艾多阿多·拉斯佩里批评了连锁食品的品质和营养。（Helstosky 2004：160，215，n.13）

② 比如，通过保留现存的与特权的某些品位有关的阶级差别，以及维持它们的实践；或者，通过将“慢时间”评价为自由的时间，而不挑战定然优先于其他形式的工作时间的霸权（“慢时间”作为回报）。

样一个度，即在这个程度上，现代的日常生活使那些必须为审美经验“挣得”必要的自由时间的人们可以得到愉悦——满意，幸福。① 由于消费的民主化，愉悦也许不再是贵族（即那些在历史上有着供其修养教化的时间和资源的人们；Lefebvre，2000/1971：80）的唯一特权，而是当代“情感世界”中各种消极情感的显现（以及他们对后 9・11 政治议程的明确动员），这种显现产生了新的与之相关的愉悦的观点（见 Berlant，2004）。这是慢食在全球日常生活中所表现的挑战：由食品与愉悦的联系开始，一种基本的日常经验变成了将愉悦置于日常之中的手段，它不是作为额外的奖励，不是对努力工作的一个回报，也不是一种退却，而是作为日常生活中的一个重要的方面。慢食拒绝将这种愉悦让位给美食的领地，同时把这种愉悦区别于同质化的消费，慢食不仅对审美经验，而且还对身体的享受都予以了优先考虑，因而拒绝了这两者之间传统的（康德哲学意义上的）对立。

慢食设法清楚地表达日常生活中的食品、愉悦以及慢速的主要途径之一就是对感觉经验的关注。例如，将咀嚼的愉悦带到一个桃子中去——透过桃子微凹的曲线以及柔软的绒毛，以及瞬时迸发出的甜美滋味、流溢的桃汁、软软的桃肉，还有结合着悦目的橙红颜色。在其核心上，慢食立足于这样一个观念，即像吃一个桃子那样的感觉经验应该得到关注。这种关注将不仅仅揭露来自超市的——比如说，粉状的、无味的、冷冻的——桃子的劣质，并可能潜在地促成对历代相传的各种水果的需要或者促使人们直接从生产者那里购买东西（这会导致改变了的消费 / 生产实践，对此，其他的消费者或周围的群体也是加以支持的）。“桃子的经验”还可能会导致对我们日常生活中愉

① 参看列斐伏尔在《日常生活批判》中有关休闲的分析：“因此我们工作是为了挣得我们的休闲，而休闲只有一个意义，即从工作中摆脱出来。一种恶的循环。”（Lefebvre，1991/1958：40）

悦和美的场所（或者缺乏）的更为广泛的质疑，并且促成一种（更）新的对各种感觉的意识来反对“晚期资本主义的感观逻辑”，反对超级消费（hyper-consumption）业已从中将感觉经验“私有化”、“专业化”的语境（Howes，2005：293；Seremetakis，1994：9-10）。与此同时，希里梅塔基斯（Seremetakis）以她希腊童年时期对桃子的感觉记忆为出发点，争辩道：充满着感觉—记忆的对客体的经验以非同步的方式“打断”日常生活之流，这是因为它们看起来似乎是“在社会构建的物质展现和价值的直接连续性之外”（Seremetakis，1994：12）。咬桃子的感觉经验——或者对此的回忆——可以成为“沉静”的片刻，成为对支配性的经验模式的一种替代，并为我们提供一次“与文化的缺席以及可能性”的相遇的机会（1994：12）。因而，希里梅塔基斯对感觉以及物质文化的召唤性沉思表明，慢速生活的实践可以被理解为手段，借助这个手段，并通过经历那些尤其关联于食品的“干预性的文章、空间、行为以及叙述”，这些“沉静”的片刻被最大化（Seremetakis，1994：12）。

这样一种感觉的审美与传统审美不同，后者以“距离感”为基础，而不喜欢邻近的各种感觉（味觉、触觉、嗅觉）（Bourdieu，2000：22；Stewart，2005：62）。慢食的可谓“感觉的政治”（Seremetakis，1994：13）与“审美的政治”之间的区别可参考意大利更早的一次将食品和审美捆绑在一起的运动来加以佐证。1932年，菲利波·托马索·马利内蒂（Filippo Tommaso Marinetti）在《未来主义的食谱》（*La cucina futurista*）中坚持，审美在对食品的经验中具有首要性，近乎完全漠视食品营养，而要建立一种“与更快速的、航空的生活相适应的最佳进食方式”（1989：36）。这些未来主义者想象了一个乌托邦的未来，其中，意大利人将从各种药片和补品中获得营养，而食品的价值只是在于它所提供的审美经验（Marinetti，1989：38）。据马利内蒂所言，由于未来主义者的非难，意大利人对面食的嗜好被挑选了出来，被称为“荒谬的意大利美食宗教”（1989：37）。未来主义者要求废除意大利面食，[93] 理由是它联系着传统以及慢速 [“番茄酱拌面（Pastascuitta）……如同佩涅罗珀（Penelope）迟缓的织机中的一团乱麻和去寻找海风的令人昏昏欲睡的旧帆船使意大利人裹足不前”。1989：37]，与此同时，他们还指出了这种面食对身体的阳刚之气和创造力的不利影响。① 马利内蒂比较强调震惊价值（shock value）而非身体享受，这种典型的先锋派的策略会打乱意大利传统的饮宴的愉悦，并将包括食品文化在内的意大利文化与现代性的符号联系起来，诸如汽车、飞机和炸弹等成为菜谱名称的一大特色 [例如，“汽车相撞（Car Crash）” 就是 “把凤尾鱼压制成半球形，加到半球形的椰枣泥中，再用一块又大又薄的、在马尔萨拉白葡萄酒中浸泡过的火腿片包起来”；1989：119]。虽然马利内蒂的抨击旨在那凭着在式样、创造力以及展现上的特权而 “怠惰的、褊狭的、自我满足的美食的整个全景”（Capatti and Montanari 2003：295），但是，未来主义美食风格在某种意义上是传统美食的反证法（*reductio ad absurdum*）。因而，慢食运动继承了一种烹饪革命的传统（这一点在其宣言方式的发展过程中非常清楚），但它试图在其目标上绘制一条不同的途径去改造饮食方式，通过将愉悦——审美的、感观的、聚餐的愉悦——与传统和速度的世界中交织起来，这是马利内蒂梦寐以求的。

考虑到这场运动的重点，人们就不会感到奇怪，在慢食运动的季刊《慢》中，以食品为愉悦的论述是中心话题，而这些论述还在像科

① 无独有偶，马利内蒂对意大利面食的非难还与法西斯政府奋力争取增长的粮食生产和消费的主张相一致，马利内蒂写道：“还要记住，废除意大利面食将把意大利从昂贵的外国谷物中解脱出来，并促进意大利的稻谷产业。”（Marinetti，1989、1932：37）经墨索里尼提议，一项广泛的 “稻谷宣传”，包括 1928 年创立的一种 “传播稻谷的国定日” 计划得以创始。（Helstosky，2004：79）

比・库默（Corby Kummer）的《慢食的愉悦》(*The Pleasure of Slow Food*，2002）那样的书中得到了详细的阐述。在这些书中，大量的传统食品和乡村的照片被并置在一起，它们还带有各种传统厨师和食品生产者的菜谱和简介。人们很容易将这样的文本当作“餐饮色情”(gastroporn)(Lawson，1999)，它对食品以及食品的配制和消费是不健康的、精英式的着魔，而食品和性的关联似乎成了我们的文化所能构想愉悦的为数不多的方式之一。[①] 事实上，在本书的研究过程中，我们惊讶地发现，文化研究和日常生活有关愉悦本身——并非性欲的愉悦或可能被称为抵抗的愉悦，而是平常的、日常的、普通的愉悦——的文献资料是多么的微乎其微。就连卢斯・加德（Luce Giard）对餐桌上各种愉悦的说明也是通过关于食品和性的引申了的隐喻来表达的，并指出“餐桌和睡床看来往往是为一个共同的目的而服务的”(1998：196)。食品的愉悦当然是一种高度的感觉和感官经验，而加德正确地强调了那种兼备肉体与情感、并与我们童年最初时期的食品经验相关的“密切亲近”(1998：195)。然而，我们还会想到，在日常生活中，对愉悦的思考和行动还停留在一个相对未经考察的分析的领域，而慢食运动所扩充的文献资料为该领域增添了一个受人欢迎的维度。

在这些文献中，《慢》占据着一个中心的位置并体现了慢食运动在规划、比喻、生产价值及其内容中的哲学。[94]《慢》记述着世界上秘传的各种食品和酒的实践、昔日餐饮的各种怀旧回忆以及各地烹

---

① 然而，应该指出，劳森并非是在批评与“餐饮色情”这个词相关的食品中所猜想的过度愉悦。她写道，“在我们这个清教徒式的时代，最后允许的过度行为可能就是餐饮色情，这完全合情合理”(Lawson，1999：154)。不论是有关食品的著作中，还是在有关食品的电视节目中，劳森都是一个值得注意的例外，她表明了不同情境中多重的、迥异的愉悦，并将女性置于烹饪愉悦的中心，而不只是个准备饭菜的人（参看 Hollows，2003）。

饪的景观，不仅如此，它还热衷于探讨诸如醉酒、屠宰、垃圾以及下脚料的处理等主题。在《慢》中，食品的愉悦不仅是多种多样的，而且还可能是凌乱的、令人不安的甚或危险的。例如，（以女王啜饮香槟酒的形象为封面而完成的）1996年有关醉酒的那一期，一开始就是醉酒的愉悦，后面十六篇文章是由美食作家、诗人、科学家和人类学家对这个话题的剖析和探究。而在2002年有关屠宰的那一期，则刊登了来自世界各地的屠宰场的图像，这使得读者面对肉类消费的现实，人们可以将这一现实与某种动物解放运动联系起来。正如卡帕提（Capatti）在对这期《慢》的短评中所言："将一期《慢》专用于鲜血、切肉的技艺、屠夫的手指、切肉刀以及食肉动物，这无异于在打破某种禁忌。在消费者不再为农耕方式及其结果而苦恼的这些年里，这意味着好好地看看我们组建愉悦和掩饰死亡的方式"（2002a：4）。《慢》中的愉悦不仅是多义的，而且还是一个手段，它开始质问当今的食品实践，对慢食运动来说，这种食品实践必然会导致全球语境中日常生活的更为广泛的伦理问题。在近期的《慢》中，皮特林尼认为，由于慢食运动"相信愉悦是一个值得研究的主题"而寻求着去重新定义美食学（2004b：6），他说，"如果这对土地而言将是可持续的并能避免造成社会的不正义的话，根据对美食学的重新定义，我们在努力尝试着建立消费需求的理由。但是这还必须是令人愉悦的"（Petrini，2004b：8）。

实际上，最详尽和清楚地阐述了快感在这场慢食运动中的中心地位的是皮特林尼在其《慢食：关乎品味的事例》（*Slow Food: The Case for Taste*，2002）里，从中我们摘录一段冗长的论述：

> 不论过去还是将来，愉悦都是个棘手的问题。有道德观念的人们听到这个词会觉得不舒服；要是你卷入任何的社会事件

> 或者运动中，朋友们会指责你提及它；另一些人会引证健康问题；没人不把对愉悦的兴趣看成是一个肤浅的标志。他们都错在将愉悦视为“过度（excess）”的同义词……首先，由于过度有悖于一种稳固的常规，对愉悦的题献在理论上就是不可能的。这一点在生物学中的确如此（比如，我们在嗅觉上愉快与否的感觉变得如此习以为常，以致我们不再对这些感觉有所觉察），在心理学中亦是如此，因为时光的流逝会使我们对任何一种形式的愉悦视为理所当然甚或厌恶，无论这种愉悦一开始会是多么令人愉快。倘若习惯削弱了愉悦，那么，显然我们不能围绕它来安排我们的生活。结果是什么呢？很简单，为了生活得快乐，我们需要扩展令我们愉悦的事物的范围，而这意味着学着去有所区别地选择，甚至去有所区别地生活。从那儿到美食是明显的一步：食物的单一化经营……取消了味觉的愉悦，因为，无论我们多么喜爱这些食物，单一性使它们变得习以为常。因此，接受多样性和差异的确意味着每天表演一项不可能的戏法——也即，使得一种短暂而享乐的愉悦持续下去。（2001：20-1）

皮特林尼在这里所强调的饮食中的多样性，既不同于过度，又有别于未加思考的习惯，它是慢食运动的哲学与满足与宁静的心态，它的基础就是审慎地追求各种愉悦的经验和快乐主义生活之间链环的一个清晰连接（Bennett，2001：87）。正像福柯在《快感的使用》（*The Use of Pleasure*）中所详尽说明的那样，对于古典时期的希腊人而言，作为“整个生活的艺术”（1985：101）的饮食或者养生想要加以均衡的就是避免身体的过度——无论是食品、酒还是性的过度。因此，适度被评为“一门艺术，一种愉悦的实践，它能通过‘使用’奠基于需要之上的各种愉悦而自我限制”(1985：57)。正如皮特林尼强调要接受多样性与差异性，古代养生同样提防某种同一的饮食方法：“假如某种养生只允许人生活在一个地方，吃一种类型的食物，假如它不允许人开放地面对任何变化，它就不是好的。”福柯接着说，“一种养生的有用性恰好就在可能性之中，这种可能性让个人面对不同的处境”(1985：105)。

因而，慢食运动关于食品的“愉悦的原则”(Capatti，2002c：5)在以“愉悦的使用”为基础的古典饮食方式中具有深厚的历史根源，同时还在基督教以及后康德对待愉悦和身体的姿态中重叠延续。正像帕拉塞克利(Parasecoli)所写的，至少到20世纪60年代末，“在意大利左派中盛行一种天主教共产主义(cathocommunist)的看法，这种看法将天主教的道德与共产主义的意识形态联合在一起”(2003：29)。左派的这种禁欲而保守的倾向最早推动了慢食运动的创建者们，明确阐述通向愉悦、食品以及共同体的一条对抗的、值得庆祝的途径。更为普遍的是，极端的禁食戒律在基督教的整个历史及其不同的传统中已成为了某种连续的径路，它表明“对食品和肉体的一种深刻的矛盾心理”(Griffith，2001：36)。虽说“不食人间烟火的神父”(desert fathers)以及中世纪的圣徒们对食品的拒绝已被很好地记载了(比如，Walker Bynum 1987)，而更为现代的例子，比如说，美国的新教和现代饮食之间的交叉关系最近也受到了关注(见 Griffith 2001，2004；Murray Berzok，2002；Nemeroff and Graham，2002)。更为普遍的情况，正如蒙塔纳利业已指出的(尽管他强调基督教的传统不是“意义单一的”)，有种长久的说法一直存在，即“不去在食品之中寻找愉悦，也不要太多地关注食品”(1996b：58)。

在宗教传统以外，皮特林尼关于对愉悦的怀疑还与彻底世俗的左派的长远历史有关，尤其与法兰克福学派的著作——诸如霍克海默尔与阿多诺的《启蒙的辩证法》有联系，在该书中，他们认为愉悦与批判的思考是对立的。霍克海默尔和阿多诺指出，愉悦“总是意味着不去做任何思考，意味着即便是在痛苦显示的地方亦忘记痛苦。它基本上是无助的。它是逃离；并非是……逃离某种悲惨的显示，而是逃离那种持续保留的抵抗的思想”(1982，1944：144)。然而，正如我们在第二章业已论证的，意大利左派中的慢食运动从其起源处便寻求愉悦与政治、美食与社会变化的不同连接。① 皮特林尼在1987年的《红虾》(*Gambero Rosso*)中写道：

> 许多人喜欢教授共产主义者以正确行动的方法。根据这些“生活的导师”的教诲，一位良好的共产主义者应该在服饰、娱乐，并首先是在经常出入高级饭店方面克制自身……好吧，在我的印象中，这些人一直将共产主义与方济会主义混为一谈。毕竟，这种混淆站在了这些人那边，这些人相信，意大利美食学的那些宝贵的元素应该一直是平常的极少数人的一项特权。(转引自 Parasecoli，2003：35)

帕拉塞克利(Parasecoli)已经考虑到，在一个广阔的左翼视角内，对食品和美酒的鉴赏是如何逐渐得到明确表达的问题，在20世

① 在慢食对愉悦权利的坚持中，或许还有另一种可觉察的历史的回声。就像西蒙内塔·法拉斯卡–赞波尼(Simonetta Falasca-Zamponi)业已指出的，墨索里尼的法西斯主义显然是将快乐作为一种政治或社会改革的合法目标而加以拒绝的。“法西斯主义否定可能的‘快乐’的唯物主义概念”，墨索里尼写道，“也就是说，法西斯主义否定福祉 = 快乐的等式，这个等式会把人变成动物而只想着一件事情：被喂食并养肥，即彻底地退化为一种植物般的生命”(引自 Falasca-Zamponi，2002：157)。这种哲学与法西斯主义的紧缩规划和其他的食品控制手段相吻合，而这些又是与20世纪30年代的经济独立政策有关的(Helstosky，2004：4)。因此，对物质性的愉悦与食品的关注，无疑使得慢食外在于并且对立于意大利政治想象中的法西斯主义的反唯物主义。

纪80年代的意大利，这是一种对抗性的论述，尽管有更早的通往愉悦与文化的贬抑途径。在20世纪60、70年代出现了反文化的运动，在这场运动中，诸如愉悦和创造性等价值被看成是社会改造的关键。帕拉塞克利在追溯这场运动在意大利的影响时认为，自20世纪80年代以来，食品变成了一种“吸收和抵消由对愉悦的新关注而释放的破坏性力量”的方式（2003：34）。这种转变与20世纪80年代意大利的“反省的”（reflexive）中产阶级的上升相一致，与那种对消费、日常生活以及全球风险之间关系的日益增长的意识相一致（Ginsborg，2001：43）。① 对许多知识分子而言，对先前帕拉塞克利称之为“厌恶愉悦的左派”（pleasure-allergic Left）（Parasecoli，2003：33）的部分人而言，对食品的考虑不仅在剥削或者不平等的分配方面，而是在一个不同的概念框架之内——从中愉悦和共同体（重新）得以重视：

> 强调食品作为一种社会和文化实践，有效地消除了由传统的政治身份而遭受的损失。或者，更为重要的，是痛苦地发现了身份的基本缺乏，这种缺乏在过去被随柏林墙而一起崩溃的霸权和政治策划所掩盖。食品变成了一个焦点，它浓缩着一个将各种异类要素连接起来的符号网络……（Parasecoli，2003：35）

---

① 金斯伯格描述了20世纪80年代意大利的两种不同的中产阶级“声音”的出现。一种“大量集中于企业家和商店店主，是地方主义者（localistic）和消费主义者，他们不仅以自私自利而且以一种压倒一切的工作伦理为方向”——他们是“没有撒切尔夫人的撒切尔主义者”（Ginsborg，2001：66）。另一种是中产阶级“反省的”（reflexive）的因素（在从事教育、社会服务的人士中普遍存在，是专业人士与工薪阶层的边缘）采取了一种考虑全球环境和消费主义的消极后果的视角（2001：66）。有关20世纪80年代显著的消费的发展及其对意大利政治的派生影响，同样参见赫尔斯托斯基（Helstosky，2004：156-7）。

今天，慢食对愉悦的强调，与在20世纪60年代作为破坏性和解放的愉悦概念的踪迹和坚持愉悦的权利共存，成为对食品工业化、农业的全球集团化以及“通常的极少数”之特权的挑战手段（Parasecoli，2003：35）。[97] 对慢食来说，正因为品味能支配我们注意身体的经验以及它在当下的影响，所以它具有革命性的潜力，通过“沉默”而发动一场“感觉的政治”。[①] 这样，品味不同于晚期“资本主义感觉论”的“日常产品的超美学化”。对后者来讲，为了促进不加限制的消费，市场商人和设计者们寻求尽可能多的感观参与，于是，受到感观刺激的势不可挡的消费者们也投身其中（Howes，2005：296）。对文化精英而言，对感觉经验的注意不是干巴巴的唯美主义，而是试图恢复被晚期资本主义感觉的充斥所淹没了的主体的能动性，在这种资本主义中，愉悦实在太短暂了。因此，慢食话语中可塑的而差别细微的愉悦的含义试图让日常生活成为潜能充实的所在，并与本尼特意义上的得到“着迷的唯物主义”产生共鸣，其中，由于世界变成了“以训导来享受生命的伦理任务……以及，以行动来增强快乐”（Bennett，2001：88），因此，使对感觉和物质机会开放的文化

① 有关通过食品的愉悦的“在场”，还要参看阿尔伯特·奥·赫尔施曼（Albert O.Hirschman）所论证的：“食品具有某种提供愉悦的特殊能力，这种愉悦立足于身体所提供的对能量的循环性生理需求。食物正是在向身体传送它们的能量的过程中消耗的，而它们的消耗对在消费行为中所感到的快感而言非常重要”。（Hirschman，1982：29）赫尔施曼因其有关消费者的不满的著作及其“通道—声音—忠诚”（“exit-voice-loyalty”）论题而闻名（简言之，当对某个购买的产品有所不满时，消费者或者在别处购买，用不同的方式表达不满，或者默默地承受）这些或许可以解释慢食的一些诉求。虽然我们对慢食作为一种“消费运动”的分类有所争论（Leitch，2003以及CHrzan，2004），赫尔施曼对如何回应“通道—声音”的考虑可能会加强两个运动，并在私人消费与公共行为之间创造一种重要连接，对于慢食所操作的文化政治类型如何开始发生而言，乃是一种解释。源自不满于对同质性的、工业化的食品的劣质性以及他人对高品质的、可持续生产的食品的类似的需求的刺激，慢食已经能够以一种实际积极的形式调动这样的不同凡响，而不是简单地标榜为一场抵抗运动。

成为可能。

原真性与品味

通过庆贺愉悦这种巨大的能量，食品提供了作为恢复享受日常生活意义的愉悦。慢食把食品与由食品消费所带来的满足的四分之三的领域——感官的、社会的以及沉思的领域——联系在一起（Warde and Martens，2000：183）。[①] 慢食所嘲弄的唯一一种与食品相关的满足就是“工具性的”享乐，这种类型的享乐源自某种食品的经验，它牵涉到把那经验放到为了收益的用途中去，而不是味道或者同伴的愉悦（诸如物质进步或者某种阶级成功的炫耀；Warde and Martens，2000）。慢食试图反对满足的工具性领域（它可能包括食品方面的势利眼）而界定它自身与食品是某种“不真实的”关系。然而，就像对工具性的满足的贬低所表明的，这里存在着真实 / 非真实的二元性，慢食利用这种二元性去促进它生态美食学的哲学，而这种哲学明显地给予了某些食品和饮食方式超越他者的特权，并将与慢食相关的愉悦及诸如知识丰富、殷勤周到等价值连接起来（对生态美食学的进一步讨论见第二、六章）。美国的保守作家——温德尔・贝瑞（Wendell Berry）同样也表达了这样一种立场，他认为，相比他所谓的“工业化的饮食”而言，非正式的饮食（informed eating）能够产生更大的

---

① 概述瓦尔德和马蒂斯对满足的分类：感官的领域包括身体的快感；工具性的领域涉及成就，物质的进步或者自我的成功展现；沉思的领域包括一系列的经验，从梦想、想象到审美欣赏和宗教的超脱；而社会的领域是由各种愉悦组成的，这些愉悦与参与、相互关系、伙伴有关（Warde and Martens，2000：186-7）。在某种意义上，虽然瓦尔德和马蒂斯的这种分类可以被视为一种过于复杂的方法，这方法得出这样一个并不令人奇怪的结论，即，人们对一些事物的喜爱胜于其他，这确实提醒我们与共存相联系的愉悦的复杂性，并突出强调了一种多义的愉悦概念是如何加强了慢食的哲学与诉求的。尤其是，瓦尔德和马蒂斯关于满足的程度的观点可能回应下面的问题，即：这种经验是否是常规？还是反射了慢食坚持的专心参与食品的实践。

愉悦（1992：375）。① 贝瑞认为，“饮食的愉悦”，

> 应该成为一种广泛的愉悦，而不仅仅是美食家的愉悦。那些了解他们的蔬菜生长于自家的菜园且长势良好的人，会有种植菜蔬的美好回忆，它或许是在清晨带有露水的第一缕曙光之中，在菜园处于最佳状态之时。这般的回忆本身与食品有关，并成为饮食的愉悦之一。[98]……饮食的愉悦的重大部分在于人们对食品所来自的生命和世界的准确意识。（1992：378）

贝瑞对带露水的菜园的描述，给土地的直接性和亲近性加上了实足的价值，它们是食物及其实践活动中原真性的保证。那么，贝瑞的原真性观念与慢食的原真性观念是如何对应的呢？虽然贝瑞的作品明确地以提倡简朴和回归土地来颂扬传统的美国价值（见 Shi，1985），但慢食的原真性观念在全球日常生活的祛传统化语境中得到了更自觉的明确表述。② 倘若许多当代对食品的兴趣“把对原真性的向往与对其不可能性的承认结合起来”（Probyn，2000：3），那么在这一节里我们将讨论，慢食运动采取了一种反思的、有细微差别的原真性概念，这个概念的基础是物质文化以及日常生活的历史。接着，我们将思考如何将品味的观点作为认可食品所在之地的途径，并认为，对于慢速生活可能实行于其中的社会关系的特许和持续之网而言，这样一种通向品味以及原真性的路径提供了丰富的可能性。

---

① 贝瑞把“产业化的食者”解释为“那些不知饮食乃与农业有关的人，他们并不了解或者想象饮食与土地之间的联系，因此必然是消极而非批判的”（Berry，1992：375）。相反，“一个尽责的食者”会学着获悉食品的起源、最佳的种植实践以及我们所吃食品品种的生命历史（Berry，1992：377）。

② 事实上，尽管贝瑞近来已经成为《慢》（2004：98-9）的撰稿人，但我们认为，贝瑞的作品同慢食哲学的某些方面有着重大的差别，这是因为他的作品描述的显然是美国的、基督教的价值。

在一个温暖的春日，在朋友的陪同之下，我们赶往勒佐·艾米利亚（Reggio Emilia）之外的一个小农场观看圆形的帕马盖诺干酪（*Parmigiano Reggiano*）的制作过程，这种干酪由一对夫妇用传统的包干酪的轻薄棉布手工制作而成，用这种方法制作干酪已经有四十年之久的历史了。我们和当地的东道主专心地观看，并为以这种方式来制作干酪的技巧和简单而出神发呆，我们还喝到了这个地区独特种类的牛产的奶（勒佐种的 *Vacche Rosse*——“红色奶牛”），这些牛就饲养在毗连的牛厩和田野中。就如在干酪中起作用的文化那样，这是一种活跃、兴旺而可持续的传统。农场的小店在整个早晨生意稳定，然而其产品为每天生产的牛奶所限（牛奶产量根据季节而有所改变；在我们参观的那天只制作了两个干酪，随后放进了那巨大的干酪房）。当我们品尝成熟的干酪时，那种开胃的浓烈，还伴有不时的咀嚼结晶而发出嘎吱声的惊喜，这才是传统的帕马盖诺干酪。这一次的味觉体验让我们觉得好像在此之前从未吃过帕马盖诺干酪一样，以前我们所食的只是淡而无味、过咸的或者发臭的赝品。在食品恐慌、“舶来品的常规化”（Warde，1997：61）以及“胃口—混乱”（gastro-anomy）（Fischler 1980：948）的祛传统化的全球日常生活之中，这个故事看起来似乎是对传统价值的一种怀旧的召唤，或者是雷切尔·劳丹（Rachel Laudan）所谓的立足于“让时钟倒转”（2001：36，43 以及 2004）[①] 的“烹饪的路德主义”。为了把我们对慢食运动的原真性展

① 在论证慢食是一种“烹饪的路德主义”时，论证的基础乃是对历史的误解，劳丹本人延续了这样的神话，即：在 19 世纪，路德主义只是一场“让时钟倒转”的徒劳无益而过于简单的运动。有关路德分子反抗手工技术的工业化的复杂性，参见 E.P. 汤普森（Thompson，1968：600-5）的经典阐释。因为有一种类似的指控来自意料之外的人——假设他赞同“慢速生活”——参见阿格尔（Agger，2004）。在皮特林尼的立场上，这种理解是“前现代的田园主义”。然而，我们在这里所论证的是：慢食对食品的讨论与对现代性反思契合，它“将慢速添入现代性之中”，而不是像阿格尔所认为的那样，是一种从现代性中撤退的意愿。

开的概念逐步阐明为情景化的（situated）而非怀旧的或本质化的，有必要进一步批判地应对劳丹的论点。

对照怀旧的反应即"烹饪的路德主义"，劳丹设想了它的反面，"烹饪的现代主义"。[99]我们暂不考虑路德主义（作为一种政治的反抗运动）和现代主义（作为一种异类的、审美的—文化的运动）之间的二元化的不平衡性来描述食品生产的不同路径，这里是劳丹如何来描述烹饪现代主义的：

> 烹饪的现代主义重新塑造了世界。殖民者们占用了北美、阿根廷、澳大利亚以及新西兰气候温和的草地以便为遥远的城市中心种麦和养牛。移民们从乡村迁到城镇，从欧洲迁到海外的殖民地。耕地面积迅速增长。商人们打开新的商业渠道和机构，从而将小麦和牛肉带入市场。发明家和工业家们寻找到新的方法来加工小麦和牛肉。当英国人和美国人开始认为他们的曾祖辈们只是梦想过的白面包和烤牛排是理所当然的时候，他们的生活改变了……（2004：135）

在看来是对农业的工业化和食品生产的发展的总结中，劳丹有效地抹去了帝国主义和资本主义而将其作为良好土地的"占用"，以及市场的"开辟"，它们只是将人们的生活改变得更加美好（你们所有梦想过的白面包！）。殖民者和当地人、边缘和中心以及工业家和"人民"之间的不同权力关系的缺席，使得这一切成了一种非常片面的历史解释。对此种过程的一个更为准确的命名实际上应是"烹饪的全球资本主义"，对这样不是过于简单化的一套复杂的全球社会—经济过程来说，这是一个唯一的述词。此外，在诸如"烹饪的现代主义试图为所有人提供白面包和牛肉"（2004：136）这样的措词中，"烹饪的现代主义”要是没有被有效地人格化的话，它就变成了历史的代言人。于是，劳丹指控慢食是一种“对历史的浪漫化的看法”，她对慢食的驳斥立足于或者落实于她的解释之上，即烹饪的现代主义是食品生产的进步的、民主的形式，因而它与烹饪的路德主义的差别是对“往昔阳光灿烂的乡村时光”(2001：36)的非批判的庆贺以及相应地对“饲养良种马或者赞助室内管弦乐队”(2004：134)的称颂。劳丹对慢食的解释制造了这样一种印象，即它从未扩展至皮德蒙特高原(Piedmont)之外，它没有认识或回应全球化(2004：139-42)。

慢食运动仍在应对全球化、工业化农业以及对生物多样性的种种威胁，但劳丹却拒绝考虑慢食的这种发展应对中的复杂性和潜力，藉此，她对该运动的漫画式讽刺以及接下来对它的控告，依赖于她所设想的慢食的原真性概念的矛盾性展开。一方面，劳丹把皮特林尼对法国人的领土(*terroir*)观念的着迷视为一种玩世不恭的市场策略(2004：136-9)；另一方面，她认为慢食运动及其追随者对“烹饪的现代主义”对立的历史天真无知。在这两方面的指控上，劳丹都没有考虑到地域与本土是复杂的概念，这些概念内在于慢食运动对食品及食物处理方式的原真性和手艺的评价之中。[100] 他们所鼓励的新的食品计划以及网络不仅创造了对地方以及本土的新的意识(通过连接生产与消费)，而且，由于人们越来越意识到在“本土”之内所存在的多样性，还在此过程中使得地方与连接的观念复杂化了(Labelle，2004：86-7)。无论是通过农民们的市场——它们展示了同一地区不同种族文化的食品方式的传统，还是通过慢食运动的聚餐会——在餐会上遇到同一区域产品的不同生产者，均不是简单地把一个地方的典型性或者领土的名称理解为某种前定的“原真性”。此外，正如第四章所论证的，慢食运动所理解的领土概念从一开始就意味着，它并不代表特定食品或实践中的一种与生俱来的含义，而是一桩在特定语境下强调食品的连接性的事情。这种连接——有关地方、民众、历史、文化——构成了一套动态的社会关系，而全球化以及全球化抹杀文化特征的能力所代表的变化威胁着这种社会关系。因此，慢食运动所拒绝的正是居于全球食品以及农业体系之下的“工业化的逻辑”的统治（Hendrickson and Heffernan，2002：362），而不是对确保这种统治的历史现实的无知。就像亨得利克森和赫费尔南（Hendrickson and Heffernan）所论证的（2002），通向食品的可替代的路径并非是由某种天真的信念所激发，即全球化的农业可以通过围绕这里所描述的地方和原真性的概念而组织起来的实践得以更新，而是，这种替代性寻求的是根植于一个社区里的食品生产。

> 能够将自身置于这样的空间，在此，全球的“食品”体系由于远离了使得全球化系统变强的特征（大众生产、有权使用资本以及一种以利润为导向的长期观点）而孤立无援。这样做，可替代的群体可以潜在地加强、创造以及维持行动的空间，这空间在一个日益不稳定的支配性食品体系中将可能变得越来越重要。（Hendrickson and Heffernan，2002：365）

劳丹对慢食运动的最后一项指控——即慢食运动没有治愈世界性的饥荒（2004：141）——因而深深地误解了可替代的食品计划对全球日常生活中的食品实践所能产生以及正在产生的各种回应。在慢食运动中，食品以及食品生产方式既不是被保留为“膜拜的对象”（Petrini，2001：59），也不是为吸引人眼球而与历史现实脱离的主题公园（theme-park）。而是，由其所证实的生存能力的史实，和嵌于特殊网络和关系中的地方性而得到承认。对慢食运动来说，一种“原真的”食品就是在某个特定的时空之内被生产出来的食品，一种特殊的物质文化，它们为消费者、生产者所知，并既在社会的又在经济的交易——以信赖以及共同的知识为基础——中将跟消费者和生产者连接起来（Labelle，2004：85；Heldke，2003：202）。这样，皮特林尼在其所在地区鼓动的“领土”这个法国概念就代表了原真性与食品的一种特殊的连接，[101] 通过这个连接，对全球化的农业经营所造成的品味同质化和去地方化的批评可以有力地宣布：“各种地方文化是推动快餐模式内在的标准化的答案；它们的变化和多样性是我们世界各地的人得以相互认可和理解的关键。”（Petrini，2001：38）在这种系统的阐述中——它还巩固了慢食目的的诸如品味方舟以及要塞计划的基础，原真性并不是一种防御意义，从威胁到当地烹饪文化的纯粹性的那个世界中撤离出来的，它也不只是一种市场的、旅游观光的策略，而是指一些方式，通过特定的食物体系以及社区的行动者，食物深植于他们之间的社会、经济以及生态的关系之中（Hendrickson and Heffernan，2002：361）。因而，动用这样一个原真性的概念变成了一种手段，它以一种不同于全球资本的那种世界主义的交换形式将当地的文化、生产者和消费者连接了起来（Hendrickson and Heffernan，2002）①。

然而，在全球化的日常生活中，对原真性的渴望还往往连接着乡村与传统，而这种连接既表明了慢食运动在其中勾勒其轮廓的语境，

① 我们将区分慢食利用的原真性概念和由柯廷（Curtin）提出的“对食品的原真呈现”（authentic presence to food）观念（1992：129）。对于柯廷而言，存在着一种食品的无中介的经验，而这种经验若被正确地意识到了的话，就会带来道德的结果，尤其会带来素食主义（1992：130）。在考察某些文化实行对动物的虔敬屠宰时，柯廷提出了“道德的问题”：“宰杀感知的生命为食物，我们在肉体上、政治上以及精神上变成了什么呢？”（1992：130）柯廷说出了他“语境的道德素食主义”（contextual moral vegetarianism）的立场，然而他的“道德问题”的内涵在于，在任何语境下，素食主义都会成为一种较好的道德选择。这是一种更为本质主义的原真性观念。相比在慢食中我们找到的那种原真性——它是语境性的，而不是系于既定的道德回应。

又继续演绎着意大利文化和传统的内涵。比如，近来流行的、描写托斯卡纳乡间（Tuscan villa）生活的游记，就是这一含义反响的一个好的例证。众所周知的最佳例子是弗朗西斯·梅丝（Frances Mayes）的《在托斯卡纳的阳光下》(*Under the Tuscan Sun* 1996）以及2003年的一部影片。在小说中，英语世界将托斯卡纳想象为简朴的乡村和聚餐的愉悦混为一体的乌托邦的空间，而对文化原真性的发掘不可避免地与食品联结在一起。要求获得遗产和归属的这种叙述在于，它们能利用一种乡村的后罗曼蒂克的传统，以乡下人的生活作为原真性的源泉而反映出在读者的日常生活体验之外的一种慢速生活的渴望。梅丝对景观和房屋建筑转喻为文化原真性的积累，是通过作为国外叙述者对以食品为中心的当地的各种生活习俗、器物的接受而展开的，也就是阿帕杜莱（Appadurai）称作的表层（*patina*）微妙转变——对高等文化价值以及历史连续性——从对象变成了拥有者（1993：22）。实际上，表面上仿佛由这种转变所保证的时空中的原真性是以一种“想象的乡愁”为基础的——一种没有生活经验也没有共同的历史记忆的“乡愁”(Appadurai，1993：25)，它依赖于流失的瞬间或远离时代，并导致梅丝的叙述者增强了对当下的感觉经验。

然而，这种对原真性及其着落于意大利乡村生活的渴望并不限于英语世界的想象，它还在意大利自身的民间节日和传统的新近复兴中得以表明：“意大利的农民最终已在城市后现代的意大利的想象中取得了同样的地位，而这种想象在国外为人享有已久。”(Bennetts，2003：5）斯蒂芬·本尼茨（Stephen Bennettes）[102］将这种复兴解读成与现代性协商一种文化自治的立场，即通过参加看来比现代意大利社会更为“原真”的、源自南意大利农民的传统活动［来自卡拉布里亚（Calabria)、南普利亚（Southern Puglia）与坎帕尼亚（Campania）](2003：2)。上世纪90年代中期出现的意大利周围的复兴运动者们，是由城市的嬉皮士、左翼学生以及传统的继承人（年长的具有农民背景的当地人）组成的，它还包括诸如慢食运动以及慢城（Città Slow）的支持者等一系列社会、政治团体的参与者（Bennettes，2003：3，8）。民间的复兴运动同样处于一种意大利地区性认同的再现的背景，例如，其标志是北部联盟权力下放的当代运动的影响以及那不勒斯城市复兴的巴索利尼（*Bassolini*）行政规划的影响。假如，与当代复兴运动有利害关系的多元利益以及日益增长的支持复兴者的计划要在当地和地区性的层面引人注意的话，那么复兴运动的成功本身就可能变成它所反对的全球文化的一个症状，因为它是以一种原真性的观念为前提的，而这种原真性只能在不受外界污染的情况下才得以界定和确保（Bennettes，2003：9-10）。

这种对（失去的）确信体现在意大利的乡村田园以及农民文化之中原真性的渴望，与慢食运动在涉及保留传统以及批判全球化的标准化影响方面共同交叉在一起。然而，在这两类原真性的冲动中也存在着一种尖锐的分歧。在意大利的复兴运动中，存在着一种明显的民间文化和“人民”德行的特权，这些人有意识地试图保留某种前工业的民间世界（*il mondo popolare*）。在诸如《在托斯卡纳的阳光下》那样的叙述中，有种类似的将传统文化本质化的趋向。相反的，对慢食而言，尽管关于有价值的实践和产品即将消失的言辞频繁出现（方舟的隐喻是这一点的最好例子），但还是有一种主张坚持要积极主动地介入全球的日常生活而不是从中退却。在慢食的话语和哲学中，原真性并非是某种原始的或者永恒的状态，而是一种源自领土的品质，它被理解为一种鲜明的文化和历史身份，其中“往昔的资源得到激活以便构建未来”（Bessière，1998：31）。胜于那可能轻易失却或者被真正的信徒重新发现的光晕，原真性乃是介于某种特殊的地点、历史以及人们之间的一个重要连接点，它能体现在某个对象之中但却不会永恒地居于其内。最重要的一点，它是个社会发展过程，这一过程中的历史、意义和实践一直会遭到那些主张它的人的不断争议（Terrio，2000：17；还可参见 Heldke，2003）。

尽管地方性和手工生产的观念与慢食的原真性概念密切相关，它并不形成某种“回归土地”的运动。任何一种形式的慢速生活的挑战之一就是在城市 / 郊区领域生效的可能性，对许多人而言这是全球日常生活发生的地方。[103] 在过去几年的慢食运动中，一种日益增长的对全世界的小生产者以及传统农民境况的关注已经显而易见 [就像 2004 年有关食品社区的大地母亲（*Terra Madre*）集会及其章程所证明的]，这表明了，在全球化的经济和语境中，对消费者和生产者伦理责任的一种更为复杂的反应正在发展之中。这种反省地接近原真性的一个良好的事例就是由加里・纳伯翰（Gary Nabhan，一位 2003 年慢食运动那不勒斯代表会上的发言人以及《慢》的投稿人）执行的一个计划，他曾在长达一年的时间中只吃本地出产的食物，并将它们用图表记录在他的书籍《回家吃饭：当地食品的快感和政治》(*Coming Home to Eat: The Pleasures and Politics of Local foods*）之中。在贝鲁特一家国际饭店用餐时的一次不和谐的体验促使纳伯翰开始这样一个计划。他推测，对大多数富裕的西方人而言，当代的食品实践反映了“对某种生活的渴望，这种生活与当地的、地区性的文化不沾边，甚至也不受国家主义的限制。在这种生活中，人们能对来自全球超级市场的东西挑挑拣拣而不必与当地的渔民或农夫有关联，更不用说对这些人负有任何责任了”(2002：22-3）。回到美国之后，纳伯翰抵制超市，清空了食品储藏柜，并开始了这样一种生活：种植、采集、物物交换、烧煮以及腌制，这种生活以他居住的亚利桑那州的有限范围之内——包括沙漠、山脉以及延伸至加利福尼亚海湾的南部——出产的食品为基础。然而，在这种着迷的（而且多少有些特异的）叙述过程中，纳伯翰放弃了这种食物上的孤立主义，开始了对当地以及原真的更为细微的反思路径：

> 我过去天真的希望是打造一种同他人隔绝的食品经济，像是一个时空中的泡泡停留在峡谷中。然而，当代的许多力量和历史事件并不允准我们达到一种彻底隔绝的感觉……我承认，我甚至并不希望成为任何排斥都市、移民或者其他传统的经济体系的角色，我只是想让我们大家与土地有所结合（2002：205）。

作为拒绝无根的意义，纳伯翰将无根与当代的主体联在一起，并在他们的消费习惯中见证这种无根，他反思的地方主义依然是以领土的重要意义为前提的。但是，纳伯翰的地域概念从仅仅是景观及其本土的居民扩展到了涵括它所包含的历史和文化的多样性，他希望以食物的方式来反射这一点。这种领土概念与“食品屋”（foodshed）的理念密切相关，作为一个隐喻，它描述了一个区域中食品的供给，标志着在一个特定的地方和一种“道德的经济”（社会的、经济的、伦理的以及物质的）的嵌入性（Kloppenburg，Hendrickson and Stevenson，1996：118，114-15）。原真性的概念恰恰就被应用在这种反思性的地方主义之内，而这导致了纳伯翰的叙述中地方 / 原真以及“有机”食品之间的一个重要的差别。原真从未能成为一个“时空中的泡泡”，
[104] 有机产品也并不一定是一种令人渴望的经由食品来体现的原真性。纳伯翰表明，假如在你购买有机食品之前它已被运输了数千英里之远，那么这种有机食品并不必然比与之相对的批量生产的食品更为“合乎道德”。对纳伯翰来说，原真的价值从未可能是铁定的“新鲜或者质量的保证”，但这种价值在与之相连的时空关系中被实现，并在

一种分享和相互依赖的时空网络中把生产者与消费者连接起来。①

通过强调“食品与地域的关系”(Gho 2002：32)，慢食对原真性的构建不仅设法使该运动烹饪的快感有别于快餐和工业化的农业，而且还使前者有别于食品工业的精英部分。对地方的小餐馆（*osterie*）的推举颂扬对慢食而言，自其开始就有的一种重要的优先性，主要是考虑维护这些餐馆适中的价格和规模来赢得各阶层的顾客，以及他们所代表的当地的食品文化。小餐馆因而被定位为具有积极地反对新式烹调（*nouvelle-cuisine*）风格的烹饪学价值（Miele and Murdoch，2002：317）。现在新式烹调本身可能不再兴盛，但是一种更近的所谓“混合菜式”(fusion food）的烹饪时尚在《慢》上已被频频讨论。其中，通过讨论由芭芭拉·森蒂克（Barbara Santich）提出的“个人有权借用或者转换有可能被认为是他人的‘与生俱来的权利’的烹饪法和实践吗”的问题，它们被当作慢食哲学通过提倡原真性而抵制全球化的一种实验案例（2002：88）。在一期集中关注混合菜式的《慢》中，法国雕塑家阿里克斯·昂吉（Alex Angi）的一个塑像上了封面，他用塑料垃圾（加热并模制的）的类似各种不同形状的意大利面食的五颜六色的塑料条熔合在一个绝不会引不起食欲的光灿灿的碗里。食品是塑料的（因而是暂时而不原真的）的信息是再清楚不过了，随后是卡帕提的评论，他认为混合菜式是一种“烹饪风格以及口味的混乱”(Capatti，2002b：4)，这是一个再三被重复的隐喻。②然

① 因此，按照纳伯翰对“本地”以及“有机”食品的区分，我们不同意古斯曼（Guthman，2003）将慢食与有机食品混合在一起，因为这种混合疏于了解本地在慢食的中心地位，以及“慢速”的内涵与食品的关系。

② 与食品有关的塑料的消极意义还可能具有一种意大利的历史特征。正如阿韦德森（Arvidsson）所述，在20世纪60年代早期的意大利，当塑料制品变成了现代性的一种标志时，普遍对与食品有关的塑料不信任：在广泛的市场调查中，塑料品被认为是“有毒的或者不洁的，因而不适于作为食物的包装”（Arvidsson，2000：252）。

而，混合菜式并没有被倡导者们不假思索地摒除。菲利普·新希默尔（Philip Sinsheimer）的文章，更为保护性地题为“就看你怎么认为了”（it depends what you mean），告诫我们任何文化纯正的观点都有其危险性，并观点明确地指出，历史上所有的烹饪传统都借用或者融合了其他的传统（2002：24-31）。甚至一篇描述昂贵的混合菜式的可怕经验（配加着更多昂吉的类似食品的塑料雕塑图像）的文章也是以卢卡·维切罗尼（Luca Vercelloni）对食品和就餐的“黄金规则”作为结论，最后那条为，“在厨房中没有诸如版权之事，好菜谱属于每一个人”（Vercelloni，2002：15）。

也许，保拉·格欧（Paola Gho）的文章最好地解释了慢食对地点、食品以及传统的反思性理解，她是《意大利小餐馆》（*Osterie d'Italia*，对意大利的小餐馆而言，它是最畅销的慢食指南）的编辑。格欧将混合菜式的烹调风格界定为旨在“通过一种传统、配料、技艺以及口味的不受约束的混合的理论和实践来阐释一种全球美食代码”（2002：32），[105] 她转而支持一种慢速的方式，这种方式“关注保护当地的美食实践”而又“避免了怀旧和原教旨主义”（2002：32）。即使当她将混合菜式风格的食品风尚和名厨们与慢食小餐馆中的“忠诚的手艺人，大众文化传统的后代们”相抗衡时，也没有把这些当地的食品文化定位成由其质朴的传统而在时光中凝固不变的事物，而是把它们定位成发展和重新解释传统的知识和实践。格欧还认为，与其说这是慢食保存小餐馆的一个例证，倒不如说是在发动一种特殊的构建，即把这些餐馆建成最好的场所，由此，通过培养消费者、餐馆老板以及当地食品之间的关系网，使当地的食品文化得以兴盛。《意大利小餐馆》的发行并非是一个历史的记录，而是一种制造公共性的手段，并因此维护了这种食品实践的文化价值，“假如今天我们能够毫不畏惧地主张诸如意大利的小餐馆这样一种事物确实存在……同样真实的是我们已经见证了这些餐馆的发展，虽然只是在十年多的短暂时间中”（Gho，2002：34）。①

如果慢食的这一概念与混合菜式不相对立，那么就与原真性是作为未被现代性触及的永恒传统的观点有天壤之别，尽管它依赖于通过快速与缓慢之间的对比去强调这两种食品风格之间的差异。在慢食运动的话语中，混合菜式的问题并非仅仅是对烹饪传统的去背景化，而在于它是“快速生活”的症状，以及对时尚的新奇和发明的不懈需求，悖谬地抹煞了各种差异（Gho，2002：32，Sinsheimer，2002：30）。而在烹饪术语中，“快速生活”至少可追溯到布里亚—萨瓦兰（Brillat-Savarin）的时代，布里亚—萨瓦兰喜爱创新并把改革作为真正的美食的一种标志（他宣称一种新的菜谱的发明如同发现一个新的行星那样重要；Vercelloni，2002：14），对新颖的呼吁是对现代性的一种持续的回应，它与对熟悉之物和传统之物的矛盾呼吁并存（Warde，1997：64）。这种对比性的回应为全球的主体提供了一系列的资源去塑造一种生活方式，在这种生活方式中新奇与传统呈现瓦状叠加的状态（Warde，1997：64）。正如瓦尔德（Warde）所表明，“对新奇的欣赏要求我们假定一种想象的传统在过去存在着，并经久不息，即使这一种既定的过去从未存在过。相反的，人们以一种根深蒂固的惯常方式生活和消费时也会觉察到永久的流动”（1997：71）。通过将混合菜式置于快速、改革以及铺张的那一边，慢食运动将它与地方、民众和领土的关系分割的“非原真的”那些方面并列在一起了，而地方、民众和领土这些关系只能由慢速（意识、关注、参与）得以增强和获得意义。在这种建构中，类似小餐馆这样的场所是慢食运动

① 《意大利小餐馆》所列举的小餐馆最初是由当地慢食行动的会员提出的，随后它又得到了慢食运动总部的查审与认可。因此，当这一慢食指南的概况像格欧表明的那样影响了小餐馆的成功和准则时，当地的食品文化知识成了认可和推销的基础。

所鼓励的那种社会性的象征，同时也有别于快餐或者高级烹调的饭店的那种飞逝的、机械形式的社会联系。然而，还存在着一种慢食所承认的所谓“慢速混合菜式”（Ruffa，2002：Santich，115；2002：89），以便描述来自不同文化（诸如美国、加拿大、南非、澳大利亚）的移民带来的具有各民族特色烹饪传统的复杂组合，它在其原真性的展开中拒绝任何意义上僵硬的阻隔的烹饪传统。

慢食将原真性同时间和空间联接起来，这种联接意味着，食物价值的等级并非简单地导致对有机的或生物动力的农产品本身的评价，而是要求对食品具有领土知识的消费者和食品的全球网络。那么，在什么意义上，这种有知识的消费者不同于传统的行家？而慢食成员的知识只是文化资本的另一种形式？无疑，慢食对非意大利人的呼吁，部分在于某种持久稳固的联合，即把意大利当作美食和美酒——高等文化价值的指标——的地方来加以联合，尽管激发慢食运动奠基人的是他们看到了自身食品文化的不稳定。那么，慢食的原真性的观念是否超出了如劳丹的指责，即：它是强加“在大众之上的精英烹饪的偏好”（2001：42）的运用或企图？对慢食原真性的观念来说，通过日益反思该运动以回应地方向新的民族和文化语境拓展的重要性，地方的意义得到了强调并变为复杂。例如，倘若烹饪的遗产可能是从数百年到数十年变化不一，那么对所有慢食会员来说，烹饪遗产的观念就不能够被孤立地当作一种不证自明的价值，而必须在变化的语境中得到重新解释和应用。在慢食活动中，越来越多地强调要把生产者和消费者从世界各地带到一起来，非常著名的一次活动就是2004年的“大地母亲世界食物团体会议”，就是回应需要发展对领土更具细微差别的理解，以及在生态美食学的框架中建立联系网络（参看第六章）。

然而，问题在于，来自某特定领土的产品靠其或为着世界主义的主体而移植，对于这个主体来说，该产品在这一过程中就变成了某种文化资本的符号（参看 Donati，2004；Leitch，2003）。食物的风格化——也就是说用某种时髦产品来表示主导的审美方式和某种群体的联系——总是非伦理的吗？（Warde，1997：184）是否存在着一种伦理的方式，使世界主义的主体能够用以支持烹饪传统和原真性？为人所接受的是，在消费者的联合抵制或者素食主义的实践中，这种消费实践能够在某种伦理或政治承诺的基础上构建一种身份，但诸如，购买和消费手工制作橄榄油通常只是被解释为一种资产阶级的“赶时髦”（Bourdieu，1984）的标志。尽管一些人已经注意到，在培养可选择的食物实践中，信任和知识之间的关系是重要的（Hendrickson and Heffernan，2002；Labelle，2004），但是，要理清食品知识同区分评判的区别，或者，[107] 分清烹饪的原真性与“品味的贵族化”（gentrification of taste）却不是一件易事。然而，在我们看来，在涉及慢食思考的一些表述中，似乎不仅仅是寻找布尔迪厄的餐饮阶级分类的线索。比如，该坦就这样评论她所出席的第一届慢食聚餐会会议，“平心而论……这不是我所期待的，因为有鸡尾酒和‘具有博士学位的人’在场”（2004：99），这清楚不过地表达了对该活动中中产阶级聚会方式的不适。它暗示着，该聚会要么应是少些节日欢聚式的（就像一次商务会议），要么就别太资产阶级。在《区别》（*Distinction*）中，布尔迪厄讨论了工人阶级就餐中的真诚好客和快乐以及与资产阶级的就餐抗衡的状态（1984：195-9），并论证说，在这“两种对待食品和吃的行为的对抗性方式”中，不存在任何中立的观点。食品或者是在“一种信赖的开放”的环境中，“被主张为一种物质实在，一种营养物质，它维持身体并给予力量”，或者是某种时尚，这种风格在一种社会区分的运用中被提高到物质之上（1984：196，198-9）。简而言之，工人阶级的朴实是好的，而资产阶级的时尚化是坏的。尽管该坦经历的这一事件显然是一场食物的欢聚，而不是布尔迪厄所描述的冷冰冰的资产阶级的社交仪式，但她在社交上的不适也代表了对该运动的资产阶级局限性的一种证明，以及慢食所致力反对的在饮宴和政治的（可替代的形式）之间的一种长期共存的二元对立。

但是，慢食不能简单地与快乐食客的这种或那种阶级立场结盟。愉悦，作为布尔迪厄归于无产阶级餐桌的食欲和表露的充分的身体自由，在慢食中得到了推崇，它告诫人们应在餐桌上更多花时间。然而，那些资产阶级强调的在就餐中的美学化和节奏上的程序化，对每道菜都得细心照料和礼仪规程的理念，也都在慢食所坚持的关注对食物的准备和消费中也得到了倡导。鉴于布尔迪厄看到了在资产阶级的实践中对吃的愉悦的审查，慢食极力主张在食品实践中要有一种专注，以便在充斥着复杂的香味、次序和审美诉求的共享的语境中，突出和增加餐桌上的愉悦。正如我们在第二章所讨论的，就像“生活政治”的其他形式一样，虽然慢食的会员主要是中产阶级，但重要的是要把会员与运动所采纳的对食物处理的阶级含义进行区别对待。慢食避免布尔迪厄所做的那种尖锐的阶级区分，这也许是通过推举对食物和吃的不同阶级的进路来努力扩大它的吸引力一种务实的尝试，或者是反射了意大利和法国烹饪文化的不同，或者也许是——正如我们所相信的——一种更雄心勃勃的努力，即在那可能被称作“实践审美”的东西中，努力将对食物、吃和愉悦的通常敌对的态度联合起来（Miele and Murdoch，2002：313）。①

［108］然而，并不是说要否认这种情境化的愉悦和食物的时尚化能够同经济的特权联系在一起（尽管它们的确不一定必须如此）。随

① 米莱和默多克把小餐馆厨房的食品操作描述成一种“实践美学”，这意味着“这样一种实践，它扎根于构成独特烹饪艺术的无言的知识、工艺技术、创造活力以及社会—自然的各种关系中”（Miele and Murdoch，2002：313），但是这个词同样也可被用于用餐者的情境化的愉悦，其中，食品的味道和展现在对它们情境细节的意识中得以享受。

之而来的问题可能是，有特权的主体如何合乎伦理地去吃喝？除非我们采取这样的立场，即在食物消费中只有禁欲主义才在伦理上是可持续的，否则我们就不得不断定，如果一个消费者有能力奢侈地在食品上花更多的钱，那么就不必在道德伦理上质疑这种做法。如果凭借这样的经济支持，传统食物的社区能够得以维持（尽管这绝不是要论证，这乃是唯一被要求的道德责任），那么，事实上，有经济特权的人这么做在伦理上是势在必行。[①] 在探索有关吃的伦理道德的这些问题时，纳伯翰（Nabhan）问道："如果每个人都一天天地彻底了解了我们的食物在历史学、生态学、地理学、遗传学上是从哪里来的，那会怎样？如果每个人都认识到所有其他的生命都通过简单的吃的行为同我们自身相关联，那又会怎样？"（2002：163）。在某种意义上，这些问题是慢食所提出的，而且，多样化和扩散化的项目也反映了回答这些问题的不同尝试。通过注意该运动转向它所谓的生态美食学，皮特林尼反复强调，它还没有放弃"使慢食独特的原则：保卫愉悦的权利，在世界上的每个地方为每个人伸张这项权利"（Bogliotti，2002：117）。这个坚决要求是政治上的天真吗？抑或，仅仅是资产阶级的时尚化？或者，是一种对藐视简易分类的坚持，慢食自身对区分政治和愉悦、美学和肉欲这种分类就重重困扰？

慢食对慢速的评价坚持了对两个方面的结合，对美食的简单愉悦与共餐中对在食物中的巨大的伦理和政治投资的意识（Probyn，2000：4-5）。举"食物里程"（food miles）的例子来说，它是全球日常

① 有关可代替食品计划的跨阶级的内含，参见：亨得利克森和赫费尔南（Hebdrickson and Heffernan，2002）。有关特权的道德后果，还可参见杨（Young）的观点，他说，"哪里有结构性的不正义，通常哪里就不仅有不公平的受害者，而且还带来特权的受益者。那些从结构性不平等中受益的人，特别有责任去参与纠正这种不公正——这不仅仅是因为他们应对此负责，而且还因为这些人有能力适应改变了的环境而不至于损失惨重"（2003：43）。

生活中伦理道德饮食的一个重要概念，其中，农产品可能要旅行数千英里之后才能抵达其预期的消费者手中。注重减少食物里程可以成为一种方法，通过这种方法，本地的生产被优先置于全球市场，而且也显示出对减少消费石化燃料的承诺（Purdue et al，1997：652；关于这一点，也可参看第六章）。然而，食物里程的减少就意味着像纳伯翰独创的实验那样，唯一的道德饮食就是局限在只食用身边或邻近的东西呢？这种困境——“是让人们去旅行更好，还是将产品载运更好？”（Petrini，2001：58）——把我们又带回到了有特权的消费者这个问题上，这种消费者不仅有钱在他们自己周围以较高的花费购买作为进口货的农产品，还有钱去旅行，以便吃到原产地的农产品。对此，皮特林尼做了如下的回答：

> 让人们去行走更好一些，只要他们留心地行动，明智地选择他们的路线，并且从他们自己发现的地方寻求获得尽可能多的文化刺激。我们不得不接受资源是有限的，我们必须支付公道的价格来享受它们，这意味着那些愿意投身于生产基本粮食工作的人，能够［109］不屈从于工业化浪潮而谋生。而且，他们这种不屈从的作为有时可以成为一种可敬的行为（2001：58）。

换句话说，审慎的愉悦又是皮特林尼所表述的慢速哲学的基本价值，这种哲学并不提倡一种狭隘的态度，但同时承认世界主义伦理道德的限度。[①] 对于同环球旅行相联系的精英主义的指责，也有必要再次重申，旅行和特权的叙事——意指一种脱离于当地现实的有特权

① 这里，威尔什（Welsch）对狭隘的定义是中肯的，“一个狭隘的人并非是指一个人家住某个省而言，而是这个人认为这个省乃是独一无二的，并误以为它是整个世界”（1996：21）。

的经历——并不一定是一种必要的或不可避免的，和忽视了主体的范式转移的能力，这种连接旅行或许还提供了一种移动的主体。例如，艾丽丝·沃特斯（Alice Waters），作为慢食的副会长和食用校园（Edible Schoolyard）的支持力量，曾经讲述过她在20世纪60年代的一次法国之旅是如何激起了她对食物的热情，这通过她的餐馆帕尼斯之家（*Chez Panisse*）得到了最好的体现，而且还第一次引起她注意到食物生产和消费中的地方伦理的重要性（Harris，2003：53）。这样一种范式转移的旅行经验作为例子说明了伦理世界主义的形式，这种伦理世界主义将地方语境和全球语境链接起来，以藉此回应文化特性和全球文化的社会不公正。沃特斯的旅行，仿佛纳伯翰的实验，乃是有特权的、富裕的西方主体所采取的一种行动，但是，这样一些实践的伦理维度却可能是多重因素决定的。

愉悦和原真性——调动这两者的乃是对食物、领土、文化和饮食行为中的人彼此之间相互联系的一种意识——不仅在慢食哲学，而且在它的教育学中也都是核心的价值：增加愉悦和识别原真性都必定是学来的，或者至少是培养和发展出来的。在这个意义上，慢食同传统美食学的"反思饮食"（reflective eating）走得非常近（Santich，1996：180）。但是，慢食所鼓励的"反思饮食"并不同于传统美食学所教出来的鉴赏家的食物欣赏，也不同于那些论述伦理道德饮食的著作家们所主张的沉思的实践。①尽管慢食鼓励关注、深思熟虑和欣

① 在思考食品实践中反思和注意的重要性中，柯廷提出了"留心的饮食"（mindful eating），来区别于对食品的审美欣赏和道德反应（Curtin，1992：126-7），而赫尔德克在同一卷中将烹饪和饮食的方式描述为"深思熟虑的实践"（thoughtful practice），它立足于对时间的一种日常意识（Heldke，1992：227）。柯廷和赫尔德克提倡的"留意"（mindfulness）——其中，食品的实践几乎变成了一种沉思的形式——最近还在心理治疗暴饮暴食的成功方法中找到了相似之处，在这种方法中，病人被授予留意沉思的技巧以增强他们对饮食的饱足以及理智的意识（Kristeller and Hallett，1999）。

赏，但它试图发展出一种稍微不同的进路来进行品味教育，将品味界定为“演化成知识的愉悦和转变成愉悦的知识”（Petrini，2001：77）。这样一种策略不能不考虑具有同食物上的优越和阶级的差别混淆起来的风险。如果，就像布尔迪厄论述的那样，品味的体现有助于形成阶级化的身体（Bourdieu，1984：199），那么“品味教育”这个概念本身以及对“品质”的讨论些许就有可能是无法改变的了，因为它挑明了伪装成道德饮食的某阶级价值的强制性。但是，何为慢食所指的“品质”？

> 慢食将教你如何在不同性质的品质之间进行区分。这里存在着被我们称为“硬的”品质，由于其巨大的环境和能量成本而造成。这个种类的品质也许从来没有得以在足够的数量上，至少没有以它目前所设想和消费的方式加以生产……其次，存在着［110］慢食想要促进的一种“软的”、可更新的品质，它可以改善最大多数人的生活品质。（Petrini，2001：25-26）

因而，在生态美食学的论述中，“品质”从来不可能是从一种绝对价值获取其内在的属性，脱离了它得以生产的社会语境和环境语境而加以考虑。“软品质”是一种系于持续性和获取的价值：最优良的食物如何可能为最大多数人所用？慢食寻求达成这一点的方法之一就是通过将教育和愉悦连接在一起，这种连接所依靠的手段便是坚决主张吃的愉悦包括了食物的政治学、美学和伦理学；正如皮特林尼所说的，“品味教育便是抵制麦当劳化的慢速的方法”（Petrini，2001：69）。

如第二章中所讨论的，慢食已经采取了一种多管齐下的进路来推行它称之为“品味教育”的东西——从学校花园和品尝活动到聚餐会工作坊和美食科学大学，品味教育的焦点常常关注于发达国家的儿童、肥胖和营养（这已经变成美国慢食所关注的一个特殊的焦点）。正是因为愉悦乃是“旨在改变社会的‘慢食’计划的基础”（Capatti，2000c：4），所以儿童需要被给予一些机会在某种情境中发展慢食称为“感知扫盲”（sensory literacy）的东西，在此情境之中，孩子们也会意识到他们的食物选择和偏好所造成的全球性的后果。正如一位作者在《慢》中所提出的，“你怎么可能喜欢某样你一无所知的东西？”（Methfessel，2002：16）。当然，儿童确实喜欢某些东西而又对它们一无所知，或者至少没有达到成年人的那种“知道”的东西（假如问一个孩子为什么她喜欢某样东西，那么她很可能会回答“因为我就是喜欢”）。为了解释弗洛伊德（1999/1905），成人们惯常的任务常常是教育一个孩子，别仅仅因为喜爱而喜欢某样东西。此外，鼓励儿童发展对食物的品位并非是慢食的发明，而是早已成为了“进步”教育理论的一条原则，例如，这些教育理论鼓励儿童去“经验”他们的食物（包括触摸和拿捏食物以便认识到它的不同质地和黏性），同时，就像这些理论一样，鼓励儿童发展对食物的品位也是建基于一种共通的假设之上的，即假设儿童期的经验塑造了后来的愉悦。布尔迪厄认为，食物中的品位可能就是：

> 婴儿学习的最强烈和最无法磨灭的痕迹，是一堂堂课，这些课极为长久地抵挡本土世界的隔远和崩溃，同时又最为持久地保持对它的乡思。最重要的是，本土世界乃是母亲般的世界，是最初口味和基本食物的世界……在这个世界里，施予愉悦（pleasure-giving）乃是愉悦的一个不可或缺的部分，也是某种选择性倾向的一个不可或缺的部分，这种对愉悦的选择性倾向也是在愉悦中养成的。（Bourdieu，1984：79）

尽管其他的研究对假设母亲在儿童后来喜爱的（食物）的中心地位已经有所争论（例如，Rozin，1999：15），人们还是普遍认为，儿童通过食物而来的社会化具有一种意义重大的影响，这种影响不仅作用于成年人的吃的模式，而且作用于更为宽泛的主体塑造的进程。这样，品味教育也许会提供一种可能性，来强调和重新协商饮食愉悦的全部问题。例如，美国慢食就曾经试图批判一种二分法，这种二分法倾向于将食物定为“为你好”的或者“好吃”的，而在美国人的想象中，这两者从不可兼得（Chrzan，2002：26），在此想象中，餐后甜点通常被构想为一种“有条件的愉悦”（或者说是犒赏，当你已经吃掉了主菜，尤其是蔬菜而尽了自己的“本分”时，Ochs et al.，1996：23）。①

因此，在某种意义上，慢食的品味教育计划乃是悖谬地教儿童一种孩子一般对待食物的进路，它突出强调饮食的感官经验以及和他人一起就餐的社会愉悦的意义（Venturi，2002）。例如，意大利的品味教育计划，既包括“感知扫盲”过程中强化的教师教育（teacher-training）程序，同时它又是以一种承诺为基础的，这种承诺就是“在愉悦、饮宴以及对系于食物和饮食的文化价值的意识的基础之上，帮助年轻人与食品建立联系”（Venturi，2002：59）。②然而，这又是这

① 在对美国和意大利的二十个同等阶层家庭的品味话语的一项有关文化相似和差异的研究中，奥克斯等人发现，“美国家庭优先考虑食品的营养、优质的材料和奖励而不是其愉悦。意大利的家庭则将食品的愉悦置于任何其他主题之前”（Ochs，1996：9）。在观察中发现，意大利的家庭对食品愉悦的讨论范围广泛，“包括计划、获得、准备、上餐以及食用某种特别食物的愉悦”，这使得奥克斯等人得出这样的结论，即，关于愉悦的这一视角是“此项研究中意大利家庭中品位的社会化的核心”（Ochs，1996：25）。

② 这一计划的实施显然是受法国品味教育计划，即，品味周（Semaine du goût）的影响。（参见 Petrini，2001；Terrio，2000）。

样一个领域，其中，慢食支持者中的文化差异可能是明显的，他们有着不同的家庭结构和食品实践的社会语境，而这又会有所不同地改变品味教育。在与品味教育相关的文献中，特别是在来自美国学校花园计划的文献中，愉悦并没有像营养、责任和智力发展那样同等程度地被置于最突出的前台。例如，食用校园所陈述的使命，作为后来艾丽丝·沃特斯在美国发起的学校花园的模型，便是要——

> 创造并维持一种有活力的有机花园和景观，这种花园和景观完全被整合进学校的学业课程和午餐规划之中。在花园中，学生们专心于种植和栽培的所有方面；而在厨房课堂中，他们则准备、端上并食用他们自己种植的食物。这些活动被编织进几乎每门学科的日常课程中，并且成为一般教学日的组成部分。（Edible Schoolyard，2004）

强调课程要建立于愉悦之上，可能很好地反映了可以理解的考虑，即：它要证明无论是对学校权威还是对家长，这样一种革新规划的教育的益处所在，但是危险在于，学校花园计划可能会完全地转向与食物和饮食的流行态度合作，它们根据营养科学和健康举措来设定“好的饮食”（诸如在“多吃西兰花，它对你有好处，而且你可以在学校花园里种植西兰花！”）。通过潜在地过分强调智力的和教育的方面，美国慢食的品味教育思潮可以被看作是同更为宽泛的文化命令协调一致的，在这些文化命令中，成年人对儿童的管理和监视［112］乃是一种有价值的公民义务（Spigel，1998：114）。① 同开始于花园的美国

---

① 这种对营养教育的过度强调是在查尔赞（Chzan，2004）对美国慢食品味教育的尖锐攻击之后，它表明了这种计划有可能感到来自传统的营养教育的压力。在这一过程中要冒着丧失梅斯费瑟尔所描述的基于愉悦的方式的风险。

模式有点形成对比的是芭芭拉·梅斯费瑟尔（Barbara Methfessel）对儿童品味教育的进路，这种进路正如在《慢》中所概述的，乃是开始于身体，开始于培养儿童对他们自己身体的意识，他们的喜好与嫌恶，并且将食物和饮食与对身体的安康和愉悦的关注联系在一起。通过使用诸如让儿童坚持写有关食物的日记或写传记的方法，梅斯费瑟尔认为，为了养成一种对食物、愉悦和身体的反省态度，不仅要注意儿童偏爱的食品，还要注意他们厌恶的食物（Methfessel，2002：21）。如果品味教育不只是"文明化进程"（civilizing process）的另一部分，诸如让儿童学会像成年人那样吃喝，那么它就需要支持和鼓励儿童对更多愉悦的要求。通过增加孩子们对花园、厨房和餐桌的技能和知识，向儿童展示如何增进品味和感觉的本领，以便更加愉悦地来选择和扩展他们的实践和智力。

在这种语境中，品味教育规划在学校中的采纳需要被严密监控，以确保它不会变成仅仅是"健康和营养"课程的一个变种，因为品味教育的支持者正是千辛万苦地要把它同"健康和营养"课程区分开来。现在有迹象表明，品味教育正在逐渐变成学校课程和餐饮业都更为普遍接受的一部分。正如在第二章中所提到的，在2003年那不勒斯举行的慢食国际大会上通过了一项美国慢食的倡议，倡议要求世界范围的所有聚餐会（*convivia*）都须参与学校花园计划。2003年，皮特林尼同德国农业和消费者保护部部长雷纳特·君纳斯特（Renate Künast）在德国会晤之后，一项在学校中展开品味教育的政府规划得以实施，这得到了德国慢食运动的支持。目前，一项先期课程正在德国的10 000所学校中进行，在这些学校中，不仅为学生们提供"一种建立在有机的或地方种植的产品基础上的健康饮食"，还提供与强调饮食的愉悦和社会性的相关举措（Künast，2004：78）。

在同其他慢食运动诸如主席团项目（Presidia project）的联合中，

品味教育形成了一种语境，从中，人们可以探讨品味、愉悦、原真性和“软性品质”的伦理学等问题（Perullo，2003）。这样，对原真性和感知意识的评价，就并非简单的是精英口味的标志，而是被慢食动员起来去培养一种对土地和餐桌、生产者和消费者之间关系网络的更为强大的意识。通过以这种方式来定位愉悦，慢速生活的某些伦理含义也许就可以被突出强调了。在伦理世界主义的框架中，要询问日常生活的微观政治实践对于慢主体来说仍然是一项任务，须留心在日常基础上附加给选择能力的特权。反省地注意这些选择的含义，不仅包括被加强了的感觉经验，还同时包括平常的饭食。下面一节所讲的就是慢速生活的这个方面。

共享的餐桌

> 女性在任何地方都构成了社会的魅力，但在美食的宴会上却发现她们是格格不入的，人们的注意力远不是想要被分享，它全力关注的是餐桌上的菜，而非围绕着这餐桌的人。
>
> 格里默德·德·拉·雷伊涅尔
>
> （Grimod de la Reynière）（引自于 Giard，1998：218）

如果有一个唯一的意象——蜗牛除外——可以概括地表达慢食，那么它就是共享的餐桌。慢食针对食物和愉悦的方式颂扬两种不同的但彼此相关的愉悦：食物本身的愉悦（比如口味、气味、口感和外观）以及与食物相关的社会的愉悦（比如饮宴、知识的交换和共享准备工作）。为着欢宴的愉悦而慢下来，这对于那些被“快速生活”的“时间绑定”所淹没的人来说乃是一个吸引人的意象：共享的餐桌这个概念看起来使得与他人联络这个当代时间上的渴望明朗化。但是，共享的餐桌，就像慈爱那样从家开始吗？也就是说，在何种程度上，慢食的饮宴理想是以一种家庭模式或者一种美食模式为基础的，而这两种模式都有其相伴的关于性别参与的假设，就像来自雷伊涅尔的引语所解释的那样？在这里，我们将把共享的餐桌这个核心概念考虑为一个过于武断的隐喻，该隐喻是针对运动中的好客和欢宴而言的，而它的更宽泛的含义则指向慢速生活。从思考被放置于“家庭餐”（family meal）中的价值开始，我们将批判性地考察，慢的价值如何与围绕家庭、性别和社会性这些文化特征进行协商，而慢食就处于这些文化特征之中并且在其中寻求介入。

在过去的几年中，便餐，如“六分钟烤肉”的市场已经有了相当的扩张，但它的含义明显不同于快餐（Day，2003）。尽管这是食品行业的一个增长部分，不过就其 2002 年在美国的 1.5 亿美元的销售总计而言，便餐可能还没有成为快餐企业的威胁。但是，它们在以“家庭烹制”的形式坚守传统价值的同时，也同样提供了对“快速生活”的一种解决办法。泰森斯（Tyson's）是目前处于便餐潮流支配地位的美国公司，将它的目标市场确定为所谓的“疯狂家庭”（frenzied families），即至少有四个人组成的传统核心家庭，在这样的家庭中，没人有时间或精力去煮一顿“家庭餐”（Day，2003：1）。针对这一研究，便餐公司播放了这样一则电视广告，母亲和父亲目送他们的女儿登上校车，此时画外音说道：“我们知道时光如何飞逝，这就是为什么泰森斯公司已推出即食烤牛肉和烤猪肉的原因。”（Day，2003：1）这种餐饮的怀旧含义唤起了那个家人们在一起吃饭的时代，同时也提供了一种慢下来的可能性，让缺乏时间的家庭即使不做饭，也能一起来吃饭。对“家庭餐”正在衰落（尽管事实上似乎并没有大规模的和可靠的纵向研究来支持这个观点）的普遍感觉，建立在共享餐桌的田园诗通常是在情景化的背景之上（Murcott，1997：35-6；Crang，2001：191；同 Falk，1994：29-30 相反）。不过，现存的研究看起来的确在支持着“作为一种热望的家庭餐的观念”——一个在碎片化、快速和敌意的世界中的家庭单位的符号（Murcott，1997：41，32）。加到这上面的便是家庭餐和“规矩的饭菜”（proper meal）的二合一，它是家里做的、花时间和精力去准备的“好食物”（Keane and Willetts，1995：17）。合起来看，“规矩的饭菜”/“家庭餐”这个连接来自于某种家庭结构，并且是相互构成的：一个“真正的家庭”就是在一起吃“规矩的饭菜”，并把它当作不变的习惯（Charles and Kerr，1988：17；DeVault，1991：79）。

就像泰森斯公司便餐的广告措施所表明的，“家庭餐”的商品化在它抹去（或者说隐瞒）了产生它的性别劳动的时候，将家庭定位成“消费的特权场所”（Probyn，1998：167）。用一位泰森斯公司主管的话来说，“家庭餐并非完全是妈妈在厨房里忙活了一整天，然后再花好几个小时去洗盘子……家庭餐乃是要坐下来一起好好吃饭”（Day，2003：1）。这种说法正好使妇女的劳动看不见了，成了主要的事件的“后台”，以便强调被渴望的结果，将家庭餐作为一种田园诗，也就是像它表明的那样，家庭餐仍有可能在无须改变今日家庭成员的时间表或时间分配的情况下得以实现。然而，正如本德尔（Bender）和鲍基（Poggi）提醒我们的：

> 理所当然，人们不会在批判麦当劳缺乏人情味的消费食物时，单纯地将它作为被殖民的生活世界的一个方面，而不反思这个批判中所暗含的与此对照的一种模式，即：一位妻子和母亲曾心甘情愿而深情地关心她亲友物质上的福祉。当然，她也许已经这么做了，但是她有其他的选择吗？（1999：26）

也就是说，需要去询问支撑共享餐桌这个理想的快餐/慢食的二元体，以便考察这个理想是否依赖于一种传统的家务劳动的分工，在这种分工中，妇女 / 母亲是厨师而不是慢长聚餐的完全参与者。正如在第三章所讨论的，当代人对于我们认为系于慢速生活的更有意义的时间的渴望，通常乃是沿着性别的路线而有所差别地获得的。在对 1968 年和 1992 年英国妇女杂志中的有关食物写作的一项比较研究中，由于与今天不同，在 1968 年，“烹饪时间一般都没有记录下来”，瓦尔德不能断定从 20 世纪 60 年代到 90 年代间准备食物的时间是否有所减少（Warde，1997：151）。我们可能理所当然地认为，那时，有些人还是有时间用于准备日常的餐饭，相比之下，今天的餐饮写作，无论是来自营养学家的还是来自名厨的，通常都假定想要“为忙碌的人们所提供的快速而新鲜的菜谱”，这是澳大利亚餐饮作家多娜·海伊（Donna Hay）的话，她提供了一些方案来解决“每顿饭吃什么——而且要快！这样日常的困境”（1999：n.p.）。正如这两个过于武断的有关晚餐的例子对我们的提醒，食物和社会性的重叠总是联系到关于家庭和性别身份的假设。因而，要强调共享餐桌的愉悦，就要不可避免地考问它们，诸如：谁是将要坐在餐桌上的人？准备一餐要花多长时间？（包括“计划、选择、购买、烹饪和清洗”）（Crouch and O’Neill，2000：186）。

如许多快餐或加热即食食品（reheat meals）的电视广告所演示的那样，带着微笑准备餐饭的妇女 / 母亲无疑既对家庭的饮食又对家庭的团聚负责。在一项有影响的研究中，马乔里·德瓦尔特（Marjorie DeVault）曾认为，家庭中几乎都是由女性来承担煮饭的工作，它包括“提供群体生活的技巧”（1991：130）。德瓦尔特坚持认为，养活一个家庭“不仅包括对家庭成员物质方面的操心和供养，而且包括日常的连接与社会交往的活动”（1991：230）。正如共享家庭餐上微笑着的妇女的意象所暗示，妇女在与做饭相关的地位是由多重因素决定的。

其微笑证明了她自身的愉悦，并再次向旁观者证实了这个家庭也被照顾着。纵然她的劳动可能微乎其微（将炸鸡和薯片盛放到盘子里），但是，在这样通过家庭餐来构建家庭观念的表现中，妇女的情感性的家务劳动既被忽略又被要求。尽管近来女性家庭生活又有了新的含义，即试图在照顾他人的同时也照顾自己（Hollows，2003），但是，妇女仍然常常被描写为这样的形象，即她们有能力和责任去改变她们家庭的诸种习惯和生活方式，被用来重新强调私人领域的首要地位，又用于重新强调妇女在家庭中的“天然”位置（Sandilands，1999：xii）。① 然而，需要考虑的一个问题是，在什么程度上，慢食的意大利起源从实践和表现上影响了共享餐桌的理想化，共享餐桌对慢速生活的普遍含义是什么？

在意大利家庭的“空间和情感亲近性”里，共享的餐桌已经成为家庭生活的一个具有价值的场所（Ginsborg，2001：74）。正如在卡罗尔·库涅翰（Carole Counihan）的佛罗伦萨家庭研究中的被访者所说的，“在一起吃饭是家庭的基础”（*Mangiare insieme è la base della famiglia*）（Counihan，2004：116）。在意大利迅速现代化以来的几十年中，意大利家庭生活本身也由于一系列的因素而发生了意义重大的变化，这些因素包括诸如涉及平等权利和家庭法律的立法变化，以及在教育和劳动参与中的变化（Passerini，1996：144-9；Ginsborg，2001：71）。人口出生率曾经降到全世界最低（每名妇女生育率从

---

① 霍罗斯特地分析了尼格拉·劳森（Nigella Lawson）的作品和图像，她认为，这些作品和图像阐明了在家中烹煮的非凡意义，并表明了当代女性身份的转变。劳森的烹饪“是从满足和关爱自身而非他人的重要意义，并借此提供某种表现家务的女性气质的愉悦的替代性模式”（2003：184）. 然而，我们还可以看到，琼斯和泰勒（Jones and Taylor 2001）类似的写作，论证过更早一代的英国妇女，即先于劳森的伊丽莎白·戴维和简·格里森（Elizabeth David and Jane Grigson）的烹饪写作。在戴维和格里森的作品中，烹饪不仅代表了某种愉悦，还代表了去探索“超越家务生活的界限”的严肃工作（Jones and Taylor，2001：178）。

1970 年 2.42 个降到 1993 年 1.21 个；Ginsborg，2001：69；也可参看 Saraceno，1991：509），便是这变化中最为明显的标志之一。这些变化的社会文化的影响，在意大利的语境中常常通过“双重在场”（*la doppia presenza*）这个概念来讨论，来描述妇女栖息于家庭和工作这两个世界的生活方式，而男人的家庭责任则基本没变（Saraceno，1991：513，515-16）。与其他地方一样，当代意大利社会中父亲的角色现在也正处于某种商讨之下，然而，母亲仍然“处于意大利家庭的中心，是全部照顾的永恒源流的提供者，首先是照顾她们的孩子，同时还要照顾她们的丈夫、父母、通常还有她们的公婆”（Ginsborg，2001：77）。意大利家庭中母亲的中心地位的显著标志就是“口腔依赖”，这种依赖把整个家庭系于母亲煮饭工作的周围，这种依赖可能会一直延续到子女的成年生活中，尤其是对于儿子而言（Ginsborg，2001：77-9）。[①] 因此，尽管共享的餐桌通过它所提供的愉悦在构建家庭凝聚的形象上担任了重要角色，但是，尤其是在意大利语境中，它也许固守了某些依赖性，这些依赖性可能会是慢速饮宴全体参与者的折中妥协，尤其是当母亲作为食品提供者的时候。[②]

然而，在家庭之外，意大利语境中公共性的进餐和私人性的就餐之间的划分与英美文化相比也有一些不同的意义。这也许部分地来自于对餐馆的一种不同理解，尤其是把餐馆特别是小餐馆（*osterie*）理解为在社区和家庭生活中占有一种独特而重要的地位。正如前面所

---

① 根据意大利国家统计局 1933 年至 1934 年的数字显示，1/3 的意大利已婚男性依然会每天都去见他们的母亲，而 27.5% 的已婚男士看母亲一周一次以上；而 70% 的年龄超过 35 岁的未婚意大利男士则与他们的父母生活在一起（引自 Ginsborg，2001：79）。

② 然而，库涅翰曾认为，尽管家庭聚餐主要是妇女的职责，在她所研究的佛罗伦萨地区，妇女同样是家庭餐桌的完全参与者。这种参与通过各种途径，包括细心地烹煮食物和招待，比如，在全家就座之前就准备好所有的菜肴，或者在大家庭聚餐时和不同辈分的女性一起承担这些工作（Counihan，2004：118-9）。

述，一家相对朴素的小餐馆，它作为乡村和城市环境中的一个重要的日常生活的场所，在英美文化中并没有可相提并论之物（英国文化中最为接近的对等者也许就是酒馆（pub），但它并不同等地具有小餐馆所包含的家庭情谊）。举一个文化反差的小例子，尽管在许多西方文化中星期日午餐是家庭生活的重要一景（例如，英澳文化中“妈妈家的午餐”包括作为典型主菜的烤肉），但是在意大利，它却可能是在一家小餐馆一类的饭店共享午餐，它的“家庭”地位看起来并没有由于在商业环境中聚会而减少。正如赫尔斯托斯基（Helstosky）在她的现代意大利食物史中所描述的，一种集体就餐的文化在20世纪的意大利以各种独特的方式发展起来，而且，自从20世纪60年代快速的现代化以来，意大利人更为频繁地在外就餐，人数也一直日益增长（2004：132，148）。特别是对于意大利青年一代来说，就像许多其他国家情境中的年轻人和学生那样——在这些国家，尤其是在城市地区，大量的小型而价廉的餐馆有效地创造了一个引人注目且易于社交的食物社区，在外就餐现在是很平常的了（Counihan，2004：126，184）。这样，较之仅仅是家中的家庭餐来说，“共享的餐桌”的观念就包括了可能更宽范围的场所和分享者，它可以为参与聚餐会提供不同的机会。

同样的，在慢食的文献中，共享的餐桌也不限于家庭，而是作为一般的原则或社交的场所来讨论，它意味着可以被置于一系列的环境之中。这方面的一个好的例子就是卡帕提写的慢食宣言论好客的部分，这份宣言从全球日常生活的好客是不可能的这一前提开始，然后再考察慢食如何能够使之重新富有活力。结合第三章讨论的慢食宣言论休息的言论，“好客赞”虽然并不符合该宣言在慢食创立宣言中如此清晰地展示的总协议，但是，它最初是《慢》上的一篇社论，而且现在成了慢食网站上的重头戏，旁边还有一些更为新近的宣言（例如，方舟宣言或者论生物技术的宣言）。卡帕提问，一桩聚餐会构成一个好客的行为吗?“不是在一种传统意义上而言的”，他这样推断道，正如那些会员支付他们的就餐的费用，而聚餐会的领导者也并不履行主人的角色，因为她/他的“贡献的时间和努力是含蓄的、看不见的”。然而，“好客赞”毋宁说不是要鼓励会员们回到家庭式的殷勤款待，倒不如说是要敦促餐馆同它们的消费者之间进行更多的对话。这样，将好客置于公共领域而不是私人领域，看起来就成为共享餐桌的偏好所在。

如此露骨地接受好客的商业化似乎与我们描述的慢速生活的概念有些格格不入，因为慢食自身已描述为一种中意的生活方式。就像快捷服务餐的广告那样，它企图在重视家庭聚餐的同时又把它商品化，卡帕提似乎甘心于将共享餐桌的商品化作为它在全球主体过于繁忙的时间表中得以维持的唯一方式。那么，如何解释卡帕提的看法，以及慢食网站上的宣言对这些看法的明确认可呢?正如早先提过的，意大利文化中的聚餐空间，并不总是像在英国文化中那样在公共/私人的二元体中被严格划分，而这也许部分地说明了这样一种共享餐桌的概念。将聚餐置于公共的领域，还回避了家庭共享餐桌的性别不平等，以及它在家务空间中主要落于妇女/母亲身上的（无报酬的）做饭的工作。不过，卡帕提的结论最终可以归因于这样一个事实，即慢食已经显得过时，这一点连它自己也不得不承认（R.Sardo，2003；Barbero，2003），没有充分注意到与其慢速哲学相关的日常生活的私人空间。尽管在早些年中，一种更广泛的对慢速的理解和实施在该国际性运动中得到了提倡，如第三章中所考察的对慢速含义的讨论，但在皮特林尼近来的著作和的访谈中仍然是一个主题（例如，Petrini，2001；“Interview” 2004），特别是在过去的四、五年间，从慢食的扩散和多样化目标中已经看到了其所强调的向更大的国际计划明显转变，比如从主席团计划中产生出来的东西。

然而，在地方聚餐会和个体成员日常生活的层面上，共享的餐桌仍然是一条主要的原则，它意味着承诺去花时间同其他人一起准备和吃饭。在我们对澳大利亚聚餐会领导人们的访谈中，大家都强烈地表达了这些价值（比如，Bianchino，2004；Hale，2004；Meyer，2004；Talor，2004）。有趣的是，这些人都是女性，她们对美食、烹饪、欢宴和家庭的热情，处在她们对慢食的认同以及对该运动未来成功的希望的中心地位。[①] 尽管这些妇女对慢食的承诺可能归因于她们自己与食物工作（既有家务的也有商业的）、母道和社区的关系，但事实上可以说，慢速生活对于家庭和性别的更一般的含义由慢食而变得有血有肉。在这点上，学校花园计划也许作为一个特别重要的场所而出现了，由此，我们可以去思考在日常生活中来实行慢速。通过保持大量的私人领域中的慢速问题处于未经考察的状态，慢食避免了在当代公共话语中把“社会的”和“家庭的”连接起来的危险（Riley，2002：1），但是，慢食也会向精英政治和排外主义开放对聚餐和“宁静的物质愉悦”的评价，假如谁在促进和参与这些愉悦的问题没有得到充分考虑的话。因而，慢食所发起的大规模事件，如非常令人关注的都灵趣味沙龙（Salone del Gusto）双年会，就变成了饮宴的样品，在一个宏大规模上展示食品和社会性的愉悦（见第六章）。然而，慢食话语中地方的观念和网络的重要性表明，将会有富有成效的机会去更多地关注作为烹饪、园艺和饮宴场所的家庭环境，而如果过多地注重大规模的聚餐会，就会错失这种能促进连接、信任关系和食物的“地方”的良机。

---

① 虽然对世界范围内慢食成员及其领导者的性别分析还没有确凿的数据，在一项业已获得的数据基础上，超过半数的美国聚餐会是由女性领导或者共同领导的。同样，在澳大利亚的聚餐会中，女性领导者的比率与此类似或略高一些。

借着食品对物质愉悦展开的论述是一条连线，它贯穿于慢食计划和运动的连绵蜿蜒，从品味教育到聚餐会事件，而且，它不仅一直是诉诸缺乏时间的主体的一种重要的形式，同时还一直是对日常生活的实践和结构进行广泛批判的一种有效策略。这种对日常愉悦的突出强调，乃是任何慢速生活规划的一个重要成分。出于这个原因，我们相信，尽管慢食对愉悦的强调处于其哲学的中心地位，但在其公共话语以及其全体成员与雇员的私人实践中，依然没有得到充分发展。对慢食来说，为了更有效地调动缓慢生活的概念和实践，它不仅需要更明确地说明它的拥护者的日常实践，而且需要发展出一种对性别、家庭和文化假设更具细微差别的考虑，这些东西支撑着它对聚餐会的承诺。此外，尽管它是被塑造的，它仍需要在评价地方时更多地关注家庭。正如普劳宾所述，“食物提醒我们关注他者”（Probyn，2000：12），因此，食品和食品实践提供了一种独特的机会去说清楚在全球的日常生活中慢速生活伦理的政治的和可能性。这些可能性构成了结论一章的主题。

（张艳芬　译，闵冬潮　校）

第六章　慢速生活的政治

最后这一章，我们将转向详细讨论慢速生活的政治。如前面已经提到的，针对其他章节的论题而言，我们特别意识到，对慢速生活的政治关注可能会产生一种错觉，认为可以对其进行独立于其他领域的研究。但是，我们期望这里的讨论可以使其进入更广阔的领域，在全球日常的领域来理解慢速生活伦理—政治的含义。因此，在这一章里，我们将在与慢食有关的食品的全球政治，以及关于慢速主体的日常生活实践这两个层面上进行思考，更集中地关注政治的实践和可能性。

为此，我们的讨论将始于何种政治是可能的——对于全球的社会运动，以及为推动慢食的哲学和议题而强调的公共性和可见性策略的中心地位来说。然后，我们将分析慢食对生态美食概念的发展。我们认为，生态美食概念是个错综复杂的概念，包含了全球的与地方的、集合的与个人的。我们将评价慢食是如何成功地运用这一概念，在微观和宏观两个层面上来再结构和介入全球的问题（如环境、社区、文化的可持续性）。我们还认为，像慢食这样的运动提出了关于个人的实践、公共的价值和社会组织等问题的公共辩论。通过对日常生活的概念注入新的活力，“对我们赖于生活的准则进行了质疑”（Crossley，2003：295-6）。与前面的几章讨论的规则有所不同，这一章我们在开始分析慢食的政治之前，先回到对慢速生活的日常政治的思考。通过对生活政治的理念的再回顾，反思式的质问日常生活的实践，以便对政治进行“再道德化和再政治化”（Crossley，2003：295），我们将思索，将慢速生活作为全球日常生活的选择，它的可行性和值得向往的可能性。

全球社会运动的可见性

作为一个运动，慢食对全球化和全球政治问题的回应是多元的，可能被理解为反公司财团的（如它起源于抗议麦当劳），也有属于更传统的政治（与巴西社会主义运动的“零度饥饿”是伙伴关系），或文化的（如食品节和食品活动）。慢食未出现如其他的反全球化、反跨国公司的运动那样引起‘轰动’的公共效应（如在晚报上出现砸麦当劳的消息），而是依赖着它复杂的策略安排，在媒体充斥着的世界来表现其价值。艾莫理·斯塔（Amory Starr，2000）曾指出了两个宽泛的反公司财团运动的构成方式：一是批评全球公司财团势力和关注传统形式的食品生产为主的“农业文化”的运动，二是包含着更强调文化政治和媒体形象的“流行文化”的运动，二者形成鲜明对照。斯塔的二分法为反公司财团运动多少推论出了个合乎情理的形式，然而，却疏于对下列问题作出有效的解释，即：“公共领域是如何通过全球化的、媒体形式的交往来塑性的，而这种交往构成了代表着当今公共领域的基础。”（McLaughlin，2004：157）[①] 在这一语境中，慢食生态美食的哲学与一系列的全球政治问题很融洽地联系起来，诸如：可持续的农业文化（Pretty，1998，2002）、基因技术（Lappe and Bailey，1999；Purdue，2000）、生物多样性（Shiva，1997）、公平贸易（Ranald，2000）——其重要意义在于使慢食关注的领域成为一种**可见的**活动，同时也论证了其哲学思想。在下一部分里，我们将详细

---

① 尽管斯塔（Starr）承认对传统的评价不能从当代政治的维度中逃遁，而要与其形成一种约合关系。但她建构的这种二元对立的力量则失于充分思考对传统的反思式运用。

讨论生态美食的概念，这里，先简要地介绍食品活动在慢食运动政治中所扮演的角色，这些活动作为文化构成和倡导明显标志，它在文化和政治中可能会形成新的干预力量（Terrio，2000：8）。

现代公共生活是个媒体化的现象：媒体是个场域，政治和公共生活的意义和价值在此产生并被评价。它遵从着这样的信条：无论前者有多少短处与不足，我们不能将以大众媒体建立的“不可靠的”公共生活与“可靠的”非媒体的公共生活对立（Craig，2004）。因此，像慢食这样的全球的社会运动要依靠组织媒体活动，并且采取推广与可见性的策略。有一点很容易被忽略，从开始出现的 Arcigola 小组，慢食就是一个具有一系列宣传策略并运用大众媒体来推动其目标的运动。与传统的美食俱乐部非常不同，Arcigola 运动起源于左派政治和开放的思想，渴望广泛地改变食品文化并影响公共的、政治的讨论。Arcigola 也不同于较传统的左派策略，这不只是它包括了食品和享乐，而且还包括对媒体的积极利用。佐以皮特林尼本人最初对电台节目与喜剧的兴趣（Kummer，2002：18），Arcigola（其名来自于 *La Gala* 杂志的创意）的迅速成长源自于对这类组织宣传所起的中心作用的意识，这种意识通过其出版物最清楚地表现出来，例如红虾（*Gambero Rosso*）葡萄酒指南。于是，慢食的成功，总是被部分归结于其娴熟机敏的宣传技术（Kummer，2002：23）。现在，该组织不仅擅长做食品的大型活动，而且在一些其他形式的交流方面也很出色，例如对运动推广和不断扩展的网页。①

慢食利用一系列的现代媒体形式、形象和活动来进行推广是个好的运动范例，它企望干预全球文明社会，并且运用其干预来引起世人对全球传统食品生产者们的状况的关注，同时，在这些生产者之间

---

① 在 2002 年 10 月至 2003 年 4 月这一期间，平均每日有来自 131 个国家的 3 500 人访问 www.slowfood.com 和 www.slowfood.it 这两个网页（Irving，2003）。

建立起交流和团结的网络来促成一种“自下而上的全球化”的形式（Mclaughlin，2004：169；Falk，1993）。当140 000人参加慢食2004年10月在都灵举办的两年一度的品尝大会时，他们所得到的东西比传统的品尝大会要多得多。号称是世界上这类活动规模最大的这次大会，据信有2 000多名记者参加。它不仅是慢食的主要盛会，而且是其拓展的重要推进器，集运动的推广、政治、经济和教育策略为一身。[①]2002年的品尝大会有来自30多个国家的500个厂家参展，其中包括许多堡垒（Presidia）厂商。再加上可以品尝到2 500种葡萄酒的酒庄，有300多个品尝葡萄酒的工作坊（品尝大会官方计划书，2002：9）。由于将做工考究的生产者和消费者联系起来，品尝大会就成了连接知识与信任为一体的环节，如同其他选择性的食品项目一样，慢食被视为食品文化和生产的关键一环。再加之，品尝大会还可以让生产者互相见面和分享信息与经验，正如方舟办公室的恩雅·费那尔德（Anya Fernald）告诉我们的那样：

> 在国际项目中，最令我惊奇的是生产者开始感到他们是社区里的一个成员。这是个动感情的事——他们参加了大会，见到来自世界各地的四十个像他们这样的不是满世界跑的人。对他们来说，这真是个开眼界的机会（Fernald，2003）。

品尝大会也是个将策略与创意公布于众的地方，重要的新创意都曾经在品尝大会上宣布或启动：方舟（Ark）是在1996年宣布的，堡垒（Presidia）于2000年介绍给公众，生物多样性基金会（Foundation for Biodiversity）于2002年开创，2004年举行了第一个

---

① 它还培养了新成员，在2004年的沙龙上，有1 800人申请入会（http：www.slowfood.com./eng/sf_stampa_dett_comu.Iasso?idstampa=US_00366）。

“大地母亲”的聚会。通过这些生产者的展示与相关的慢食哲学与实践的讨论，于是品尝大会标志着在意大利食品政治与农业经济中的干预，并具有更深远的意义。作为一种烹饪—农业的公共空间，品尝大会的规模具有重要的示范意义，它意味着，慢食不仅仅代表着适合精英消费者的市场，而且是与那些全球跨国公司截然不同的一种跨国公民社会的一个方面。

像这种代表慢食的活动总是试图集“节日”的愉悦与“传统的”食物的享乐于一体（Warde and Martens，2000：217-18），以便增进参加者的感受和有影响的经历，同时还要将运动推广到更广的受众。例如，2004 年“Genoa 的慢鱼”（Slow Fish）活动不仅是个海鲜食品节，而且成为宣传与辩论的平台，引导大家关注处于危险状况的世界可捕鱼的储量，并且关注“养殖渔业对海洋生物多样性枯竭是解决的办法还是使其恶化了？”诸如此类的难题。然而，这种慢食的活动，是在一种被形容为“亲历的经济”（experience economy）的语境中进行的，即：靠接触的、娱乐性的、教育的或理解的办法来不断寻求吸引消费者，目的旨在产生一种建立在增进感情和参与活动上的值得记忆的个人经历（Pine and Gilmore，1999）。与此相似，佛罗瑞达（Florida）已经指认出在富裕的西方主体中的一种生活方式的趋势，它建立在一种“经历的情感需求”的基础上（2003：166），这种趋势所追寻的不是那种“迪斯尼式的打包式的经历”，而是“更具活动性、真实的和参与式的经历”（2003：167）。在品尝大会上品尝具有外国风味的头盘和节日的气氛，或在作为历史遗产的 Barossa 的果园里采摘水果，南“澳大利亚的慢食”（Slow in South Australia）可以被视为这种“经历的需求”的一种形式。目的在于盈利的经历的经济正在不断地为消费者创造出完整的经验，慢食的活动，尽管目的在于开创一种与本地的和传统的食品文化接触的独特机会，目前也受到这种体验“原真性”的商品化的影响，这种潮流从野味假期到主题餐厅无所不及（见Heldke，2003）。

给慢食活动中推广活动的意义与影响下个简单的结论是件不易之事。一方面，在当前全球文化媒体基础上，慢食必须要采取公共领域定向和视觉化效果的策略，节日方式的活动有效地增强了运动所追求的回到食物的享乐和聚餐的重要性。另一方面，在制造慢食中最耀眼的**沙龙形式**的活动中，慢食也遇到了危机，它可能会变成仅仅是另一个食品活动的提供组织者，给那些寻求新鲜经历的特权人士搞点享乐的活动，而全无伦理政治的含义。而且，这种突如其来的、有实力的媒体对偏远地区美食项目的报道有害影响，也带来了危机，它导致了一种错觉：“公众所承认的另类形式”应该得以发展（Scarpato，2002：147；Leitch，2003）。然而，正如我们在第四章里注意到的，慢速生活的空间语境涉及对特定地理的评价与全球意识的结合，将这一点扩大到慢食的公共生活中，那么它就既包括对更紧密的社会关系的评价，又包含着经过媒体话语和再现的公共性的建构的评估。虽然其联络办公室和《慢食》杂志的编辑部除了组织节日之外，把活动和抗议运动相联系也是得心应手，但他们也不可避免地遇到观察者们对其活动的不同解释。然而，我们相信，加强**聚餐**的慢食地方网络是可能的，通过这一活动，更持续的关注食品加工和消费的微观政治层面的实践的慢速性，由于慢食国际的公共话语的这种首创性的明确清晰表述的支持，将使大型的、更有特色的活动继续为运动提供重要的资源而不致阻碍了其他的特性。

慢食运动的媒体和推进策略彰显了一些方法，即：慢速生活的理念在与当代全球文化和与公共生活的必要的交接中兴起。慢食的成功在很大程度上要归功于与主导地位的生活方式和价值对立的表达与描述，由于对广大的观众来说是具体化和形象化的，那么这种表达应被视为是慢食运动政治项目的一部分。慢食和慢城这类组织的增长，反映了媒体相当大的覆盖率，以及诸如卡尔·霍诺拉（Carl Honore）的《赞美慢速》(*In Praise of Slow*)(2004）这种畅销书的出现。它们证明了在公共话语中正在创造出一种空间，来质疑日常生活的约定俗成，来探索日常生存的多重任务、标新立异消费的另类选择。然而，如果这种长久性不是简单地与那些特权主体的“生活的质量”谈判的结果，那么，这些问题就需要放在**全球**的日常中来考虑。关于食品的政治是如何用来探索政治的含义将是下一节的主题，我们将在这一语境中检视慢食的生态美食的概念。

生态美食的政治

今天，慢食运动的政治特别从其“生态美食”运动的自身定位中获得，因此，当“生态美食”成为食品政治中的动员力量时，我们就需要更进一步探讨生态美食概念的详情。① 如我们在第二章里所谈到的那样，慢食总是将餐桌上的愉悦和食物的生产相联系，但近年来，它更关注于环境的政治，例如，保护生物多样化和促进农业的可持续系统。正如皮特林尼谈到的：

> 我们很快认识到我们要保存的风味与人们（农民）的工作紧密相连，这些具有古代知识的人是生物多样化和土地的真正掌管者。我们对可持续的农业和美食文化的连接有着基本的认识。任何自认为美食家的人如果没有一点环境意识都是天真

---

① 在2005年，皮特林尼流露出这个理念，即：慢食可能被确立为“新美食”，他的意思是世界各民族的不同群体承诺对美食新理念进行研究、推广和实施，就要求对生产、消费、可持续性、质量和社会公正的关注（2005: 7）。现在对这一新概念是否被广泛地接受为运动的话语进行评论还为时过早，但不论从哪方面来说，皮特林尼的这个定义与早期的“生态美食”的定义都区别不大。

幼稚的，而作为生态学者却不能享受文化的愉悦才真是可怜（“Interview”，2004：51）。

尽管众所周知，消费食物是人类的基本活动，并且总是隐含着社会关系和决定着物质环境，但慢食令人瞩目的政治认同来自“美食”和“生态学”的“不一般”的叙事。当传统的美食倡导一种对食物的关注态度，生态美食则超越了对盘盏的关注，而将食物置于危机的全球语境和其相关的网络（文化的、地域的和生态系统）之中，这就需要一种伦理上的回应（Donati，2004：28）。

然而，从环境意识来看，慢食保持对食物消费的愉悦与环境运动中一般的禁欲主义的做法不同（Maniates，2002b）[①]。虽然对慢食运动中愉悦与伦理的不同寻常的连接的讨论已经不少，在此，我们想就这种连接如何在政治范畴和现存的政治价值系统上引起的深刻问题加以探究。慢食与其他运动共同具有对生活的慢速和留意关注的态度，例如**志愿简朴化生活运动**，但后者在简朴特征上保持着很不相同的特色（Maniates，2002b：199）。如前面我们所注意到的，慢食所推进的愉悦不是奢侈或过度，而是与食物消费有关的身体上和饮宴上的欢庆。有些人因为慢食的美食基础和对食物的质量和味道的关注，就刻意忽略了慢食也是一个精英组织（Gaytan，2004），而慢食运动自身对其精英感觉的风险是意识到的（Sonnenfeld，2001：xiv），但是，这里有一个全体成员都有要求享乐和品味的民主权利的伦理界限（“Interview”，2004：52）。此外，慢食运动反全球化的姿态是与**志愿简朴化生活运动**另一个明显不同的特点，而后者是以其过度地关注于个人消费实践和反对“抓住简朴性更广阔的政治特点”为其特

① 在《生态学家》（*Ecologist*）2004 年 4 月号，将慢食作为一种标志。于是，在环境运动与慢食之类活动之间的区别可能消失了。

征（Maniates，2002b：228）。慢食与反抗全球文化中大量的生活狂热的东西（简朴生活者也与此对立）相联系，与跨国农业公司对立来争取文化与生物的多样性，例如，慢食企图在“日常生活的微型政治与全球的经济与政治过程的宏观政治”进行更为协调一致的叙事（Mohanty，2002：509）。

从上述观点来看，显而易见，慢食可以对各种人的胃口，组织上的多面性也可以为各种理论所分析。我们对慢食政治分析的目的是要表明，如果不包含多样性，任何对运动的考虑都会无法恰如其分地抓住其政治的特点。然而，对其多样性而言，慢食充满了一致性的政治哲学：运动的广泛的考虑代表了对当代生活中的许多政治和社会紧急事物整体上的回应，而不仅仅是一堆“合乎众人口味”的处理办法。从根本上说，慢食寻求将经济力量再嵌入社会语境里，强调社会—政治领域和范畴之间的网络和连接，以便增进本地的经济和文化发展。当市场为首的力量威胁到破坏当地社区、环境和食品文化时，慢食是唯一“反商业”和“反全球化”的组织。

在这种方式下，如同其他的反跨国公司运动一样，慢食与全球跨国资本主义的激烈增长处于对立状态，对经济采取实体主义者的立场（Emmison，1983），即：经济力量不能从源自于他们的社会活动中“抽象”出来。正如卡尔·罗燕依（Karl Royanyi）已经注意到的那样，这种对经济宽泛的理解源自于我们为了生存和满足需要而对自然和其他人的依赖（引自 Emmison，1983：141）。这种辩论开拓了对“经济”的新的理解（Thrift and Olds，1996），经济分析将依据特定的社会活动，以及强调承载这些活动的网络、实践和价值的异值类别。这种新的切入将意味着寻找新的方法来“将社会实践”（如信任、平等互惠、知识）载入经济，展示市场是具有无数的时间上重叠的伦理和历史的复杂的运作，在相互关系的条件下来描述各种机构功能，来观察各种消费和生产关系汇合的瞬间与动向（O'Neill and Whatmore，2000：124）。我们在马雷·米勒和乔纳森·默多克（Mara Miele and Jonathan Murdoch）所做的巴尼奥利餐馆（*Ristorante Bagnoli*）慢食运动的案例研究中看到了这种社会与经济鳞状叠加的状况，该案例发生在托斯卡尼西南部海岸，在那里，餐厅成为当地一系列生态经济、政治权力和经济机构网络的焦点（2002：322）。这种成功的生态美食企业要依靠美学的、伦理的以及劳动和经济的一个多元性交织的网络。这些餐厅通过将带有城市因素的农村产品和影响力聚合在一起，来推动当地经济的发展，通过只使用当地周围农村产品来倡导伦理的价值，强调享受食物的味道和质量；生动地展现了劳动的过程，在此过程中不是反对传统和典型性，而是与此合作（Miele and Murdoch，2002：323）。

从这种在不断增长的全球产品和食物的分销过程中出现的复杂的鳞状叠加关系理解开始，我们才可以了解，慢食如同其他的农业行动一样（Hines，Lucas and Shiva 2002），首先考虑的是在全球农业造成的不平等和匮乏的结果，也就是如何处置被称之为"再本土化"（relocalization）的问题。① 正如"再本土化"这一概念所强调的，由于生产的产品倾向于出口而不是满足当地的需要，大部分的农业都已经被"去本土化"（delocalization）了，这就使得发展中国家服务于发达国家的消费需要的资源状况更加恶化，并且使那些大公司获利。用范达娜·席瓦（Vandana Shiva）的话来说，"再本土化的意味非常简单，就是当地所种植和生产的东西为当地所用，以便保护资源和生活资料"（2000：37）。再本土化的思想在许多方面与慢食的关键项目契合，其中包括推动可持续农业、保护生物多样性，以及反对转基因食

① 农业的运动和政治包括另外一些形式，如：帕桑尼联合会（Confederation Paysanne）（见 Bove，2001）和农民组织 Via Campesina（http：//www.viacampesina）。

品的斗争。再本土化明确反对统治的农业制度，这种制度在大部分发达国家运行，并且由世贸组织（WTO）这类机构来推进。如果农业中“作为男性的（以及白色的）‘供给世界’的道德项目——一种服务于国际贸易意识形态的作法不断增长”（McMaho，2002：205），那么，反其道而行之，再本土化强调的则是通过赋权当地社区而不是全球化的公司来“供给你的国家”。① 然而，再本土化并不寻求把本土的社区与世界隔离，其哲学是要精通于全球的意识，因为它要寻求对全球农业结构的修正。慢食可能没有倡导反全球化项目的直接行动的做法，但是，如同其他的反全球化运动一样，它推动这样一种对食品的理解“由于把人们与其相识的农民相联系，人们就了解了这块土地、这地方的生态和季节，于是人就和时间与地方再次嵌入。这是在资本主义制度下反抗生活和农业商业化的一种方式”（McMahon，2002：203-4）。

这种嵌入的过程包括了在参与者之间建立和加强网络和联系的工作。它可以产生在地方的层面上，如我们已经在巴尼奥利餐馆（*Ristorante Bagnoli*）的案例中看到的，这也是慢食的一个特征，但它也可以扩展到更全球化层面上。萨拉·沃特莫尔和洛兰·索恩（Sarah Whatmore and Lorraine Thorne，1997）提出了“食物可替代的地理”问题，如果我们对全球化采用“网络”而不是“系统”的观点，看起来更言之有理。跨国公司及其机构管理的整体化的表述暗含了用可替代的全球化农业的理念来反对全球资本的力量是微弱和无效的（Whatmore and Thorne，1997：302；Hendrickson and Heffernan，2002；Barndt，2002）。实际上，这种表达是对全球化中非决定性的、

① 麦克马洪（McMahon）注意到“全球化的农业并不有助于贫穷国家的发展和摆脱贫困”。她从联合国对世界上最贫困的48个国家的报告中引证揭示，当这些国家对国际贸易更开放时，实际上贫困的水平在上升（2002：204）。

部分的和必要的情景化的本质的误解：

> 这些跨国公司和机构**本身**根本就不是“全球的”，不论是从它们在具体地方的非实体来看，还是从它们的规模和范围的意义上来理解。它们的扩展依赖于具体的人群、人为的因素、各种符码和各种事情的错综复杂的交织缠绕，并且维持着跨越世界的形形色色的连接。这种过程和连接的模式不能简化为一种处于社会紧张之外或之上的单一的逻辑或决定性的利益（Whatmore and Thorne，1997：288）。

因此，可替代的农业模式需要加入一系列的社会实践、技能和知识从而使网络中的不同观点具有生气，并且重新强调了在这种网络中人的因素和信任关系的重要性（Whatmore and Thorne，1997；Hendrickson and Heffernan，2002）。

如同其他的可替代食品项目一样，慢食不但鼓励特定的、本地的社会关系与市场力量的网络联系，而且将当地的项目与产品和消费的全球网络连接在一起，目的旨在将“品味的伦理与生产的伦理”相结合（Donati，2004：42）。例如，**慢食奖**表彰那些在保存生物多样性方面起了重要作用的人士，而慢食基金会生物多样性方面的堡垒奖首先考虑的是那些支持各种技术成果的项目（诸如：提供基础设施、设备或训练）。在**慢食奖**和堡垒奖之间经常有许多交流：通常，如果**慢食奖**的提名者没有获奖，就可考虑授予堡垒奖（Scaffidi，2003a）。按上面所提到的社会和经济的网络思想，堡垒奖不但支持出品人和他们的传统，而且支持当地的经济与社区。更为重要的是，支持特定的一些堡垒奖奖项还有利于游说政府部门，例如，游说欧盟来了解传统的生产方法，从而使那些技术生产者免除卫生管理方面的税收（例如生奶乳酪的生产者）。

当然，随着处于边缘的农民和社区活动对慢食的参与，对运动中的南北权力关系就提出了许多棘手的问题。特别是在当堡垒奖的项目由关注于欧洲而扩展到全球范围，并且集中于发展中国家的时候。慢食的皮埃罗·萨度（Piero Sardo）用下面的方式来描述了这一挑战：

> 当涉及野生三文鱼、生奶乳酪或法国土豆时，我们知道所谈到的是什么，和哪些领域打交道。而当我们转移到第二和第三世界时，问题就不同了。在这些情况下，我们不会对付很多抢救濒临边缘的特殊产品，而是确保农业技术的延续、与沙漠化斗争，与那些国际上的大买家低价抢购产品而争得合理的价格，等等（2003：141）。

如唐娜·默多克（Donna Murdock）所指出的那样，任何对NGO在发展中国家工作的探究，都会提出与“固执地‘做善事?’”相联系的伦理的和认识论的难题。为了寻求对这种困境的解决办法，重要的是“聚焦于NGO的生活经验，特别是关注‘社会行动者’对意义和实践的不断进行的协商”，而不是绝对的伦理和政治（Murdock，2003：508）。在“做善事”的过程中，堡垒奖项目至少在短期内建立了一种依赖的关系，而“另外的”政治在某些情况下永远是与慢食对立的，由于慢食是一个扶贫和制定堡垒奖项目的机构，因此，**慢食奖**的获得者是由于“贫困”或“值得”才获奖的。通过伦理的消费来保护全球文化多元化的过程，可能也同样会变成另外一种（后殖民的）多元化拜物教的形式。当代的全球资本主义超出了欧洲老帝国主义的逻辑，他们继续“赞同地方的就是全球的”，并且将文化的多样性变为异国价值（Dirlik，1996：32；hooks，1992）。于是就提出了一个问题，慢食与这一过程是否有共谋的关系，将后殖民的“他者”变为了欲望的对象和享受的资源，以便来克服北方的文化快感的缺乏（Donati，2004：60）。然而，这种项目的目的就是作为与“整合到当地社区里”与可持续发展相联系的“生产者运行的组织”（Fernald，2003），而慢食清醒地了解到，需要保持对后殖民语境与其在项目中的含义的警惕性（Scaffidi，2003b）。

尽管**慢食奖**和堡垒奖项目与其他援助组织和NGO，在面对南北方关系上有诸多共同的政治与伦理方面两难的问题，但在出自慢食的生态美食的原则和运动推进的技巧方面也存在着一些重要的区别。正如费纳尔德（Fernald）所指出的“（生产者们）想知道如何销售其产品，他们不知道如何来表达这些产品的美味，如何进行推销”（2003）。当然，这种生产者无法与全球性的农业大公司集团竞争，他们本身也不希望如此，但他们找到一些策略来保证自身的生存。通过获奖、品味沙龙或**慢速**的报道等渠道，将信息传达到全球范围的观众，结果对小型和边缘的生产者来说可能会获得相当的成功。而堡垒奖项目的目的是援助经济的独立性和生产者的生存能力，正像费纳尔德所言：“他们并不依赖于援助，而是得以保持自己的生活方式，我们将此称之为他们自身的慢速生活方式”（2003）。这也留下了一个问题，当生产者一旦意识到他们可以获得更大的自由的时候，他们将选择继续这种“慢速生活方式”。慢食了解到堡垒奖项目中的这种干涉作用可以改变生产者的的生活，特别是通过产品的市场化。当然，在确保生产者持续的生存能力、生产和保持他们完整的身份和生活方式之间保持平衡是个棘手的问题。具有讽刺意味的是，这种生存可能要依赖生产者在一种“美德的全球化”全球网络中的联系（Fernald，2003；“Interview”2004：52），但慢食国际办公室的主任Renato Sardo强调：“我们不是防卫，我们是让人们保持他们自身身份的全球化”

（2003）。

一个**慢食奖**得主的事例很好地表明了在建立新的农业项目中，在传统与发展、南北方之间的复杂性。2002年，劳尔·霍曼德兹·葛西蒂亚戈（Raul Hernandez Garciadiego）由于其在墨西哥特华坎山谷的工作而获奖，他在这个贫瘠的地区找到了一种苋属植物，由于这种植物与当地的宗教有关而被西班牙统治者所禁。这是一种可以复苏的理想植物，只需要很少的水就可以生长，并且营养丰富。由于其果粒可以卖高价并具有增值的可能，农民们可以有很高的收入（Bogliotti，2003）。后来，葛西蒂亚戈设立了“汇知”（Quali）项目，用来建立一个种植、收获、加工和市场销售这种植物的合作社，并且还对农民和当地人进行种植和烹饪这种长期被废弃的作物的培训。现在，在特华坎山谷有一千多农户生产这种作物，还有一百多人在相关的市场销售方面工作，包括为合作社的商店生产糕点的工厂（Bogliotti，2003）。从这种项目中获得的多种利益，既可以改善当地社区的生活水平，又可以使处于危险境地的历史多样性得以保留和保护稀缺的水源，恰如其分地代表了慢食回应全球的工业化农业所要寻求扶植的网络和联系。

这种生产的慢速政治并不是在寻求农民和社区的孤立与隔离，而是帮助他们反抗那些威胁和毁灭的全球势力。慢食鼓励那些“‘在现代世界’为反对现代生活的经济逻辑而工作的人”（Petrini，2001：109）。最终，这些项目要对农业和贸易的全球体系进行干预，以便保护和展示“慢速的生活方式”的生存，它包含着农业的传统的和可持续的方式、对生产质量和食品文化的保存，以及与当地经济和社区最密切的环境。他们不寻求把传统的实践当成活的博物馆来保存，而是用可持续的和丰富的方法来保留食品文化的多样性和特点。以实用的方式对传统农业方法进行保存，将传统的和现代的技术和知识结合在一起就需要一种“技术混合”的形式，也就是一种“节省劳力和劳力密集型的技术”，做到环境上的可持续和社区价值的和谐（Biel，2000：308）。另外一些获奖者也展示了新老技术的融合，展示了慢食不是简单的将农民文化理想化的“回到土地”的运动。例如，来自埃塞俄比亚的阿迪赛亚贝巴的雷加斯·费伊斯（Regassa Feyissa），由于他所设立的基因胚胎银行，为发掘失传的农作物和建立适合干燥环境的农业系统和基因胚胎所做的贡献，在2003年获得了物种多样性的奖项。费伊斯的有机种子行动（Ethio-Organic Seed Action，EOSA），如今成为有4 500家农户参与的公司，他们直接销售自己的收成，获得更合理的收益。费伊斯的有机种子行动意味着农民们不再被迫依赖于花钱买化肥和农药的进口式的农业生产活动。对慢食来说更为重要的是，有机种子行动的技术是由当地来掌控的（Scaffidi，2003c；Donati，2004：74-6），那么，这种慢速的政治就建立在地方的基础之上——与土地有了根本的联系，来了解和评价一个地方特性，以及确保文化的多样性，但同时它也处于全球的现代性之中。

于是，生态美食项目的政治在参与协商如何支持当地农业的实践和食品文化的同时，也在运用全球市场商业力量来提高项目的生存能力。如皮特林尼所注意到的：“把从事古老和边缘的专业人士与消费的新阶级搞到一起，弄出个公平合理的价格，来交换高质量的食物和敏感的需要保护的环境和食品供应，是个巨大而棘手的问题。”（Petrini，2001：97）培育当地的生产者，经常意味着对它们的生产实践、生产方法或分派和市场销售进行干预。这种干预的一个典型例子是意大利阿布鲁奇（Abruzzi）地区传统的熏猪肉，这种产品是小规模制作加工，一般是制作者自己享用或以昂贵的价钱卖给那些知情的顾客。皮特林尼认为，这种产品对该地区来说可能是重要的经济来源，慢食的委员会必须要说服生产者用有机的方法来养更多的猪，以更可接受的价钱在市场上卖更多的熏猪肉（Petrini，2001：94）。

然而，正如皮特林尼所说的，这种把传统的生产者和新的消费者“聚拢在一起”的做法会对生产者和他们的社区造成一些问题，也对全球贸易和消费引发出难题。例如，对一些特定食品的美食乐趣的推广，可能会由此引起抬高地位的现象：对质量的要求随后会引起一些问题，因为不断增长的需求和提高价格就可能引起用进口来满足当地的生产资料和产品的增长，或该产品大规模的商业化。艾莉森·莱奇（Alison Leitch，2003）曾经研究过科洛纳多的腌猪油（*Lardo di Colonnata*）案例，这是产于意大利中部的一种腌制猪油，鉴于其传统的用大理石槽腌制的方法，曾受到欧盟卫生管理条例的警告。而腌猪油作为慢食**方舟**的指定产品（因此是特产而且无害）变得更为流行，在整个意大利猪肉屠宰加工商中引起了假冒产品的增多。当地腌制猪油生产者通过联名商标来自我保护未获成功，于是他们要求科洛纳多腌猪油的法律知识产权（Leitch，2003：445-8）。

除此之外，独特性的增强、产品质量的提高以及对该地区的推广所带来的相关问题是：大批游客的涌入，希望买到这种产品并且直接体验这种传统的生活方式和该地区的享受。当这种在食品和地区之间联系的办法成功地运用于葡萄酒旅游业时，它也可以对一个社区产生有害的影响。为了抓住这一与增长着的旅游业的问题，慢食倡导“美食的旅游业，为人们提供一种享受、经历和知识的旅游，其与慢速生活留意的和具有环境意识的伦理是一致的”，“慢食推广的这种旅游，由其指南、品尝旅游、美食闲逛构成，意味着对访问的地区要充分地了解：要尊重、慢速、反思，要与那种‘用过即丢’的文化保持距离”（Petrini，2001：57）。[1] 从当地社区的观点来看，阻止旅游的有害

---

① 在这个方面，生态美食的旅游与生态旅游运动有许多困境与理念共享。

影响的一种有效的措施就是限制增长，以及有意识地在社区的发展与传统、环境和社会认同之间的需要达成一种平衡。例如，过去20年间，意大利的农业已经转换成了农业商贸（agribusiness）或农业旅游（agritourism）（Helstosky，2004：161），实际上，生态美食旅游的增长可能为农民和养殖业的社会提供更大的机遇来保持它们的生活方式和自主性。

在慢食有意识地倡导生态美食旅游的积极经验时，当代消费也充斥着来自远方的产品，许多处于边缘的生产者从全球市场获益，在本省之外的市场出售他们的产品，同时也从减少旅游业对当地环境的破坏影响中获益。于是，这对运动又提出了另外一个两难的问题：随着全球食品运输水平的增长而带来的环境的、政治的和质量的问题，也就是公认的“食物里程”（food miles）的问题（见第五章）。全球花费在食品海运方面惊人的能源消耗与污染已经被很好地记录下来，食品的陆路运输在近20年来也提高了50%（Mcmahon，2002：205）。全球食品集团还在本地的、小规模的农场和食品生产者方面来利用他们运输的规模经济（Schlosser，2001）。此外，那些由于环境和健康原因的人士所喜好的有机食品的消费，却没办法解决“食物里程”方面的问题：“一篮子有机食品可能要走241 000公里的路程，释放的二氧化碳大约相当于一个4居室的房子8个月做饭所释放的总量。”（Hines；Lucas and Shiva，2002：38；同时参见Guthman，2003）另外，由于运送的速度和冷冻技术的提高，环球的运输过程不会带来一些食品品种质量的大幅降低，在一些案例中，达到了令人满意的效果。而由于海运造成的紧张和残酷，在活物的运送中则大大影响了肉质。可替代的全球农业系统的倡导者们了解食品运输和食物里程的问题不可能得到彻底解决。由于很多产品一般不在北方生长，如咖啡、茶和香蕉，因此要加上“公平的贸易里程”的原则：“可以把公平贸易与‘食物里程’结合在一起，以便保证在每个购货国家货物的质量得到相应的价钱。”（Hines，Lucas and Shiva，2002：40）

慢食还论争了在食品的全球配送中，消费的标准毁坏了本地食物文化和季节性的时空特点。尽管，如十七世纪博罗根尼斯的厨师所说的那样，如果钱袋子满又有快马，就总会找到反季节的食物，现代形式的运输则使得这种消费司空见惯（Montanari，1996a：70）。正如我们在第五章里所论证的，评价当地的、季节的产品为“真正的”的好货，最终不是靠“有机的”标志，或靠食物的“质量”来表明，而是靠认识一个地方特别的时空关系的方式，这又与伦理社会的关系连接着（Nabhan，2002）。在这个意义上，对慢食的成员来说，“食物里程”的政治和“季节性”可替代的特权源自哲学的和伦理学的框架，也就是把留心的和关注的意识倾入到本地和日常生活的境况之中。于是，就需要把慢食成员的消费实践置于将消费理解为发起政治和经济变革的重要地位。像丹尼尔·米勒（Daniel Miller）所说的那样，我们需要把消费与通常流行的“神话”的说法脱钩，以便将它作为政治和日常生活的转换力量（1995：18）。因此，我们应该将消费视为“对这些货物和服务的使用，由此，客体与行动自然地变成了世界中的实践活动，它还成为了一种形式，在此中建构着我们对自身的理解”（Miller，1995：30）。当然，消费不是身份认同建构的唯一意义，有时消费还会通过与商业文化有意地保持距离和参与，来形成我们自身的理解（Humphery，1998：12）。人们在商业文化中运作于复杂的方式，即，他们可能对市场的规则愤怒与抵抗，因此将他们生活的其他方面与其分离，并保持一种“边缘的局外者”身份（Humphery，1998：12）。消费作为“世界的一种实践活动”，那么，假定消费者有能动性——例如，为有手艺的产品和反转基因食品多付钱，这就促进了不同形式的消费，由此，全球的嵌入性和责任与义务将可能表达出来，也会对食物生产网络产生积极方面的影响。①

通过生态美食项目，慢食的确为实现新兴的消费政治而在创造文化空间方面取得了成功（Leitch，2003：456），但慢食政治的深远意义在于其强调消除产品和消费之间的隔阂。慢食与其他的消费者运动共同具有许多特点，特别引起关注的是环境政治，这里有一种要消除当地西方消费中疏离的本质的愿望，逐渐灌输一种个人的责任，并且在生产过程中带来相应的变化。此外，慢食还将消费作为愉悦的场所。这种对愉悦的举措，将慢食与其他的社会运动和消费群体区别开来，那些组织以禁欲意识著称，在某些方面，他们认为消费的愉悦是消费中的问题。在慢食运动中，消费的愉悦是一个多面的现象，它与味道的美学和知觉享受综合在一起，并且伴随着将消费追溯到生产的环境与它的行为者方面的知识考察的乐趣。与此相反，自愿简朴化生活运动（Maniates，2002b）最后将消费与生产分离，不把消费视为能够引起与生产的变化相连的政治变化的活动。而作为一种选择，慢食对全球日常生活中的消费与生产提出了更具整合性的理解，将愉悦、味道、饮宴、生态学、农业、地区与社区都融合在生态美食的政治之中。

生活政治

这种全球日常中关于食品的叙事与慢速生活的微观政治相吻合。

① 这里，我们受到汉弗莱（Humphery）“日常局外性”（1998：13）概念的影响来描述消费，为了避免文化研究在消费上要么顺从要么抗拒的经常对立的两极。汉弗莱争辩道：关注在消费文化中人们批判的参与，这样的工作试图不睬或降低日常中同样重要的方面，即：人们从市场中退出来，对其表现感到愤怒，拒绝参与，或至少是质疑与其生活相关的其他方面（1998：11）。我们还分享汉弗莱的另一观点，即：文化研究对消费的关注还经常伴随着对进入政治的价值领域的“胆怯”（1998：4），因此，这里我们绝不对倡导慢速价值道歉。

这种政治强调个人主体和他们日常生活环境的重要性，其中包括他们与全球文化的过程和网络的互动。我们认为，如同吉登斯（Giddens，1991）描述的那样，这种政治是生活政治的一种形式，在我们的世界以传统结构和价值框架显著衰退、社会的不确定性不断增长为特征的情况下，生活政治确认和试图抓住自我构成的过程。在这一部分，我们进一步探讨慢速生活的“生活政治”，论证日常生活中政治转型的可能性。

正如我们在第一章中所谈到的，吉登斯、康若利（Connolly，1999）和本尼特（Bennett，2001）对我们所说的“自我的慢速艺术”的可能性用不同的方式进行了新的解释，自我塑性的过程从价值（如关怀和关注）的落实和日常的享受的培养中成长。这个自我塑性的过程依次又成为了更广阔的文化与政治转型出现的基础。我们认为，慢速生活的政治是对现代生活的加速和伴随而来的压力、超时和疯狂的回应。一些理论家对回应当代生活不断增长的速度和全球文化中的风险而出现的高效、灵活和流动的新自由主义的主体做了大量的论述，其特征表现为更大的个人的自主性和反思性（Beck，Giddens and Lash，1994）。然而，速度和全球风险的语境同时也突出了自然、人类和社会的限度，促进了与个人生活方式和社会关系有关的分配时间和关注方面的基本的重新评估。在目前流行的媒体和学术辩论中，不论是工作文化的加剧，还是家长给孩子阅读在发展儿童认知方面的重要性，或者是快餐食品的价值，都证实了“时间”的政治在社会生活的方方面面中涌现出来（见 Hochschild，1997: 243-52；Tanner，2003），这些在慢速生活的政治中都有明确的表达。

慢食生活的理念是建立在“生活”的概念之上的——也就是当代存在的意义和价值，日常生活的空间和时间节奏，以及生活方式的组织——在此意义上，它是对当代文化中的“生活”问题化的声明。①这种对生活的问题化经常发生在商业化的过程中，与诸如对自身与身体系统的关心相连，但也可以是个更为普遍的现象。在以反思著称的后传统社会，“生活方式”已经变得更为重要。虽然，“生活方式”经常与流行的媒体、消费主义和特定阶级的习惯相关，然而这种强调却忽略了将生活方式作为现代性的一般特征和不同人群的活动模式（Chaney，1996：4）。传统机构和价值的合法性危机，在社会生活的现场和间接经验的中心化之间的更大的断裂和流动，均构成了现代生活中不断增长的不确定性的因素，于是，迫使人们必须在个人生活的组织中进行选择。于是，生活方式就带有了规范的和政治的以及美学的含义，而构成了形成身份认同的一种手段和存在的方案（Chaney，1996：86；还参见 Chaney，2002）。

在全球化的政治中倡导一种位置，从而给予个人主体、生活方式和消费以重要意义，这与许多对我们目前生活方式的分析相抵触。例如，迈克尔·曼尼亚迪斯（Michael Maniates）就哀叹他所定名的环境主义政治中的“负责的个体化”（*individualization of responsibility*）（2002a：45），这种主张将个人的新自由主义方面特权化，排除从结构上的分析和变革：“当对环境问题的负责成为个人化时，就只给考虑机构、政治权力的本质和存在、或社会中那些用集体的方式来改变权力的分配和影响留下很小的空间（Maniates，2002：45）。”②曼尼亚迪斯认为，“全球思考，本土行动”的口号，经常涉及人们“对遥远

---

① 在文化研究领域，参见（Seigworth and Gadiner，2004：152）论文研究中新的对日常生活如何的强调如何影响了对“生活”自身极大的关注。

② 根据曼尼亚迪斯的分析，责任式的个体化的兴起，不仅由于它是“自由主义的核心原则”，还源自其他的因素，如：主流环境主义的历史的观念……资本主义对商业的异议的改变的能力，以及最近产生相关的危及全球的环境危害（2002a：46）。

的和大量的环境破坏感到内疚”，天真幼稚地去买一些“绿色”产品，以便“赋权和有益于一些地方的一些人”（Maniates，2002a：58）。然而，如此漫画式的伦理全球性，使得曼尼亚迪斯批判的那种主体的新自由主义概念化得以行之有效。将“消费者”与“公民”这两个主体位置相互割裂，并且谴责个人消费对环境问题的决定作用是削弱了公民权的概念，忽略了被称之为“个体化”的主体性在第二个现代性中的转型。① 个体化不仅影响到主体自身的生活，而且对社会的团结和网络有重要的意义，这种网络是在一个风险的和不确定的文化中，通过互惠的个体化的互相矛盾的集合性而构成的（Beck and Beck-Gernsheim，2002：xxi）。没有这种对个人主体在当代文化中复杂的位置的理解，就不能充分理解“全球”和“地方”鳞状叠加的状况，于是，就会把日常生活的政治降低为消费的孤立和无效的活动，拒绝对日常生活的任何政治影响。

实际上，在个体化的过程中提出了大量的伦理和政治问题，主体们通过不同的途径对这些问题进行协商。慢速生活的理念特别关注于日常生活，特别是与下列事物有关的决定：如何利用时间？如何发展和保持个人之间的关系？食品是如何生产、加工和消费的？慢速生活理解，政治就铭刻在这些决定和活动中。我们要论争的是，这种关注不但使日常生活的再政治化成为可能，而且要求具有一种这些决定和活动就是在全球语境中发生的意识。这是一种“世界主义化”（cosmopolitanization）的形式，个人的道德生活世界从根本上为全球

① 在这一意义上，我们注意到对“个体化”这一概念的不同理解，如在曼尼亚迪斯的使用中（标题：种棵树、买辆自行车，拯救了世界？），和我们在第一章中对贝克和贝克-根希姆（Beck and Elsiabeth Beck-Gernsheim，2002）的引用。贝克和贝克-根希姆关于“个体化”的概念与自由市场中的新自由主义不同，它没有涉及“个体化”所需的“形成传记”和生活实践的过程，而是将其作为自主的和自愿的主体。

意识所塑造（Beck，2002）。当然，你可以争辩，在个体活动的政治分歧的个人的**意识**与政治的和社会的变化的实际**形式**之间存在着巨大的鸿沟，并且，我们也了解到，在微观和宏观政治的层面上建立连接和网络还存在着紧迫的问题，以及寻求任何种类的进步的政治的需要。然而，正如我们在这一章里试图表明的那样，尽管功能主义对个体的理解对建立这种连接起反对作用，但不足以说明在全球文化的语境中当代生活变革的政治与社会的动力何在。①

在这种语境中，来自个体的信仰及活动和他们在非正式的集体形式的特定关系的政治获得了新的重要意义。社会运动，虽然成为晚近现代性的一个重要特征，但却不能完全涵盖社会抗议表达的意见，它们可能是在日常生活中构成的特别的一些非正式网络，这些网络对个人的身份认同、新的社会环境以及集体的认同的过程起作用（Purdue et al，1997：647）。这种“翻新的网络”试图与日常生活的挑战协商，这些挑战出现于对第二种现代性的回应，诸如全球化、个体化、未充分就业、生态危机（Purdue et al，1997：646；Beck，Bonss and Lau，2003）。这种网络的案例包括有机食品合子计划、本地交换贸易系统（LETS）和各种节日，通过这些网络产生了一种环境，个人可以松散地聚合在一起，由此，促进了政治力量的形成（Purdue et al，1997）。正如对有机食品合子计划的论争所言：“网络成员不一定直接相互联系，而是营造他们共享的一种环境，藉此，在承担他们自身生活政治的责任中表现出其社会能力（Purdue et al，1997：653）。当然，通过不同的方式，在这种翻新的网络中创造出了灵活的关系。例如，作为慢食**饮宴**的成员，同时也是更为广泛的社会运动的组成部分，该组织的一个目的就是经历饮宴，但同时也想通过更非正式的途径为成员的

① 相关的辩论，见（Young，2003）对反抗血汗工厂中“政治的责任”的论述。

个人生活的政治营造一种环境。于是，这是一种企图来揭示出政治活动形式中那种微妙而复杂的表达，而这种表达在传统的政党政治关系或抗议活动中不可能被捕捉到。这是一种政治价值更为个体化的表达，而它又没有割断其社会环境；这是由全球化的状况所构成的一种生活的政治，一系列生活方式的选择，在这种全球化中，个人试图在伦理的和政治的意义上，在群体、特定的地方性和全球力量之间的交叉点上进行协商。

于是，要想在生活的政治与更为保守的政治斗争的范围之间，给慢速生活政治划线实属不易，而将其定位于资本主义全球化之外的活动也不可能。作为生活的政治的一种形式，慢速生活代表了在传统规定的语境之外所做的选择，相对独立于基本的物质需要，并且也超越了紧迫的解放问题。在日常生活凸显出来的生活方式的政治是全球资本主义付出的代价——不论是食品质量的下降还是工作压力的上升——冲击着人们的社会语境和日常生活的规律。慢速生活回答了全球日常生活中存在的两难问题，自我实现和权威问题不再是精英的一种奢侈，而是身份认同过程中一种必要的活动。然而，慢速生活的政治，不能完全包括在生活政治的概念之中，因为它还考虑来自当代全球资本主义的发展的政治，并且代表着一种对社会和经济公正问题的回应。例如，作为慢食的一个方面，慢速生活的政治还考虑赞助那些反对全球资本市场力量和处于边缘的受到灭绝和断层威胁的产品和社区。那些在北方和南方的斗争中的农民可能会选择传统的生产过程，不仅是因为他们有保存文化传承的愿望，而且还因为重新发现和承认了这种生产过程的价值。不能排除这些农民作为主体受到了慢速性的影响，或除了接受新的和快速的生产方式外别无选择。取而代之的是，应该把他们理解成为一种主体，之所以选择慢速是因为他们要在合适的全球市场中确认自身的策略价值。在这个意义上，慢速的生活就是对全球资本主义同质化的反抗，因其毁坏了生物多样性、文化和生活方式的地方特性。

正如本书的一贯宗旨，慢速生活是个关联的概念，通过与“快速生活”的现实对照才有意义。慢速生活代表的不是从现实世界的退却，而是与当代生存语境的一种行动的接合。对我们来说，慢速生活的政治是跨度广阔的实践，包括：新社会运动不断增长的影响，食品消费与生产过程的关系，以及关于时间的安排和日常生活的关注等无数的选择。慢速生活的政治不能涵盖于一种单一的“立场”，也不能限定于一个特定的社会空间或社会活动类型，但它们代表的反抗的话语和对“生活的质量”贡献的价值同等重要——在享受、与他人和地球结成一种有心的和伦理的关系等理念中是显而易见的——与大多数现代的存在的结构和要求是背道而驰的。这样，慢速生活可能不是在孤身颠覆当代生活的结构和节奏，而是在更具有决定性意义的第二个现代化的语境中，对日常生活的组织和价值提出质疑。

结论：对面包机的怒火

> 我认为，我们需要寻求不为财富和成功所动的道路。除非我们能找到具有说服力的解释，每个人都会感到他们必须要围绕着周围的事情来组织自身的生活，不管是羡慕的还是公正的、具有道德的还是全力以赴地致富和成功。金钱和成功，是我们无一例外的故事，是麻醉剂、兴奋剂和机会。它们是毒品。**我们需要另外的故事来讲述何谓好生活**。这不是说越穷越好，或失败更好，而是能使我们逃离整个这套语言的故事。菲利普斯（Philips，2000：195）。

在慢食运动中展现出来的慢速生活就是一种尝试，为所谓好的生活提供一种替代性的故事。它是这种好生活每天都在发生的故事，它是全球日常生活中享受现在性的故事。正如霍诺拉（Honore）在他那本关于慢速运动的畅销书中所提到的那样，慢速生活最大的诉求就是强调愉悦（2004：278-9）。作者坚信，快速生活不仅对地球和我们的健康无益，而且窃取了我们生活中去关注和享乐、好奇与慷慨的时间与精力，他催促我们去整合生活速度的后果。如果我们反对面包机，不是因其能快速地做面包，而是因其做的面包太次——它不仅剥夺了手工面包的味道和质地，而且失去了在揉制面团过程中触觉的享受和时间流逝的意识。面包机所给予我们的是机器的轰鸣和灯光的闪烁、额外的清洗和没味道的、放上 24 小时就变得干硬的面包。然而，我们并不是号召大家捣毁面包机，也不是把妇女拖回厨房，每天耗费大量的时间来烤面包。我们所需要的是对面包机（或近来出现的这些技术玩具）和好的生活提出质疑。为慢速留有一定的空间（Eriksen，2001）并不意味着要消灭速度，或将其妖魔化，而是在全球日常生活中为其他的时间留有余地，为不同的运作方式留有空间。

我们自始至终强调日常生活作为“伦理的愉悦”的场域的重要性和不确定性（Bennett，2001），慢速的实践也是养成好奇和慷慨大方的地方。近来，从更普遍的意义来说，日常生活恢复了其在文化研究领域的显著地位，最近一期文化研究的特刊就是以此为主题的（18（2/3）2004）。在这一期里，海默（Highmore）讨论了在现代生活中通过每天做家务活动来改善价值和意义矛盾的可能性。他问道：“可以将家务劳动变成珍贵的瞬间从令人筋疲力尽的工作实践中提取出来吗？”“或者说，它们的节奏时常暗示着其价值上的失缺？如何假定我们想对诸如此类的‘非大事件’引起关注，而不是毁坏它们，不敬重它们的特殊经历，简单地将它们变为‘事件’”？（2004：207）。海默的问题表明了对日常生活这一概念的再度考察（以及再度注入精神），目的不是通过抹去艺术与日常生活的界限而简单地使“日常生活美学化”(Featherstone，1992：268)。我们强调关注日常生活的价值，并不是说只提出生存的美学，因为众多的日常性所包括的正是美学化所排除的和批评的东西。如果要为享受和伦理的连接找到机会，慢速生活就需要关注那些平凡的和转瞬即逝的东西。在这种对日常工作的协商中，例如，海默关于烹饪的案例，就以关注的多方面的要求而著称……慢速生活就是与那些疏漏于我们可能与之相连的日常工作中被形容为关注的独特的层面的斗争(Highmore，2004：318)。

全球的日常生活以众多的暴力、错位和剥夺为其特征，日常关注的伦理的可能性似乎是不能持久的。然而，如海默提醒我们的那样，社会生活的鲜活的政治的部分，可能始于对他人日常的关怀，在复杂的身体的、社会的和时间的经历中“实行公正”(2004：319，320)。正是日常生活的领域提供了社会的关系和实践，由此，可以出现政治对抗的集体形式(Burkitt，2004：224，Melucci，1996b)。在其具有影响力的著作《游戏自我》(*The Playing Self*，1996b)中，梅鲁奇(Melucci)主张，想象对抗现存权力的集体形式而“不与个人的经历有关”，这已是不可能的：

> 与日常生活中个人的经历发生确实的联系的这些集体行动的形式显然很微弱，并且它们似乎对社会的结构和政治决定没有发生很大的影响。但这种明显的微弱性实际上又是以最适合的方法来对抗权力，因为这种权力已经变成分子并渗透到个人的生活之中(1996b：153-4)。

由于所谓的“有选择的生活方式”，诸如慢速生活，资本主义消费的局限性可能特别被暴露出来。由此，可能出现聚焦于时间和空间的新的社会运动，或更为宽松的社会环境（Burkitt，2004：224-6）。从挑战工作的文化，到重申闲暇和社区的公共空间，目的是要拒绝“企图不断地对工作和生活的时间和空间合理化（Burkitt，2004：226；Melucci，1996b：144；Hochschild，1997：245-52）。”

我们已经坚持描述慢速生活由一系列的实践构成，正如我们自始至终列举的那些案例（烹饪、编织、步行、园艺、骑车、阅读、沉思默想——虽然除了沉思默想可能是例外，其余的这些活动也可以做得很快!）。与其把慢速生活定位成一种实践，我们建议它是培养从伦理上来探索日常生活。这样来思考，慢速生活除了是活动之外，它更是一种好奇与宽厚相结合的态度和处置安排。“快速生活”经常排除了好奇或宽厚大方的时间——这是留给我们自身和他人一些时间，用于承认我们的价值和对环境负责任。这种时间使我们更有可能来再次发现我们周围物质世界的诱惑和我们与此的联系。

这里，关于慢速生活可能性的主要案例是慢食运动，因其提出“全球”与“日常生活”连接的方式。正如我们已经显示的，慢食已经成功地推动了与全球回应的日常享受的叙事。作为全球的运动，慢食回答了第二种现代性的危机和机会——以去传统化和个体化，以及全球化为特征——表现在宏观和微观政治两个层面上。然而，伴随着这一反省的现代化过程，“即便是我们最密切的日常生活的经历……我们曾经把它作为是给予的外貌，现在都成为了我们有意识要干预的领域”（Melucci，1996b：86）。我们需要记住强加给“身体的有限的能量”的限度（Highmore，2004：323）。在讲求“瞬时”、“拼命家庭”、“缺时间”的气候之中，身体和社会关系的脆弱性可能是显而易见的，对慢速性的有意识的培养可能会是个有益的提醒，我们的节奏和规律如何对日常生活的挑战或渗透成为一种潜能。尤其是，伦理的关系**需要时间**来形成（Ahmed，2002：559；Bauman，2001：71-2）。

然而，正如我们在几个点上所观察到的，日常的领域对慢食运动仍旧代表着挑战，使其在个人的、家务的、家庭的和社会的层面上来考虑慢速和生态美食更充分的含义。[①] 例如，在关注由全球农业商业化引起的社区、边界和环境的威胁的过程之中，慢食是运用其有限的资源与“大的图景”问题进行协商的范例。与此相对照，慢速生活的微观政治，保持着日常的两难问题，在此，我们认为可能出现有意义的行动，但我们需要寻找途径来处理这些难题，而不是等待完全彻底的解决（Melucci，1996b：154）。如梅鲁奇（Melucci）所言：

> 我们不能够在自然和技术之间进行选择，而只能处理不同技术干预的交融和对自然的敬畏。对这两极必要的连接，我们无路可逃。同样，我们也不可能在全球化和特殊主义之间进行选择。对差异的尊重和必须要达到世界系统的全球的整合并且使之行得通，这些是不能割裂的。我们只能达成不同的政治决议来对应这些难题。在我们的生活和政治中，勇气和希望将伴随着我们前行（1996b：154）。

于是，慢速生活就是保持对日常的多样性和愉悦、变化和公正的可能性开放，通过平常的方式也许会带来非同寻常的结果。

（闵冬潮　译校）

---

① 然而，我们不是将日常限定在这些范畴之中。如博基特（Burkitt）所主张的那样：“日常生活的概念常常意味着我们的日子是——当官方形式的关系和活动削弱之时，留下的只有家庭的关系和友情，也就是不太官方的社会关系。然而，这种定义不可能成立，如勒非弗所指出的……，日常生活涉及所有的活动并是构成人类所有关系的总和，这包括每个人，这既涉及我们集体的经验，也涉及我们个人的经历”（2004：212）。

参考文献

Abbona, A.(2003), personal interview, Bra, Italy, 3 April.

——and Nano, P.(2003), 'Letter from President. An interview with Stefano Cimicchi, president of the Italian Città Slow movement and mayor of Orvieto', www. cittaslow. net/world/citta_slow.asp?sez=3, accessed 12 April 2004.

Adam, B.(1995), *Timewatch: The Social Analysis of Time,* Cambridge: Polity Press.

——(2003), 'Reflexive Modernization Temporalized', *Theory, Culture and Society,* 20 (2): 59-78.

Agger, B. (2004), *Speeding Up Fast Capitalism: Cultures, Jobs, Families, Schools, Bodies* , Boulder: Paradigm Publishers.

Ahmed, S. (2002), 'This other and other others', *Economy and Society*, 31(4): 558-72.

Alexander, S. (2003), 'Beyond the Pilot: The Kitchen Garden at Collingwood College', *Snail Pace* , 2: 1-2.

Ambroise, S. (1997), 'Fast but Slow', *Slow*, 4: 83-5.

Appadurai, A.(1991), 'Disjuncture and Difference in the Global Cultural Economy', in M. Featherstone (ed.), *Global Culture: Nationalism, Globalization and Modernity,* London: Sage.

——(1993), 'Consumption, Duration, and History', *Stanford Literature Review,* 10:11-33.

——(1996), *Modernity at Large: Cultural Dimensions of Globalization,*

Minneapolis: University of Minnesota Press.

Apollonio, U. (ed.) (1973), *Futurist Manifestos,* London: Thames and Hudson.

Aronowitz, S. and Cutler, J.(eds) (1998), *Post-Work: The Wages of Cybernation,* New York: Routledge.

Arvidsson, A. (2000), 'The Therapy of Consumption Motivation Research and the New Italian Housewife, 1958-62'. *Journal of Material Culture*, 5(3) :251-74.

Auge, M. (1995), *Non-Places: Introduction to an Anthropology of Supermodernity,* trans. J. Howe, London: Verso.

Bachelard, G. (1994), *The Poetics of Space,* trans. M. Jolas, Boston: Beacon Press.

Bagguley, P. (1992), 'Social change, the middle class and the emergence of "new social movements":a critical analysis ', *Sociological Review* 40 (1): 26-48.

Barbero, S. (2003), personal interview, trans. S. Herron, Bra, Italy, 3 April.

Barkham, P. (2004), 'Waking up to the joys of life in the slow lane ', *Guardian Unlimited,* 13 September, www.guardian.co.uk/uk_news/story/0, 3604, 1303109.00. html, accessed 6 October, 2004.

Barndt, D. (2002), *Tangled Routes: Women, Work, and Globalization on the Tomato Trail,* Lanham, MD: Rowman & Littlefield.

Barthes, R. (1985), 'Dare to be Lazy' in *The Grain of the Voice: Interviews 1962-1980,* trans. L. Coverdale, Berkeley: University of California Press.

Bartram, R.(2004), 'Visuality, Dromology and Time Compression: Paul Virilio's New Ocularcentrism', *Time and Society,* 13(2/3): 285-300.

Baudrillard, J. (1987) 'Modernity', *Canadian Journal of Political and Social Theory,* 11(3): 63-72.

Bauman, Z. (1998), *Globalization,* Cambridge: Polity.

——(2001), *Community: Seeking Safety in an Insecure World*, Cambridge:

Polity Press.

——(2002), 'Foreword', in U. Beck and E. Beck, Gernsheim, *Individualization: Institutionalized Individualism and Its Social and Political Consequences,* trans. P. Camiller, London: Sage.

Beck, U.(1992), *Risk Society: Towards a New Modernity*, trans. M. Ritter, London: Sage.

——(1997), *The Reinvention of Politics: Rethinking Modernity in the Global Social Order*, trans. M. Ritter, Cambridge: Polity.

——(2000), 'The cosmopolitan perspective: sociology of the second age of modernity', *British Journal of Sociology,* 51(1): 79-105.

——(2002), 'The Cosmopolitan Society and its Enemies', *Theory, Culture and Society,* 19(1-2): 17-44.

—and Beck-Gernsheim, E.(2002), *Individualization: Institutionalized Individualism and Its Social and Political Consequences,* trans. P. Camiller, London: Sage.

——, Bonss, W. and Lau, B.(2003), 'The Theory of Reflexive Modernization: Problematic, Hypotheses and Research Programme', *Theory, Culture and Society,* 20 (2): 1-33.

——, Giddens, A. and Lash, S.(eds) (1994), *Reflexive Modernization: Politics, Tradition and Aesthetics in the Modern Social Order,* Cambridge: Polity Press.

Bell, V.(2001), 'On ethics and feminism: Reflecting on Levinas' ethics of non-(in) difference', *Feminist Theory* 2(2): 159-171.

Bender, C. and Poggi, G.(1999), 'Golden Arches and Iron Cages: McDonaldization and the Poverty of Cultural Pessimism at the End of the Twentieth Century', in B. Smart(ed.), *Resisting McDonaldization,* London: Sage.

Bennett, J.(2001), *The Enchantment of Modern Life: Attachments, Crossings, and Ethics,* Princeton: Princeton University Press.

Bennetts, S.(2003), '"Berlusconi hasn't arrived here yet": The contemporary Italian folk revival as a response to modernity', (forthcoming in *Alchemies: Community exChanges, Refereed Proceedings of the Curtin Humanities Postgraduate Research Conference 2003*, Perth: Black Swan Press).

Berlant, L. (2004), 'Critical Inquiry, Affirmative Culture', *Critical Inquiry*, 30 (2): 445-51.

Berman, M. (1983), *All That is Solid Melts into Air: The Experience of Modernity*, London:Verso.

Berry, W.(1992), 'The Pleasures of Eating', in D.W.Curtin and L. M. Heldke (eds), *Cooking, Eating, Thinking: Transformative Philosophies of Food*, Bloomington: Indiana University Press.

——(2002), *The Art of the Commonplace: The Agrarian Essays of Wendell Berry*, Washington: Shoemaker and Hoard.

——(2004), 'We have begun', *Slow*, 2:98-9.

Bessière, J. (1998), 'Local Development and Heritage: Traditional Food and Cuisine as Tourist Attractions in Rural Areas', *Sociologia Ruralis,* 38(1): 21-34 .

Bianchino, R.(2004), personal interview, Barossa Valley, Australia, 4 April.

Biel, R. (2000), *The New Imperialism: Crisis and Contradiction on North-South Relations,* London: Zed Books .

Blim, M. (2000), 'What is Still Left for the Left in ltaly? Piecing Together a Post-Communist Position on Labour and Employment', *Journal of Modern Halian Studies*, 5(2): 169-185.

Bloch, E. (1977), 'Nonsynchronism and the Obligation to Its Dialectics (1932)', *New German Critique,* 11:22-38.

Blumer, H. (1969), 'Collective behaviour', in A. McClung-Lee (ed.) *Principles of Sociology*, New York: Barnes and Noble.

Bogliotti, C.(2002), 'The innocents who made it work', *Slow*, 5: 117-18.

——(2003), 'Raúl Hernández Garciadiego', *Slow Ark*, 1:47-51.

Bolt Rasmussen, M. (2002), 'Art and Politics after September 11: Exodus, Intervention or Hospitality?'*Third Text*, 16(4): 345-55.

Boreham, T. Ellicott, J. and Jimenez, C. (2001), 'Right family-work balance makes a father's day', *The Australian*, 3 September: 5.

Bourdieu, P.(1984), *Distinction: A Social Critique of the Judgement of Taste,* trans. R. Nice, London: Routledge.

——(2000), *Pascalian Meditations*, trans. R. Nice, Stanford: Stanford University Press.

Bové, J. (2001), 'A Farmers' International?'*New Left Review* 12:89-101.

Brann, E. (1999), *What Then is Time?* Oxford: Rowman & Littlefield.

Breakspear, C. and Hamilton, C. (2004), *Getting a Life: Understanding the downshifting phenomenon in Australia*, Discussion Paper No.62, Canberra: The Australia Institute.

Brodie, J.(2000), 'Imagining democratic urban citizenship', in E. F. Isin (ed.), *Democracy, Citizenship and the Global City*, London: Routledge.

Burkitt, I. (2004), 'The Time and Space of Everyday Life', *Cultural Studies*, 18(2/3): 211-27.

Capatti, A. (1996), 'In Praise of Rest', *Slow*, 2:5-7.

——(2001), 'Food Planet', *Slow*, 24:4-6.

——(2002a), 'Bad blood?'*Slow*, 2: 4-7.

——(2002b), 'Fusion cooking ', *Slow*, 5: 4-5.

——(2002c), 'No, I won't eat my soup!'*Slow*, 7: 4-5.

——and Montanari, M.(2003), *Italian Cuisine: A Cultural History*, trans.

A.O'Healy, New York : Columbia University Press.

Capo, E.(1995), 'Transformation and development in Italian rural society', *Sociologia Ruralis*, 35(3/4): 297-308.

Castells, M.(1996), *The Rise of Network Society (The Information Age : Economy, Society and Culure, Vol.1),* Malden, MA : Blackwell.

Ceccarelli, D.(1996), 'The Art of Coming Last', *Slow*, 1:42-5.

Chaney, D.(1996), *Lifestyles*. London: Routledge.

——(2002), *Cultural Change and Everyday Life*, Basingstoke: Palgrave.

Chapman, T.(2001), 'There's No Place Like Home', *Theory, Culture and Society*, 18(6): 135-146.

Charles, N. and M. Kerr(1988), *Women, Food and Families*: Manchester: Manchester University Press.

Chrzan, J. (2002), 'Nutrition education in the US', *Slow*, 7: 22-7.

——(2004), 'Slow Food: What, Why, and to Where?'*Food, Culture and Society*, 7(2): 117-32.

Cimicchi, S. (2003), personal interview, trans. M. Borri, Orvieto, Italy.

Cleveland, J. W. (2003), 'Does the New Middle Class Lead Today's Social Movements?' *Critical Sociology*, 29(2): 163-88.

Cohen, R. and Rai, S.(2000), *Global Social Movements*, London: Athlone Press.

Connolly, W.E.(1999), *Why I Am Not a Secularist*, Minneapolis: University of Minnesota Press.

Counihan, C.M.(1999), *The Anthropology of Food and Body: Gender, Meaning, and Power*, New York: Routledge.

——(2004), *Around the Tuscan Table : Food, Family, and Gender in Twentieth-Century Florence*, New York: Routledge.

Craib, I. (1992), *Anthony Giddens*. London: Routledge.

Craig, G. (2002), 'The Spectacle of the Street: an analysis of media coverage of protests at the 2000 Melbourne World Economic Forum(WEF)', *Australian Journal of Communication*, 29(1) : 39-52.

——(2003), 'New Media Technologies and the making of the new global journalist', *Transformations*, 7, http://transformations.cqu.edu.au/journal/issue_07/article_04.shtml.

——(2004), *The Media, Politics and Public Life,* Crows Nest, NSW: Allen & Unwin.

Crang, M.(2001), 'Rhythms of the city; temporalized space and motion', in J. May and N.Thrift (eds), *Timespace: Geographies of Temporality*, London: Routledge.

Crossley, N. (2003), 'Even Newer Social Movements? Anti-Corporate Protests, Capitalist Crises and the Remoralization of Society', *Organization*, 10(2):287-305.

Crouch, M. and O'Neill, G.(2000), 'Sustaining Identities ?'Prolegomena for inquiry into contemporary foodways ', *Social Science Information*, 39(1): 181-92.

Cullens, C. (1999), 'Gimme Shelter : At Home with the Millennium', *Differences*, 11(2): 204-27.

Curtin, D. W. (1992), 'Recipes for Values', in D.W.Curtin and L. M. Heldke (eds), *Cooking, Eating, Thinking: Transformative Philosophies of Food*, Bloomington: Indiana University Press.

Curtis, K. (1999), *Our Sense of the Real: Aesthetic Experience and Arendtian Politics*, Ithaca: Cornell University Press.

Davies, K. (2001),'Responsibility and daily life: reflections over timespace', in J. May and N. Thrift (eds), *Timespace: Geographies of Temporality,* London:

Routledge.

Day, S. (2003), 'Rip! Zap! Ding! It's a Class 6—Minute Pot Roast', *New York Times*, 19/4/03: C.1.

de Certeau, M.(1984), *The Practice of Everyday Life,* trans. S. Rendall, Berkeley: University of California Press.

Deem, R.(1996), 'No Time for a Rest? An exploration of women's work, engendered leisure and holidays', *Time and Society*, 5(1): 5-25.

Der Hovanesian, M. (2003), 'Zen and the Art of Corporate Productivity: More companies are battling employee stress with meditation', *Business Week,* 28/7/03, Issue 3843: 56.

Derrida, J.(1999), *Adieu to Emmanuel Levinas,* Palo Alto: Stanford University Press.

DeVault, M(1991), *Feeding the Family: The Social Organization of Caring as Gendered Work*, Chicago: University of Chicago Press.

Dickie, J.(1996), 'Imagined Italies', in D. Forgacs and R. Lumley(eds), *Italian Cultural Studies*, Oxford: Oxford University Press.

di Croce, P. and LaValva, R.(2003), 'Slow Food in Brazil, '*The Snail: Slow Food USA Newsletter*, Issue 3:50-1.

Dimock, M.(2003), 'Why a Slow Constitution Anyway?'*The Snail: Slow Food USA Newsletter*, Issue 3:12-13.

Dirlik, A.(1996), 'Global in the Local', in R. Wilson and W. Dissanayake(eds), *Global/Local: Cultural Production and the Transnational Imaginary*, Durham, NC: Duke University Press.

——(1997), *The Postcolonial Aura: Third World Criticism in the Age of Global Capitalism*, Boulder, CO: Westview.

Donati, K.(2004), 'Ethics and Activism: An Analysis of Diversity and Pleasure in the Philosophy of the Slow Food Movement', unpublished dissertation.

Ducasse, A.(2004), 'The Slow Revolutionary', *Time,* 164(14), www.time.com/time/europe/hero2004/petrini.html, accessed 11 October, 2004.

Dumm, T. L.(1999), *A Politics of the Ordinary*, New York: New York University Press.

Dusi, I.(2001), *Vanilla Beans and Brodo: Real Life in the Hills of Tuscany*, London: Simon & Schuster.

Edible Schoolyard (2004), 'Mission statement', http://www.edibleschoolyard.org.accessed 15 May.

Edwards, G.(2004), 'Habermas and social movements: what's new?'*Sociological Review*, 52(1):113-31.

Emmison, M.(1983), '"The economy": its emergence in media discourse', in H. David and P. Watson(eds), *Language, Image, Media*, London: Basil Blackwell.

Eriksen, T. H.(2001), *Tyranny of the Moment: Fast and Slow Time in the Information Age*, London: Pluto Press.

Escobar, A.(2001), 'Culture sits in places: reflection on globalism and subaltern strategies of localization', *Political Geography*, 20(2):149-74.

Etzioni, A.(1998), 'Voluntary Simplicity: Characterization, select psychological implications, and societal consequences', *Journal of Economic Psychology*, 19:619-43.

'Europe finds work ethic'(2004), *The West Australian*, July 17:22.

'Evaluating the Economic Impact of the Slow Food Presidia in Italy'(2004), accessed 15 May.

Falasca-Zamponi, S.(2002), 'Peeking Under the Black Shirt: Italian Fascism's Disembodied Bodies', in W. Parkins(ed.).

Fashioning the Body Politic: Dress, Gender, Citizenship, Oxford: Berg.

Falk, P.(1994), *The Consuming Body*, London: Sage.

Falk, R.(1993), 'The Making of Global Citizenship', in J. Brecher, J. B. Childs and J. Cutler(eds), *Global Visions: Beyond the New World Order*, Boston: South End Press.

Featherstone, M.(1992), 'Postmodernism and the Aestheticization of Everyday Life, 'in S. Lash and J. Friedman(eds), *Modernity and Identity*, Oxford: Blackwell.

——(2002), 'Cosmopolis: An Introduction', *Theory, Culture and Society*, 19(1-2):1-16.

Felski, R.(1999-2000), 'The Invention of Everyday Life', *New Formations*, 39:15-31.

——(2002), 'Introduction', Special Issue on Everyday Life, *New Literary History*, 33:607-22.

Fernald, A.(2003), personal interview, Bra, Italy, 3 April.

Finkelstein, J.(1999), 'Rich Food: McDonald's and Modern Life, ' in B. Smart(ed.), *Resisting McDonaldization*, London: Sage.

Fischler, C.(1980), 'Food habits, social change and the nature/culture dilemma', *Social Sicence Information*, 19(6):937-53.

Fisher, P.(1998), *Wonder, the Rainbow and the Aesthetics of Rare Experiences*, Harvard: Harvard University Press.

Fitzpatrick, T.(2004), 'Social Policy and Time', *Time and Society*, 13(2/3): 197-219.

Florida, R.(2003), *The Rise of the Creative Class: And How It's Transforming Work, Leisure, Community and Everyday Life*, North Melbourne: Pluto Press.

Foroohar, R.(2001), 'Eat, Drink and Go Slow', *Newsweek*, July 2:20-4.

Foucault, M.(1985), *The Use of Pleasure. The History of Sexuality: Volume 2*, trans. R. Hurley, London: Penguin.

Freud, S.(1999/1905), 'Infantile Sexuality, ' in P. Gay(ed.), *The Freud Reader*, London: Vintage.

Gardiner, M.(2000), *Critiques of Everyday Life*, London: Routledge.

Gaytán, M. S.(2004), 'Globalizing Resistance: Slow Food and New Local Imaginaries', *Food, Culture and Society*, 7(2):97-116.

Gervais, P.(2000), *A Garden in Lucca*, Harmondsworth: Penguin.

Gho, P.(2002), 'Presidium Inflation', *Slow*, 5:32-5.

Giard, L.(1998), 'Doing-Cooking', in M. de Certeau, L. Giard and P. Mayol, *The Practice of Everyday Life. Volume 2: Living and Cooking*, trans. T. J. Tomasik, Minneapolis: University of Minnesota Press.

Giddens, A.(1990), *The Consequences of Modernity*, Cambridge: Polity.

——(1991), *Modernity and Self-Identity: Self and Society in the Late Modern Age*, Stanford: Stanford University Press.

——(1994), 'Living in a Post-Traditional Society', in U. Beck, A. Giddens and S. Lash, *Reflexive Modernization: Politics, Tradition and Aesthetics in the Modern Social Order*, Cambridge: Polity.

——(2000), *The Third Way and its Critics*, Cambridge: Polity.

Ginsborg, P.(2001), *Italy and Its Discontents: Family, Civil Society, State 1980-2001*, London: Penguin.

Gleick, J.(1999), *Faster: The Acceleration of Just About Everything*, New York: Pantheon Books.

Goodman, J.(ed.)(2002), *Protest and Globalization: Prospects for Transnational Solidarity*, Sydney: Pluto.

Gottschalk, S.(1999), 'Speed Culture: Fast Strategies in Televised Commercial Ads', *Qualitative Sociology*, 22(4):311-29.

Graham, L. D.(1999), 'Domesticating Efficiency: Lillian Gilbreth's Scientific Management of Homemakers, 1924-1930', *Signs*, 24(3):633-75.

Greg. W. R.(1877), *Literary and Social Judgments*, London: Trubner.

Green, F.(2001), 'It's Been A Hard Day's Night: The Concentration and Intensification of Work in Late Twentieth-Century Britain', *British Journal of Industrial Relations*, 39(1):53-80.

Griffith, R. M.(2001), 'Don't Eat That: The Erotics of Abstinence in American Christianity', *Gastronomica*, 1(4): 36-47.

——(2004), *Born Again Bodies: Flesh and Spirit in American Christionity*, Berkeley: University of California Press.

Grossberg, L.(2000), '(Re)con-figuring Space: Defining a Project', *Space and Culture*, 4-5:13-22.

Guthman, J.(2003), 'Fast food/organic food: reflexive tastes and the making of "yuppie chow", ' *Social and Cultural Geography*, 4(1):45-58.

Habermas, J.(1987), *The Theory of Communicative Action. Volume 2. Lifeworld and System: A Critique of Functionalist Reason*, trans. T. McCarthy, Cambridge: Polity Press.

Hale, J.(2004), personal interview, Barossa Valley, Australia, 4 April.

Hall, S.(1996), 'The Question of Cultural Identity', in S. Hall et al.(eds), *Modernity*, London: Blackwell.

Hamilton, C.(2003), *Downshifting in Britain: A sea-change in the pursuit of happiness*, Discussion Paper No. 58, Canberra: The Australia Institute.

——and Mail, E.(2003), *Downshifting in Australia: A sea-change in the pursuit of happiness*, Discussion Paper No. 50, Canberra: The Australia Institute.

Hannerz, U.(1990), 'Cosmopolitans and Locals in World Culture', *Theory, Culture and Society*, 7:237-51.

Haraway, D. J.(1991), *Simians, Cyborgs, and Women: The Reinvention of Nature*, London: Free Association Books.

Harris, D.(2000), *Cute, Quaint, Hungry and Romantic: The Aesthetics of*

Consumerism, New York: Basic Books.

Harris, L.(2003), 'The Seductions of Food', *Wilson Quarterly*, 27(3):52-60.

Harvey, D.(1989), *The Condition of Postmodernity: An Enquiry into the Origins of Cultural Change*, Oxford: Blackwell.

——(2000), *Spaces of Hope*, Edinburgh: Edinburgh University Press.

Hawes, A.(2001), *Extra Virgin*, London: Penguin.

Hay, D.(1999), *Marie Claire Food Fast*, Sydney: Murdoch Books.

Heiman, R. J.(2001), 'The ironic contradictions in the discourse on Generation X, or how "slacker" are saving capitalism', *Childhood*, 8(2):274-292.

Heldke, L. M.(1992,) 'Foodmaking as a Thoughtful Practice', in D. W. Curtin and L. M. Heldke (eds), *Cooking, Eating, Thinking: Transformative Philosophies of Food*, Bloomington: Indiana University Press.

——(2003), *Exotic Appetites: Ruminations of a Food Adventurer*, New York: Routledge.

Heller, A.(1984), *Everyday Life*, trans. G. L. Campbell, London: Routledge and Kegan Paul.

Helstosky, C.(2004), *Garlic and Oil: Politics and Food in Italy*, Oxford: Berg.

Hendrickson, M. K. and Heffernan, W. D.(2002), 'Opening Spaces through Relocalization: Locating Potential Resistance in the Weaknesses of the Global Food System', *Sociologia Ruralis*, 42(4):347-69.

Hermsen, J. J.(1999), 'The Impersonal and the Other', *European Journal of Women's Studies*, 6(2):183-200.

Highmore, B.(2002), *Everyday Life and Cultural Theory: An Introduction*, London: Routledge.

——(2004), 'Homework: Routine social aesthetics and the ambiguity of everyday life'

Hines, C., Lucas, C. and Shiva, V.(2002), 'Local Food, Global Solution', *The Ecologist*, 32(5):38-40.

Hirschman, A. O.(1982), *Shifting Involvements: Private Interest and Public Action*, Princeton: Princeton University Press.

Hjalager, A.-M. and Richards, G.(eds)(2002), *Tourism and Gastronomy*, London: Routledge.

Hochschild, A. R.(1997), *The Time Bind: When Work Becomes Home and Home Becomes Work*, New York: Metropolitan Books.

——(2003), *The Commercialization of Intimate Life: Notes from Home and Work*, Berkeley: University of California Press.

Hoggett, P.(2001), 'Agency, Rationality and Social Policy', *Journal of Social Policy*, 30(1):37-56.

Hollows, J.(2003), 'Feeling like a domestic goddess: Postfeminism and cooking', *European Journal of Cultural Studies*, 6(2):179-202.

Honig, B.(1996), 'Differences, Dilemmas, and the Politics of Home', in S. Benhabib(ed.), *Democracy and Difference: Contesting the Boundaries of the Political*, Princeton: Princeton University Press.

Honoré, C.(2004), *In Praise of Slow: How a Worldwide Movement is Challenging the Cult of Speed*, London: Orion.

hooks, b.(1992), 'Eating the Other: Desire and Resistance', *Black Looks: Race and Representation*, Boston: South End Press.

Horkheimer, M. and Adorno, T. W.(1982/1944), *Dialectic of Enlightenment*, trans. J. Cumming, New York: Continuum.

Hornby, N.(1998), *About a Boy*, London: Pengum.

Howes, D.(2005), 'Hyperesthesia, or, The Sensual Logic of Late Capitalism', in D. Howes(ed.), *Empire of the Senses: The Sensual Culture Reader*, Oxford: Berg.

Humphery, K.(1998), *Shelf Life: Supermarkets and the Changing Cultures of Consumption*, Cambridge: Cambridge University Press.

Inda, J. X. and Rosaldo, R.(2002), 'Introduction: A World in Motion', in J. X. Inda and R. Rosaldo(eds), *The Anthropology of Globalization: A Reader*, Malden, MA: Blackwell.

'Interview: Carlo Petrini', (2004) *The Ecologist*, April, 34(3):50-3.

Irigaray, L.(1993), *An Ethics of Sexual Difference*, trans. C. Burke and G. C. Gill, Ithaca: Cornell University Press.

Irving, J.(2003), personal interview, Bra, Italy, 3 April.

Jackson, P., Crang, P. and Dwyer, C.(2004), 'Introduction: the spaces of transnationality', in P. Jackson, P. Crang and C. Dwyer(eds), *Transnational Spaces*, London: Routledge.

James, A.(1996), 'Cooking the Books: Global or local identities in contemporary British food cultures?' in D. Howes(ed.), *Cross-Cultural Consumption: Global markets, local realities*, London: Routledge.

Jarvis, R.(1997), *Romantic Writing and Pedestrian Travel*, Basingstoke: Houndsmills.

Jennings, J. and Haughton, L.(2002), *It's Not the Big that Eat the Small, But the Fast that Eat the Slow: How to Use Speed as a Competitive Tool in Business*, New York: HarperCollins.

Jones, S. and Taylor, B.(2001), 'Food writing and food cultures: The case of Elizabeth David and Jane Grigson', *European Journal of Cultural Studies*, 4(2):171-88.

Keane, A. and Willetts, A.(1995), *Concepts of Healthy Eating: An Anthropological Investigation in South East London,* London: Goldsmiths' College.

Kearney, M.(1995), 'The Local and the Global:The Anthropology of

Globalization and Transnationalism', *Annual Review of Anthropology,* 24:547-65.

Keith, M. and Pile, S.(eds) (1993), *Place and the Politics of Identity,* London: Routledge.

Kern, S.(1983), *The Culture of Time and Space 1880-1930,* Cambridge: Harvard University Press.

Kidd, G.(2004), 'Cittaslow for Ludlow', *Snail Mail,* 4:4-5.

Kloppenburg, J., Hendrickson, J. and Stevenson, G. W.(1996), 'Coming into the Foodshed', in W. Vitek and W. Jackson(eds), *Rooted in the Land: Essays on Community and Place,* New Haven: Yale University Press.

Knox, P. L.(2005), 'Creating Ordinary Places: Slow Cities in a Fast World', *Journal of Urban Design,* 10(1):1-11.

Kriener, M.(2002), 'No more sandwiches!'*Slow*, 5:82-5.

Kristeller, J. L. and Hallett, C. B. (1999), 'An Exploratory Study of a Meditation-based Intervention for Binge Eating Disorder', *Journal of Health Psychology,* 4(3): 35-63.

Kummer, C. (2002), *The Pleasures of Slow Food: Celebrating Authentic Traditions, Flavours, and Recipes,* San Francisco: Chronicle Books.

Künast, R. (2004), 'Enjoying life', *Slow,* 1: 78-9.

Labelle, J. (2004), 'A Recipe for Connectedness: Bridging Production and Consumption with Slow Food', *Food, Culture and Society,* 7(2): 81-96.

La Caze, M. (2002), 'The Encounter Between Wonder and Generosity', *Hypatia,* 17(3): 1-19.

Langbauer, L. (1992), 'Cultural Studies and the Politics of the Everyday ', *Diacritics,* 22(1): 47-65.

Lappe, M. and Bailey, B. (1999), *Against the Grain: The Genetic Transformation of Global Agriculture,* London: Earthscan Publications.

Laudan, R. (2001), 'A Plea for Culinary Modernism: Why We Should Love New. Fast, Processed Food', *Gastronomica*, 1(1): 36-44.

——(2004), 'Slow Food: The French Terroir Strategy, and Culinary Modernism', *Food, Culture and Society*, 7(2): 133-43.

Lawson, N. (1999), 'Gastroporn', *Talk,* October: 153-4.

Leavis, F. R. and Thompson, D. (1942/1932), *Culture and Environment: The Training of Critical Awareness,* London: Chatto and Windus.

Lefebvre, H. (1991/1958), *Critique of Everyday Life*, trans. J. Moore, New York: Verso.

——(2000/1971), *Everyday Life in the Modern World,* trans. S. Rabinovitch, London: Athlone Press.

——(2004), *Rhythmanalysis: Space, Time and Everyday Life*, trans. S. Elden and G. Moore, London: Continuum.

Leitch, A. (2003), 'Slow Food and the Politics of Pork Fat: Italian Food and European Identity', *Ethnos*, 68(4): 437-62.

Levinas, E. (1986), 'Dialogue with Emmanuel Levinas', in R. Cohen(ed.), *Face to Face with Levinas*, New York: SUNY Press: 13-34.

——(1989), 'Time and the Other', in S. Hand(ed.), *The Levinas Reader*, Oxford: Blackwell: 37-58.

——(1998), *Entre Nous: On Thinking of the Other*, trans. M. Smith and B. Harshav, New York: Columbia University Press.

Levine, R. (1997), *A Geography of Time*, New York: Basic Books.

——and Bartlett K. (1984), 'Pace of life, punctuality and coronary heart disease in six countries', *Journal of Cross-Cultural Psychology*, 15: 233-55.

——and Norenzayan, A. (1999), 'The Pace of Life in 31 Countries', *Journal of Cross-Cultural Psychology*, 30(2): 178-205.

Levy, C. (ed.) (1996), *Italian Regionalism: History, Identity and Politics,* Oxford: Berg.

Lupton, D. (1999), *Risk*, London: Routledge.

Lyon, J. (1999), *Manifetoes: Provocations of the Modern*, Ithaca: Cornell University Press.

McBride, S. (2003), 'Slow Food: Eating well and doing it right', *International Herald Tribune*, November 18, www. slowfood. com/eng, accessed 17 March 2004.

McCarthy, J. and Zald, M. (1977), 'Resource mobilization and social movements', *American Jounal of Sociology*, 82(6): 1212-41.

McCarthy, M. and Kirby, T. (2004), 'Slow Food: More taste, less speed, ' *The Independent*, I April, http: //news. independent. co. uk/uk/environment/story. jsp?story=507154

McLaughlin, L. (2004), 'Feminism and the political economy of transnational public space', *Sociological Review* 52(1): 156-75.

McMahon, M. (2002), 'Resisting Globalization: Women Organic Farmers and Local Food Systems', *Canadian Women's Studies*, 21(4): 203-6.

Madison, D. (2001), 'Foreword', in C. Petrini, B. Watson and Slow Food Editore(eds), *Slow Food: Collected Thoughts on Taste, Tradition, and the Honest Pleasures of Food*, White River Junction, Vermont: Chelsea Green Publishing Company.

Maffesoli, M. (1989), 'The Sociology of Everyday Life(Epistemological Elements)', *Current Sociology*, 37(1): 1-16.

Maniates, M. (2002a), 'Individualization: Plant a Tree, Buy a Bike, Save the World?' in T. Princen, M. Maniates and K. Conca(eds), *Confronting Consumption*, Cambridge, Mass.: MIT Press.

——(2002b), 'In Search of Consumptive Resistance: The Voluntary

Simplicity Movement', in T. Princen, M. Maniates and K. Conca(eds), *Confronting Consumption,* Cambridge, Mass.: MIT Press.

Marinetti, F. T. (1989/1932), *The Futurist Cookbook*, trans. S. Brill, San Francisco: Bedford Arts.

Marx, K. (1993/1939-41), *Grundrisse,* trans. M. Nicolaus, London: Penguin/New Left Review.

Massey, D. (1994a), 'Double Articulation: A Place in the World, 'in A. Bammer(ed.), *Displacements: Cultural Identities in Question*, Bloomington: Indiana University Press.

——(1994b), *Space, Place and Gender*, Cambridge: Polity.

——(1995), 'Places and Their Pasts', *History Workshop Journal*, 39: 182-192.

Matè, F. (1998), *The Hills of Tuscany: A New Life in an Old Land*, New York: Delta.

May, J. and Thrift, N. (eds) (2001), *Timespace: Geographies of temporality*, New York: Routledge.

Mayes, F. (1996), *Under the Tuscan Sun: At Home in Italy,* New York: Broadway Books.

Mayle, P. (1989), *A Year in Provence*, London: Penguin.

Mayo, C. (2003) 'Riker's Island Garden Project', *The Snail: Slow Food USA Newsletter,* Issue 3: 79.

Melucci, A. (1988), 'Social Movements and the Democratization of Everyday Life', in J. Keane(ed.), *Civil Society and the State: New European Perspectives*, London: Verso.

——(1989), *Nomads of the Present: Social Movements and Individual Needs in Contemporary Society*, ed. J. Keane and P. Mier, London: Hutchinson Radius.

——(1996a), 'Individual experience and global issues in a planetary society',

Social Science Information, 35(3): 485-509.

——(1996b), *The Playing Self: Person and meaning in the planetary society,* Cambridge: Cambridge University Press.

——(1998), 'Inner Time and Social Time in a World of Uncertainty', *Time and Society,* 7(2): 179-191.

Methfessel, B. (2002), 'Learn to know yourself', *Slow,* 7: 14-21.

Meyer, A. (2004), personal interview, Perth, Australia, 7 October.

Miele, M. and Murdoch, J. (2002), 'The Practical Aesthetics of Traditional Cuisines: Slow Food in Tuscany', *Sociologia Ruralis,* 42(4): 312-328.

Miller, D. (1995), 'Consumption as the Vanguard of History', in D. Miller(ed.), *Acknowledging Consumption*, London: Routledge.

Miller, J. and Schwarz, M. (1998), *Speed: Visions of an Accelerated Age*, London: Photographers'Gallery.

Mintz, S. (1996), *Tasting Food, Tasting Freedom: Excursions into Eating, Culture, and the Past,* Boston: Beacon Press.

Mohanty, C. T. (2002), '"Under Western Eyes" Revisited: Feminist Solidarity through Anticapitalist Struggles', *Signs,* 28(2): 499-535.

Montanari, M. (1996a), 'Unnatural cooking', *Slow*, 1: 68-71.

——(1996b), 'Beware!'*Slow,* 2: 56-9.

Montgomery, J. (1997), 'Café Culture and the City: The role of pavement cafes in urban public social life', *Journal of Urban Design,* 2(1): 83-102.

Morris, M. (1988), 'Banality in Cultural Studies', *Discourse*, 10: 3-29.

Murcott, A. (1997), 'Family meals—a thing of the past?' in P. Caplan(ed.), *Food, Health and Identity,* London: Routledge.

Murdock, D. (2003), 'That Stubborn"Doing Good?"Question: Ethical/ Epistemological Concerns in the Study of NGOs', *Ethnos,* 68(4): 507-32.

Murray Berzok, L. (2002), 'US women, fat and sex', *Slow*, 4: 22-31.

Nabhan, G. (2002), *Coming Home to Eat. The Pleasures and Politics of Local Foods*, New York: W. W. Norton and Co.

Nash, K. (2000), *Contemporary Political Sociology: Globalization, Politics and Power,* Malden, MA: Blackwell.

Needham, P. (2004), 'Give and Take', *The Weekend Australian*, Weekend Travel and Indulgence, May 15-16: 9.

Nemeroff, C. J. and Graham, C. C. (2002), 'From guele to guilt', *Slow*, 4: 14-21.

Neocleous, M. (1999), 'Radical conservatism, or, the conservatism of radicals: Giddens, Blair and the politics of reaction', *Radical Philosophy,* 93(Jan/Feb): 24-34.

Nowotny, H. (1994), *Time: The Modern and Postmodern Experience*, trans. N. Plaice, Cambridge: Polity Press.

Ochs, E., Pontecorvo, C. and Fasulo, A. (1996), 'Socializing Taste', *Ethnos,* 61(1-2): 7-46.

Offe, C. (1985), 'New Social Movements: Challenging the Boundaries of Institutional Politics', *Social Research*, 52(4): 817-68.

O'Neill, P. and Whatmore, S. (2000), 'The business of place: networks of property, partnership and produce', *Geoforum,* 31: 121-36.

Osborne, P. (1992), 'Modernity is a Qualitative, Not a Chronological Category', *New Left Review,* 192: 65-84.

Ostrow, R. (2003), 'In fitness and in health', *Weekend Australian Magazine,* Nov. 8-9: 32-3.

Parasecoli, F. (2003), 'Postrevolutionary Chowhounds: Food, Globalization, and the Italian Left', *Gastronomica,* 3(3): 29-39.

Parker, A. (2001), *Seasons in Tuscany: A Tale of Two Loves,* Auckland:

Penguin.

Parkins, W. (2004a), 'At Home in Tuscany: Slow Living and the Cosmopolitan Subject', *Home Cultures,* 1(3): 257-74.

——(2004b), 'Celebrity Knitting and the Temporality of Postmodernity', *Fashion Theory,* 8(1): 1-18.

Passerini, L. (1996), 'Gender Relations, ' in D. Forgacs and R. Lumley(eds), *Italian Cultural Studies: An Introduction*, Oxford: Oxford University Press.

Paul, C. (2003), 'Farmers' Markets', *Practical Hydroponics and Greenhouses,* 68, http: //www. hydroponics. com. au/back_issues/issue68. html, accessed 6 October, 2004.

Pearson, A. (2002), *I Don't Know How She Does It,* London: Chatto and Windus.

Perullo, N. (2003), 'Total education, ' *Slow,* 2: 98-101.

Petrini, C. (1996), 'In Praise of Slowness', *Slow*, 1(1): 7-8.

——(1997)'Building the Ark, ' *Slow*, 5: 8-11.

——(2001), *Slow Food: The Case for Taste,* trans. W. McCuaig, New York: Columbia University Press.

——(2004a), 'The Slow Dreamers', *Slow*, 1: 10-13.

——(2004b), 'The Gourmet's Return', *Slow*, 2: 6-9.

——(2005), 'Three Ideas, One Project', *Slow*, 1: 6-7.

Phillips, A(1998), *The Beast in the Nursery*, London: Faber&Faber.

——(2000), 'Being Alive: Interview with Adam Phillips', in J. Rutherford(ed.) *The Art of Life: On Living, Loving and Death,* London: Lawrence and Wishart.

Pine, J. and Gilmore, J. H. (1999), *The Experience Economy: Work is Theatre and Every Business a Stage*, Boston: Harvard Business School Press.

Portinari, F. (1996), 'The Labour of the Seventh Day', *Slow*, 2: 8-11.

——(1997), 'Numbered Thoughts', *Slow*, 5: 22-3.

Pretty, J. (1998), *The Living Land: Agriculture, Food and Community Regeneration in Rural Europe,* London: Eartnscan Publications.

——(2002), *Agri-Culture: Reconnecting People, Land and Nature,* London: Earthscan Publications.

Probyn, E. (1998), 'McIdentities: Food and the Familial Citizen', *Theory, Culture and Society,* 15(2): 155-73.

——(2000), *Carnal Appetites: Food Sex Identities*, London: Routledge.

Purdue, D. A. (2000), *Anti-GenetiX: The emergence of the anti-GM movement*, Aldershot: Ashgate.

——Dürrschmidt, J., Jowers, P. and O'Doherty, R. (1997), 'DIY culture and extended milieux: LETS, veggie boxes and festivals', *The Sociological Review,* 45(4): 645-67.

Raffoul, F. (1998), 'On Hospitality, between Ethics and Politics', *Research in Phenomenology*, 28: 274-83.

Ranald, P. (2000), *The Case For Fair Trade: A citizen's guide to the World Trade Organization*, Sydney: Australian Fair Trade and Investment Network.

'Reduce Work ', (2002), *New Internationalist*, March: 25.

Reisch, L. A. (2001), 'Time and Wealth: The role of time and temporalities for sustainable patterns of consumption ', *Time & Society*, 10(2/3): 367-85.

Revel, J. -F. (1992), 'From *Culture and Cuisine*, ' in D. W. Curtin and L. M. Heldke(eds), *Cooking, Eating, Thinking: Transformative Philosophies of Food*, Bloomington: Indiana University Press.

Riley, D. (2002), 'The Right to Be Lonely', *Differences*, 13(1): 1-13.

Ripe, C. (2001), 'Slow Food marches on', *The Australian*, 4/1/01: 13.

Robertson, R. (1995), 'Glocalization: Time-Space and Homogeneity-

Heterogeneity', in M. Featherstone, S. Lash and R. Robertson(eds), *Global Modernities,* London: Sage.

Robinson, J. P. and Godbey, G. (1997), *Time for Life: The surprising ways Americans use their time*, University Park: Pennsylvania State University Press.

Rojek, C. (2001), 'Leisure and Life Politics', *Leisure Sciences,* 23: 115-25.

Rose, N. (2000), 'Governing cities, governing citizens', in E. F. Isin(ed.), *Democracy, Citizenship and the Global City*, London: Routledge.

Ross, K. (1995), *Fast Cars, Clean Bodies: Decolonization and Reordering of French Culture*, Cambridge: MIT Press.

Rozin, P. (1999), 'Food is Fundamental, Fun, Frightening, and Far-Reaching', *Social Research*, 66(1): 9-30.

Rucht, D. and Neidhardt, F. (2002), 'Towards a "Movement Society"? On the possibilities of institutionalizing social movements', *Social Movement Studies* 1(1): 7-30.

Ruffa, G. (2002), 'Solid coffee', *Slow*, 7: 112-15.

Runté, M. and Mills, A. J. (2004), 'Paying the Toll: A Feminist Post-structural Critique of the Discourse Bridging Work and Family', *Culture and Organization* 10(3): 237-49.

Rutherford, J. (ed.) (2000), *The Art of Life: On Living, Loving and Dying*, London: Lawrence and Wishart.

Salone del Gusto (2002), Official Program, Bra: Slow Food Editore.

'Salone del Gusto, 24-28th Octorber 2002, Turin, Italy, '(2003), *Snail Mail: Slow Food UK*, 1: 3-4.

Sandilands, C. (1999), *The Good-Natured Feminist: Ecofeminism and the Quest for Democracy*, Minneapolis: University of Minnesota Press.

Santich, B. (1996), 'Introduction to sustaining gastronomy', in B. Santich et al.

(eds), *Proceedings of the Eighth Symposium of Australian Gastronomy*. Adelaide: University of Adelaide.

——(2002), 'Inevitable, yes, but desirable?' *Slow*, 7: 88-90.

Saraceno, C. (1991), 'Changes in Life-Course Patterns and Behaviour of Three Cohorts of Italian Women', *Signs*, 16(3): 502-21.

Saraceno, E. (1994), 'Alternative readings of spatial differentiation: The rural versus the local economy approach in Italy', *European Review of Agricultural Economics*, 21: 451-74.

Sardo, P. (2003), 'A Difficult Challenge, ' *Slow Ark*, 3: 140-1.

Sardo, R. (2003), personal interview, Bra, Italy, 3 April.

Sardo, S. (2003), personal interview, Bra, Italy, 2 April.

Saturnini, P. (2003), personal interview, Greve-in-Chianti, Italy.

Scaffidi, C. (2003a), personal interview, Bra, Italy, 3 April.

——(2003b), '¿Y vos?' *Slow Ark*, 1: 117.

——(2003c), 'Ethio-Organic Seed Action(EOSA)', PremioSlowFood 2003, Bra: Slow Food Editore, http: //www. slowfood. com/img_sito/PREMIO/vincitori2003/pagine_en/Etiopia_03. html (accessed 20 August, 2004).

——and Kummer, C. (2000), *Slow Food Award Bologna 2000: For the Defence of Biodiversity*, Bra: Slow Food Editore.

Scarpato, R. (2002), 'Sustainable gastronomy as a tourist product', in A. -M. Hjalager and G. Richards(eds), *Tourism and Gastronomy*, London: Routledge.

Schivelbusch, W. (1986), *The Railway Journey: The Industrialization of Time and Space in the Nineteenth Century*, Leamington Spa: Berg.

Schlosser, E. (2001), *Fast Food Nation: What the All-American Meal is Doing to the World*, London: Penguin.

Schneider, M. (1997), 'Tempo Diet: A consideration of food and the quality of life', *Time and Society*, 6(1): 85-98.

Scholte, J. A. (1997), 'Global Capital and the State', *International Affairs*, 73(3): 427-52.

Schor, J. (1991), *The Overworked American*, New York: Basic Books.

——(1998), *The Overspent American: Why we want what we don't need*, New York: Harper Perennial.

Segal, J. M. (1999), *Graceful Simplicity: Toward a Philosophy and Politics of Simple Living*, New York: Henry Holt.

Seigworth, G. J. and Gardiner, M. E. (2004), 'Rethinking Everyday Life: And then nothing turns itself inside out', *Cultural Studies* 19(2/3): 139-59.

Seremetakis, C. N. (1994), 'The Memory of the Senses, Part I: Marks of the Transitory', in C. N. Seremetakis(ed.), *The Senses Still: Perception and Memory as Material Culture in Modernity*, Chicago: University of Chicago Press.

Shaw, J. (2001), '"Winning territory": changing place to change pace', in J. May and N. Thrift(eds), *Timespace: Geographies of Temporality*, London: Routledge.

Shi, D. E. (1985), *The Simple Life: Plain Living and High Thinking in American Culture*, Oxford: Oxford University Press.

Shiva, V. (1997), *Biopiracy: The plunder of nature and knowledge*, Boston, MA: South End Press.

——(2000), 'A Global Perspective', *The Ecologist*, 30(4): 37.

Simonsen, K. (1996), 'What kind of space in what kind of social theory?' *Progress in Human Geography*, 20(4): 494-512.

Simpson, T. A. (2000), 'Streets, Sidewalks, Stores, and Stories: Narratives and Uses of Urban Space', *Journal of Contemporary Ethnography*, 29(6): 682-716.

Sinsheimer, P. (2002), 'It depends what you mean', *Slow*, 5: 24-31.

Slow Food(2002a), Press Release, *Salone del Gusto: The Città Slow Award 2002*, 26 October, www. slowfood. com/eng, accessed 10 April 2004.

——(2002b), Press Release, *Salone del Gusto: Official Presentation of Osterie d'Italia 2003*, 28 October, www. slowfood. com/eng, accessed 10 April 2004.

——(2003), Press Release, *Down to Business at the International Congress*, 11 November, www. slowfood. com/eng, accessed 30 November 2003.

Sonnenfeld, A. (2001), 'Series Editor's Introduction' in C. Petrini, *Slow Food: The case for taste*, trans. W. McCuaig, New York: Columbia University Press.

Spigel, L. (1998), 'Seducing the Innocent: Childhood and Television in Postwar America', in H. Jenkins(ed.), *The Children's Culture Reader*, New York: New York University Press.

Starr, A. (2000), *Naming the Enemy: Anti-corporate movements confront globalization*, Sydney: Pluto.

'Starting a New Convivium: The "how to" guide for new convivium leaders', http: //www. slowfood. com/eng/sf_ita_mondo/vadeecum. html, accessed 28/4/05.

Stein, J. (2003), 'Just Say Om', *Time*, August 4: 48.

Stevenson, N. (2002), 'Cosmopolitanism and the Future of Democracy: Politics, Culture and the Self ', *New Political Economy*, 7(2): 215-67.

Stewart, S. (2005), 'Remembering the Senses' in D. Howes(ed.), *Empire of the Senses: The Sensual Culture Reader,* Oxford: Berg.

Tabboni, S. (2001), 'The Idea of Social Time in Norbert Elias', *Time and Society*, 10(1): 5-27.

Tanner, L. (2003), *Crowded Lives*, North Melbourne: Pluto Press.

Taylor, W. (2004), personal interview, Barossa Valley, Australia, 4 April.

'*Terra Madre*: World Meeting of Food Communities'(2004), brochure, Bra: Slow Food Editore.

Terrio, S. J. (2000), *Crafting the Culture and History of French Chocolate*, Berkeley: University of California Press.

Tester, K. (ed.) (2004). *The Flaneur*, London: Routledge.

Thompson, E. P. (1968), *The Making of the English Working Class*. London: Penguin.

Thrift, N. (2000), 'Still Life in Nearly Present Time: The Object of Nature', *Body and Society*, 6(3/4): 34-57.

——and Olds, K. (1996), 'Refiguring the economic in economic geography', *Progress in Human Geography*, 20(3): 311-37.

Time Out(L'emploi du temps). (2001), dir. Laurent Cantet, Miramax.

Tomasik, T. J. (2001), 'Certeauà la Carte: Translating Discursive *Terroir in The Practice of Everyday Life: Living and Cooking* ', *The South Atlantic Quarterly*, 100(2): 519-42.

Tomlinson, J. (1999), *Globalization and Culture*, Cambridge: Polity.

Touraine, A. (1981), *The Voice and the Eye: An Analysis of Social Movements*, Cambridge: Cambridge University Press.

——(2002), 'The Importance of Social Movements', *Social Movement Studies*, 1(1): 89-95.

Urry, J. (2000), *Sociology beyond Societies: Mobilities for the twenty-first century*, London: Routledge.

Vannini, P. (2002), 'Waiting Dynamics: Bergson, Virilio, Deleuze, and the Experience of Global Times', *Journal of Mundane Behaviour*, 3(2): 193-208.

Ventura, M. (2002), 'Daring to Eat', *Slow*, 4: 32-7.

Venturi, A. (2002), 'Learn when you're young!' *Slow*, 7: 54-9.

Vercelloni, L. (2002), 'Searching for lost tastes', *Slow*, 5: 6-15.

Virilio, P. (1986a), *Pure War*, New York: Semiotext(e).

——(1986b), *Speed and Politics*, trans. M. Polizzoti, New York: Semiotext(e).

——(1991), The Lost Dimension, New York: Semiotext(e).

Walker Bynum, C. (1987), *Holy Feast and Holy Fast: The Religious Significance of Food to Medieval Women*, Berkeley: University of California Press.

Warde, A. (1997), *Consumption, Food and Taste: Cultural Antinomies and Commodity Culture*, London: Sage.

——and Martens, L. (2000), *Eating Out: Social Differentiation, Consumption and Pleasure*, Cambridge: Cambridge University Press.

Weigert, A. (1981) *The Sociology of Everyday Life*, London: Longman.

Weil, S. (1951), *Waiting for God*, trans. E. Craufurd, New York: E. P. Putnam's Sons.

Welsch, W. (1996), 'Aestheticization Processes: Phenomena, Distinctions and Prospects', *Theory, Culture and Society*, 13(1): 1-24.

Werner, C. M., Altman, I. and Oxley, D. (1985), 'Temporal aspects of homes: A transactional perspective', in I. Altman and C. M. Werner(eds), *Home Environments: Vol. 8 Human Behaviour and Environment: Advances in Theory and Research*, New York: Plenum: 1-32.

Whatmore, S. and Thorne, L. (1997), 'Nourishing Networks: Alternative geographies of food', in D. Goodman and D. Watt(eds), *Globalizing Food*, London: Routledge.

Williams, R. (1973), *The Country and the City*, Oxford: Oxford University Press.

Wilson, E. (1999), 'The Bohemianization of Mass Culture', *International Journal of Cultural Studies*, 2(1): 11-32.

Yeomans, M. (2002), 'Italy's Slow Cities', *Travel + Leisure*, Sept.: 180-5, 218-20.

Young, I. M. (1990), 'The Ideal of Community and the Politics of Difference', in L. J. Nicholson(ed.), *Feminism/Postmodernism*, New York: Routledge.

——(1997a), 'Asymmetrical Reciprocity: On Moral Respect, Wonder, and Enlarged Thought', in *Intersecting Voices: Dilemmas of Gender, Political Philosophy and Policy*, Princeton: Princeton University Press

——(1997b), 'House and Home: Feminist Variations on a Theme', in *Intersecting Voices: Dilemmas of Gender, Political Philosophy and Policy*, Princeton: Princeton University Press.

——(2003), 'From Guilt to Solidarity: Sweatshops and Political Responsibility', *Dissent*(Spring): 39-44.

Zerubavel, E. (1981), *Hidden Rhythms: Schedules and Calendars in Social Life*, Chicago: University of Chicago Press.

Websites

http: //www. cittaslow. net

http: //www. unisg. it/eng

http: //www. mindful. canada. com

http: //www. simpleliving. net/timeday

http: //www. simpleliving. org

http: //www. seedsofsimplicity. org

http: //www. slowfood. com

http: //www. slowfoodfoundation. com

http: //www. slowfoodusa. org

http: //www. takebackyourtime. org

http: //www. viacampesina. org

http: //zeitverein. uni-klu. ac. at